中国式现代化的基石

—— 知名专家谈社会治理

主　编 ◎ 魏礼群　　副主编 ◎ 杨积堂

中共中央党校出版社

图书在版编目（CIP）数据

中国式现代化的基石：知名专家谈社会治理／魏礼群主编；杨积堂副主编 . -- 北京：中共中央党校出版社，2024.5

ISBN 978-7-5035-7706-2

Ⅰ.①中… Ⅱ.①魏… ②杨… Ⅲ.①社会治理－研究－中国 Ⅳ.① D63

中国国家版本馆 CIP 数据核字（2024）第 069954 号

中国式现代化的基石——知名专家谈社会治理

策　　划	蔡锐华　张爱东　王美丽
责任编辑	蔡锐华　王美丽
责任印制	陈梦楠
责任校对	王　微
出版发行	中共中央党校出版社
地　　址	北京市海淀区长春桥路 6 号
电　　话	（010）68922815（总编室）　（010）68922233（发行部）
传　　真	（010）68922814
经　　销	全国新华书店
印　　刷	中煤（北京）印务有限公司
开　　本	710 毫米 ×1000 毫米　1/16
字　　数	316 千字
印　　张	28.25
版　　次	2024 年 5 月第 1 版　2024 年 5 月第 1 次印刷
定　　价	78.00 元

微 信 ID：中共中央党校出版社　　　邮　箱：zydxcbs2018@163.com

版权所有·侵权必究

如有印装质量问题，请与本社发行部联系调换

主编简介

魏礼群，教授，博士生导师。长期从事中国特色社会主义和社会主义现代化理论研究与实际工作。先后担任原国家计委秘书长，原中央财经领导小组办公室副主任，国务院研究室党组书记、主任，原国家行政学院党委书记、常务副院长。中国行政体制改革研究会创会会长、学术委员会主任。现任中央马克思主义理论研究和建设工程咨询委员会委员、国家社会科学基金应用经济组召集人。负责或参加过党中央、国务院大量重要文件起草工作，主持过120多项重大课题研究。出版《中国经济发展与改革》《科学发展观和现代化建设》《中国社会治理现代化之路》等专著20多部；主持编写《建设服务型政府：中国行政体制改革40年》《中国社会治理通论》《中国特色社会主义社会学》等著作130多部。

代 序

新时代十年我国推进社会治理现代化的重大创新与成就

魏礼群

习近平总书记所作的党的二十大报告，高举中国特色社会主义伟大旗帜，科学描绘了以中国式现代化全面建设社会主义现代化国家、全面推进中华民族伟大复兴的宏伟蓝图，也为推进我国社会治理现代化进一步指明了方向、提供了遵循。党的二十届二中全会对全面建设社会主义现代化国家、推进中国社会治理现代化，又作出重要决策和部署。认真回顾和总结进入新时代十年来中国社会治理重大创新与重大成就，对于深入领会和贯彻落实党的二十大及二十届二中全会精神，在新时代新征程上持续推进和实现我国社会治理现代化，具有十分重要的意义。

一、新时代十年社会治理理论的重大创新

党的十八大之后，中国特色社会主义进入了新时代。十年来，习近平总书记着眼于新时代坚持和发展中国特色社会主义、推进和拓展中国式现代化，提出了一系列加强和创新社会治理的

新思想新观点新论断，形成了内涵丰富、有机统一、逻辑严密的理论体系。我体会到，其中最重要的包括以下几个方面。

（一）明确提出全面加强党的领导，确保中国社会治理现代化的正确方向和强大凝聚力

习近平总书记在党的二十大报告中指出，十年来，"我们全面加强党的领导，明确中国特色社会主义最本质的特征是中国共产党领导，中国特色社会主义制度的最大优势是中国共产党领导"。中国式现代化，是中国共产党领导的社会主义现代化。加强党的全面领导可以确保中国式现代化的正确方向和强大凝聚力。习近平总书记强调："党政军民学、东西南北中，党是领导一切的。"党的十九届五中全会指出："总揽全局、协调各方，这是新形势下实现党的正确领导的重要原则，是提高党的执政能力的基本要求，是形成工作合力的体制保证。"党对社会治理的领导"必须是全面的、系统的、整体的"，使党的领导体现在社会治理现代化全过程、各方面、各环节，通过政治引领、组织建设、能力提升，确保社会治理正确方向、形成合力、提高效能。习近平总书记特别强调："要把基层党组织这个战斗堡垒建得更强，发挥社区党员、干部先锋模范作用"。最近，中共中央、国务院印发的《党和国家机构改革方案》中，明确组建中央社会工作部，这是全面加强党对社会治理领域统一领导、统筹做好社会工作的重大创新举措，具有重大的理论意义和实践意义。坚持和加强党的全面领导，是习近平新时代中国特色社会主义思想关于社会治理理论创新的鲜明标志。

（二）明确提出坚持人民至上理念，以人民为中心创新和推进社会治理

人民至上是习近平新时代中国特色社会主义思想鲜明的理论品格，也是新时代我国国家治理理论的核心要义，明确了社会治理为了谁、依靠谁、谁评判的问题。一是社会治理要牢记为人民服务的根本宗旨。社会治理"要以百姓心为心""与群众有福同享，有难同当，有盐同咸、无盐同淡""要紧紧抓住人民群众急难愁盼问题，采取更多惠民生、暖民心举措"。这就要求社会治理必须始终把人民放在最高位置，坚持一切为了人民，为了人民的一切。二是社会治理必须贯彻群众路线。习近平总书记明确指出，"我们要适应新形势下群众工作新特点新要求，深入做好组织群众、宣传群众、教育群众、服务群众工作，虚心向群众学习，诚心接受群众监督"。要在社会治理中，积极发展全过程人民民主，用制度体系保障人民当家作主，使社会治理更好体现人民意志、保障人民权益、激发人民创造。特别要拓展听民意、汇民智、聚民心的渠道。三是社会治理成效要由人民来评判。习近平总书记明确提出："要把是否促进经济社会发展，是否给人民群众带来实实在在的获得感，作为改革成效的评价标准。""人民是我们党的工作的最高裁决者和最终评判者。""时代是出卷人，我们是答卷人，人民是阅卷人。"把人民作为"最高裁决者和最终评判者""阅卷人"，这是习近平新时代中国特色社会主义思想关于社会治理理论以人民为中心、坚持人民至上的集中体现。

（三）明确提出总体国家安全观，建设高水平平安中国

在准确把握国家安全形势变化新特点新趋势的基础上，习近平总书记创造性提出总体国家安全观，指出，"必须坚持总体国家安全观，以人民安全为宗旨，以政治安全为根本，以经济安全为基础，以军事、文化、社会安全为保障，以促进国际安全为依托"。党的二十大报告进一步将完善社会治理体系纳入总体国家安全体系和能力现代化架构之中。习近平总书记在报告中指出："国家安全是民族复兴的根基，社会稳定是国家强盛的前提。"这个重要论断将国家安全与社会治理凝结为一体。总体国家安全观注重提高公共安全治理水平，公共安全治理是社会治理的重要内容，是事关人民群众切身利益的系统工程，更是社会和谐稳定的有力支撑。习近平总书记明确要求，"公共安全治理模式要向事前预防转型"，更加注重自然灾害、突发疫情、食品安全等直接涉及民生的安全隐患，提高防灾减灾救灾和重大突发公共事件预判处置和保障能力，更主动地防范社会公共危机，更有效地回应公共利益诉求，努力建构适应人民群众动态安全需求的长效治理机制。将"安全"贯穿到国家发展各领域和全过程，以新安全格局保障新发展格局，这对促进我国经济社会持续稳定健康发展具有重大意义。

（四）明确提出建设社会治理共同体，构筑共建共治共享的社会治理制度

党的十九届四中全会通过的《中共中央关于坚持和完善中国

特色社会主义制度、推进国家治理体系和治理能力现代化若干重大问题的决定》提出，社会治理是国家治理的重要方面，"必须加强和创新社会治理，完善党委领导、政府负责、民主协商、社会协同、公众参与、法治保障、科技支撑的社会治理体系，建设人人有责、人人尽责、人人享有的社会治理共同体"。同时，对于构建基层社会治理格局也进行了明确阐述。习近平总书记指出，我们追求的发展是造福人民的发展，我们追求的富裕是全体人民共同富裕。改革发展搞得成功不成功，最终的判断标准是人民是不是共同享受到了改革发展成果。因此，社会治理共同体建设是以增进人民福祉、实现公平正义、保障人民群众合法权益、让全体人民共享发展和治理成果为目标的。建设社会治理共同体、构筑共建共治共享的社会治理制度，既集中体现了新时代社会治理理论的与时俱进，也凸显了制度建设对社会治理现代化的推动与保障作用。

（五）明确提出创新社会治理方式，提高社会治理效能和水平

党的十九届四中全会指出，改进和创新社会治理方式，要"加强系统治理、依法治理、综合治理、源头治理，把我国制度优势更好转化为国家治理效能"。坚持系统治理，强调的是多元治理主体间的良性互动，体现的是党委领导、政府负责、社会协同、公众参与形成的合力。坚持依法治理，这"是最可靠、最稳定的治理"。明确提出协同运用自治、法治、德治提高社会治理效能。自治是基层社会运行的基本依托和方式，必须依靠人民群

众实行真正的自治；法治是社会治理现代化的主要标志和根本保障，必须全面厉行法治；德治是社会治理现代化的灵魂和根基，必须切实强化德治。自治、法治、德治要有机联系、互相协调、相得益彰。坚持综合治理，强调的是多种治理方法的协同运用，特别是互联网技术为"社会治理精准化、公共服务高效化"提供了有力支撑，要通过线上和线下相结合的方式形成治理合力。同时，社会治理还要遵循"刚柔相济"的原则，既注重规范的"硬约束"，更要重视思想教育、心理疏导、沟通调解等"软方法"的有机联动，将他律和自律结合起来，增强治理的实效性。坚持源头治理，强调的是要了解人的需求，问需于民，靶向施治，从源头上预防和根治矛盾，保持社会的和谐稳定。以上这些充分体现了社会治理的系统方法论，也是实现社会治理现代化的必然要求。

（六）明确提出注重弘扬中华优秀传统文化，彰显我国社会治理现代化的文化底蕴和精神标识

中华优秀传统文化源远流长、博大精深，是中国社会治理独特的精神标识和深沉的精神追求。一是重视中华优秀传统社会治理文化的创造性转化、创新性发展。也就是从中华优秀传统社会治理文化中把那些跨越历史时空、富有永恒魅力、具有当代价值的概念、理念发掘出来，作出新的时代阐释。同时，要转化、创造、丰富、发展，将继承精髓与创新表达有机结合，将深度挖掘与现代转换有机结合，将借鉴吸收与赋予时代内涵有机结合，使现代社会治理在浩瀚的中华优秀传统文化中汲取营养。二是强调重视家庭家教家风在社会治理中的基础性作用。习近平总书记指

出："不论时代发生多大变化，不论生活格局发生多大变化，我们都要重视家庭建设，注重家庭、注重家教、注重家风……使千千万万个家庭成为国家发展、民族进步、社会和谐的重要基点。"这就要求社会治理更多地发挥家庭的生育、婚姻、养老、教化等社会功能，积极建设家庭友好型社会治理，推动形成爱国爱家、相亲相爱、向上向善、共建共享的社会主义家庭文明新风尚。三是强调重视把马克思主义思想精髓同中华优秀传统文化精华贯通起来，为社会治理现代化提供强大的思想支撑。中国人民在长期生产生活的积累中形成了丰富的社会治理思想和理念。比如，治国有常、利民为本的思想，天下为公、大同世界的思想，自强不息、厚德载物的思想，以民为本、安民富民乐民的思想，为政以德、政者正也的思想，革故鼎新、与时俱进的思想，脚踏实地、实事求是的思想，仁者爱人、以德立人的思想，以诚待人、讲信修睦的思想，和而不同、和谐相处的思想，安不忘危、存不忘亡、治不忘乱、居安思危的思想，等等。习近平总书记指出，这些思想与理念"可以为人们认识和改造世界提供有益启迪，可以为治国理政提供有益启示，也可以为道德建设提供有益启发"。习近平总书记对中华优秀传统文化的重视与运用，集中体现了对中国传统社会治理文化价值的重大发展，凸显了中国特色社会治理理论深厚的文化底蕴与精神标识。

（七）明确提出注重基层社会治理，夯实社会治理现代化的坚强基石和扎实基础

社会治理现代化的重点是基层社会治理现代化。强调健全党

组织领导的基层群众自治机制，加强基层治理组织建设；强调完善城乡社区治理体系，及时将社会矛盾纠纷化解在基层，化解在萌芽状态。要完善办事公开制度，拓宽有序参与基层社会治理渠道，为群众提供更多更好的公共服务。要"完善网格化管理、精细化服务、信息化支撑的基层治理平台"。习近平总书记强调："尽可能把资源、服务、管理放到基层，使基层有职有权有物，更好为群众提供精准有效的服务和管理。"注重基层社会治理的重要论述，充分体现了习近平新时代中国特色社会主义思想关于社会治理理论的鲜明问题导向、扎实的实践基础与深厚的为民情怀。

二、新时代十年中国社会治理实践的重大进展

在习近平新时代中国特色社会主义思想指导下，十年来，中国社会治理发生了深刻变革，实现了一系列新突破新进展新成效。

（一）加强党对社会治理领域的全面领导

这是新时代十年来社会治理实践最重要最显著的变革。在社会治理领域全面加强党的政治建设、思想建设、作风建设、纪律建设、制度建设的同时，更加注重党的组织体系建设，推动党组织向最基层延伸，健全党组织领导的自治、法治、德治相结合的城乡基层治理体系，推动基层党组织全面进步、全面过硬。党中央修订了《中国共产党农村基层组织工作条例》《中国共产党

党和国家机关基层组织工作条例》《中国共产党普通高等学校基层组织工作条例》，制定了《中国共产党组织工作条例》《中国共产党国有企业基层组织工作条例（试行）》《中国共产党支部工作条例（试行）》《中国共产党党员教育管理工作条例》。各级党委（党组）扎实推进城乡基层党建，切实解决国有企事业单位、机关、学校、医院等基层党建工作中的突出问题，着力补齐非公企业、社会组织等新兴领域党建工作短板，探索推进新业态、新就业群体党建工作。新时代十年，各级党委的领导力不断增强，特别是基层党组织战斗堡垒作用突出，广大党员在疫情防控、基层治理大考中经受住了考验，充分发挥了模范带头作用。

（二）在加强和创新社会治理中着力保障改善民生

新时代十年，是在加强和创新社会治理中大力保障改善的十年。在幼有所育、学有所教、劳有所得、病有所医、老有所养、住有所居、弱有所扶上持续用力，人民生活全方位改善。特别是如期实现脱贫攻坚目标，使我国近1亿人口彻底摆脱贫困，困扰中华民族几千年的绝对贫困问题得到历史性解决。坚持社会主义的基本分配制度，努力提高居民收入在国民收入分配中的比重，探索提高劳动报酬在初次分配中的比重，构建初次分配、再分配、第三次分配协调配套的制度体系。持续推动形成公开透明、公正合理的收入分配秩序，明显提升低收入劳动者收入，扩大中等收入者比重，多渠道增加居民财产性收入。坚持就业优先战略，实行更加积极的就业政策，城镇新增就业年均超过1300万人，为改善民生和维护社会稳定发挥了重要作用。公共服务体系逐步健全，公共服务供给全面提升，经过长期不懈努力，我国已经建成了世界上规模最大的教育体系、社会保障体系、医疗卫生体系、住房保障体系和公共文化服务体系。人民群众获得感、幸福感、安全感更加充实、更有保障。

（三）持续深化社会治理基础性制度改革创新

为了促进社会公平正义，推动社会文明进步，党和国家采取了一系列重大决策部署和制度安排，使社会治理领域的重要基础性制度不断创新和完善。在教育领域，大力促进教育公平制度建设。在医疗卫生领域，大力完善基本医疗保障制度，持续深化医疗卫生体制改革，全面推进"健康中国"建设。在人口发展方面，建立健全生育支持政策体系，积极应对人口老龄化和少子化。在户籍管理方面，大力推进户籍制度改革，建立全国城乡统一的户口登记制度。在住房方面，深化住房制度改革，实施公共租赁住房制度。就业、社会保障、土地管理、环境保护等方面的基础性制度也都不断完善。

（四）构筑共建共治共享的社会治理体制制度

从党的十八届三中全会提出加快形成科学有效的社会治理体制，到党的十九大提出打造共建共治共享的社会治理格局，到党的十九届四中全会提出坚持和完善共建共治共享的社会治理制度，再到党的二十大强调健全共建共治共享的社会治理制度，社会治理现代化的体制制度逐步确立和健全。党中央全面加强对社会治理领域的领导，推动建立坚强有力的组织领导体制、系统完备的制度体系、融合联动的工作机制，党委领导、政府负责、民主协商、社会协同、公众参与、法治保障、科技支撑的社会治理体制制度体系基本形成。

（五）加强平安中国建设取得重大进展

新时代十年，党和国家高度重视平安中国建设。把平安中国建设置于中国特色社会主义事业发展全局中谋划推进，为创新社会治理体系提供了更为广阔的领域与空间。全面落实总体国家安全观，建立了集中统一、高效权威的国家安全领导体制和维护国家安全制度。加强国家安全体系和能力现代化建设，立法、司法、执法水平全面提升，有效防范化解处置各类安全风险。持续加强社会治安综合治理，防范和打击新型网络犯罪、跨国犯罪以及黄赌毒等严重影响人民群众安全的违法犯罪。2018年至2020年，党中央部署开展了为期三年的扫黑除恶专项斗争，全国打掉涉黑组织3644个、涉恶犯罪集团11675个，黑恶犯罪得到根本遏制。严重暴力犯罪案件连续十年呈下降趋势。法治国家、法治政府、法治社会建设明显加快。整个社会逐步充满活力而又有序，长期保持和谐稳定。

（六）城乡基层社会治理取得新成效

党中央明确提出要求和作出具体部署，在全国基层社会治理中深入学习、坚持发展和大力推广新时代"枫桥经验"，积极推进和创新城乡基层社会治理。统筹推进社会治理中心、网格化服务管理中心、诉讼服务中心、公共法律服务中心、信访接待中心、网络服务中心建设，扎实开展"我为群众办实事"实践活动。为群众提供更多普惠均等、便捷高效的服务，网格化、网络化服务管理在全国基本做到全覆盖，使许多纠纷和矛盾化解于基层。在社会治理中，广泛运用现代信息技术，把体制变革与现代科学技术深度结合起来，大力推行"互联网＋"服务管理，数字技术赋能社会治理，社会治理的效能不断提升。

（七）积极推动市域社会治理现代化

市域是上承国家宏观社会治理，下接基层微观社会治理的枢纽。党中央明确提出：加强和创新市域社会治理，加快推进市域社会治理现代化。制定了《全国市域社会治理现代化试点工作指引》，分类指导试点地区探索创新。鼓励各市域积极探索社会治理现代化的新方式新路径，加强系统集成，完善城乡社会治理现代化体系，努力提高市域社会治理现代化能力。市域社会治理现代化试点工作取得重要进展和明显成效。社会治理活动在市域整体统筹，重大风险在市域得到有效化解。

三、新时代十年社会治理创新的重大成就

新时代十年，中国社会治理重大理论创新与实践创新，取得了一系列具有历史意义的重大成就。

（一）实现了马克思主义社会治理理论的新飞跃

习近平新时代中国特色社会主义思想关于社会治理理论，将

魏礼群 ▶ 代　序
新时代十年我国推进社会治理现代化的重大创新与成就

马克思主义基本原理同中国具体实际相结合、同中华优秀传统文化相结合，实现了马克思主义社会治理理论中国化时代化的新飞跃，从理论与实践的结合上回答了社会治理现代化的指导思想、领导核心、主体力量、目标任务、体制机制、制度体系、方法路径。同时，回答了社会治理与人的全面发展和实现全体人民共同富裕等一系列重大问题，提出了许多原创性的社会治理新理念新思想新战略，为推进中国特色社会治理现代化提供了科学思想指引和行动指南。习近平新时代中国特色社会主义思想，将中国人民在实践中创造与积累的宇宙观、天下观、社会观、道德观，同马克思主义的政党学说、人民学说、国家学说、共同体学说中的基本立场基本理论贯通起来，同人民群众日用而不觉的共同价值观念融通起来，实现了马克思主义基本理论与中国式表达的有机融合，使马克思主义中国化时代化拥有了深厚的历史基础与群众基础，从而保持了鲜活的生命力和与时俱进的蓬勃活力。

（二）续写了中国社会长期稳定的新篇章

进入新时代，我国社会治理面临着严峻复杂的国内外环境。世界上，百年未有之大变局加速演进；在国内，改革发展稳定的一些深层次问题不断显现。这些都对社会治理体系与治理能力提出了更高要求。以习近平同志为核心的党中央明确提出"五位一体"总体布局和"四个全面"战略布局，确定稳中求进的工作总基调，统筹发展和安全，把党的全面领导与社会治理共同体建设融会贯通，把解决人民群众急难愁盼问题与建设服务型政府、创新社会治理融会贯通，把提升社会治理的社会化、法治化、智能化、专业化水平融会贯通，使社会治安状况不断改善，我国成为世界上最安全的国家之一。近三年来，在新冠疫情肆虐的情况下，党中央果断决策、沉着应对，全国上下众志成城、同舟共济，构筑起联防联控、群防群控的坚固防线，适时调整优化防控政策措施，抗疫斗争取得重大决定性胜利。党中央的决策部署，不仅最大限度保护了人民生命安全和身体健康，也最大限度减少了疫情对经济社会发展的影响。

（三）拓展了中国式现代化社会治理的新道路

党的十八大以来，贫困人口脱贫工作成为全面建成小康社会的重大任务，党和国家组织实施了人类历史上规模空前、力度最大、惠及人口最多的脱贫攻坚战，全面建成小康社会如期实现。在这十年历史进程中，着力加强和创新社会治理，全面推进社会建设，通过构建民生保障体系、完善社会治理体系、强化社会信用体系、健全公共安全体系、巩固国家安全体系，推动我国社会结构调整优化、社会文明进步升华，社会治理科学化、精细化、现代化明显提升，社会建设和社会文明达到新水平，拓展了符合中国国情、体现时代要求、顺应人民期待的中国特色社会治理之路。全面建成小康社会的社会景象，包括和谐社会建设、平安社会建设、信用社会建设、法治社会建设、健康社会建设、社会治理现代化建设成效更加显著。在这十年历史进程中社会治理理论重大创新和在实践中积累的宝贵经验，都为持续推进和拓展中国式社会治理现代化，以及为全面实现中国式现代化奠定了更加坚实的基础、提供了更加有力的保障。

（四）贡献了人类社会治理现代化的新方案

进入新时代，中国日益走近世界舞台中央，不断为人类社会作出新的贡献。以习近平同志为主要代表的中国共产党人，以全球化视野和广阔胸怀，倡导弘扬全人类共同价值，倡导加强国际人文交流合作，坚持正确义利观，推动构建人类命运共同体，促进各国人民相知相亲。秉持共商共建共享的全球治理观，积极参与全球治理体系改革和建设，促进全球和平合作和共同发展。推动全球环境治理，加强应对气候变化国际合作，努力成为全球生态文明建设的重要参与者、贡献者、引领者。继续发挥负责任大国作用，共同创造人类社会的美好未来。充分展现大国担当，全面开展抗击新冠疫情国际合作，赢得了广泛的国际赞誉。特别是成功走出中国式现代化道路，创造了人类文明新形态，拓展了发展中国家走向现代化的新途径，为世界上那些企望在加快发展、推进现代化建设中保持社会稳定、保持自身独立性的国家和民族提供了全新选择，为人类社会贡献了中国智慧、中国力量和中国方案。

我们坚信，全面贯彻落实党的二十大和二十届二中全会精神，在新时代新征程上中国社会治理现代化一定会不断取得更大的进展和成就，为不断巩固和发展国家安全、社会稳定的良好局面，持续推进和拓展中国式现代化伟大事业、全面实现国家治理现代化作出新的更大贡献！

目　录

001 魏礼群　习近平总书记关于社会治理重要论述研究

023 张文显　习近平总书记关于社会治理重要论述引领"枫桥经验"创新发展

038 龚维斌　全面推进乡村振兴中的基层治理

058 宋贵伦　以构建社会建设六大体系为重点　全面推进中国式社会领域现代化

089 杨积堂　中国式现代化背景下北京基层治理现代化的路径探索

127 周红斌　聚焦基层治理赋能增效　打造团结花开幸福春城

148 江　维	党建引领住宅小区信义治理的成都实践
155 江海洋	坚持党建引领构筑社会治理共同体　全力打造县域社会治理的"双示范"样板
174 曹　智	党建引领走出基层治理新路径
191 毕绍刚	县域社会治理：现实挑战、工作实践与路径思考
209 徐　明	探索"美德信用社区"新模式　持续提升基层社会治理现代化水平
216 崔大平	党委统筹高位推动　全面提升市域社会治理效能
236 廖全军	以问题为导向　深入推进市域社会治理现代化的乐山实践
257 王　东	以人文化推动基层社会治理现代化

目录

270 崔庆林　以"两进三下"工作模式深度融入市域社会治理 打造新时代"枫桥经验"大理检察版

287 张胜勇　"智慧赋能，融通共治" 城市副中心"云窗口"政务服务模式创新

299 赵振武　奋力探索社会治理的"横琴路径"

304 胡成平　深化党建引领"网格＋热线"改革创新　推动城市副中心高效能治理

312 凌军芬　构建与现代化精品城区相匹配的基层治理格局需要把握的三个重点问题——以浦东新区陆家嘴街道为例

332 李勇军　抓住"人"这一核心　实施"1+20"推进基层治理队伍建设

352 孙雪松　温暖楼门　和谐邻里——北京市通州区玉桥街道"楼门文化"赋能基层治理精细化创新实践

003

366 陈长华	绿色道崇 和美乡村：道崇村乡村治理与发展"1234"协同创新
381 苏琼芬	厚植邻里"情" 情暖小坝"家" 党建引领多元共治的小坝实践
396 李美红	党建引领"温度八角"多方参与共建和谐家园
410 任红梅	筑牢"雁巢"夯实社区治理堡垒
424	后　记

习近平总书记关于社会治理重要论述研究

魏礼群
国务院研究室原主任、党组书记
原国家行政学院党委书记、常务副院长

习近平新时代中国特色社会主义思想，从理论与实践结合上系统地回答了新时代坚持和发展什么样的中国特色社会主义、怎样坚持和发展中国特色社会主义这一时代命题，对马克思主义作出了中国的原创性贡献，是我们党必须长期坚持并不断发展的指导思想，是全党全国人民为实现中华民族伟大复兴而奋斗的行动指南。习近平总书记关于社会治理重要论述是习近平新时代中国特色社会主义思想体系的重要组成部分，其立意高远、内容丰富、思想深邃，将中国共产党的领导与社会主义制度优势，发展演化为21世纪科学社会主义社会治理的新优势。深入研究习近平总书记关于社会治理重要论述的主要依据、基本内容和全新境界，具有重大的现实意义和深远的历史意义。

一、习近平总书记关于社会治理重要论述产生的主要依据

习近平总书记关于社会治理重要论述根植于中国特色社会主义新时代。"这是一个需要理论而且一定能够产生理论的时代，这是一个需要思想而且一定能够产生思想的时代。"[①]面对中国特色社会主义事业蓬勃发展的伟大时代，习近平总书记着眼于在新的历史条件下坚持和发展中国特色社会主义，以科学理论为基础，立足中国基本国情，把握时代变化，总结实践经验，博采古今中外一切优秀文明成果，形成了中国特色社会主义社会治理思想理论体系。

（一）习近平总书记关于社会治理重要论述的理论基础

习近平总书记关于社会治理重要论述从理论渊源上看，最重要的是坚持了马克思列宁主义、毛泽东思想和中国特色社会主义理论体系的基本原理，运用辩证唯物主义和历史唯物主义的立场、观点、方法观察和分析中国社会发展与变革，在继承中发展，在发展中创新，使马克思主义发展在当代中国进入了新境界。马克思主义经典作家对社会建设和社会治理都作过精辟论述。马克思、恩格斯创立的唯物史观，揭示了人类社会发展的客观规律，阐明人民是社会发展的真正动力，为我们党观

[①] 习近平：《在哲学社会科学工作座谈会上的讲话》，人民出版社2016年版，第8页。

察社会、把握社会治理规律提供了世界观和方法论的指导。列宁是第一个将社会主义治理思想付诸实践的无产阶级领袖。他认为，无产阶级夺取政权后，首要任务是组织对国家的管理，并指出进行社会建设和管理，必须发扬民主，反对官僚主义，必须依靠人民群众，动员一切社会力量。以毛泽东同志为主要代表的中国共产党人在探索社会主义社会建设中提出了一系列重要理论，至今仍是我国社会治理实践的重要理论指导。党的十一届三中全会以后，以邓小平同志为主要代表的中国共产党人领导我们党和人民拨乱反正、解放思想，实行改革开放，开辟了中国特色社会主义道路。邓小平同志明确把社会管理作为我国现代化建设的重要组成部分，提出民主法制建设是社会管理的治本之策，物质文明和精神文明"两手抓，两手都要硬"。以江泽民同志、胡锦涛同志为主要代表的中国共产党人在发展中国特色社会主义事业中，也都对加强和改进社会管理作出了重要论述。习近平总书记关于社会治理重要论述是在新的历史条件下，继承和发展马克思主义与中国共产党历代领导集体的治国理政思想，解决新时代中国社会治理这一时代命题的智慧结晶；是对马克思列宁主义、毛泽东思想和中国特色社会主义理论体系的坚持与发展，是马克思主义中国化和中国特色社会主义理论体系的最新成果。

（二）习近平总书记关于社会治理重要论述的历史根据

迄今为止，人类社会治理的经验和教训，特别是新中国成立后社会主义"前三十年"与"后三十年"正反两方面社会建设的历史经验和教训，是习近平总书记关于社会治理重要论述产生的历史依据。我国是一个历史悠久、幅员辽阔、人口众多的大国，古代社会治理思想博大精深，儒家、道家、法家等各家学派均对社会治理有过系统论述，并形成了以儒法合一为主要特征、德治和法治相结合、具有简约主义特征的社会治理实践。可以说，将中国传统社会治理思想进行创造性转化与创新性发展，是习近平总书记关于社会治理重要论述的重要特征之一。同时，习近平总书记指出："纵观社会主义从诞生到现在的历史过程，怎样治理社会主义社会这样的全新社会，在以往的世界社会主义实践中并没有解决得很好。"[1]中国共产党在领导中国革命、建设和改革的进程中，一直在探索和构建科学有效的社会主义社会治理体系。僵化、封闭和麻木的社会状态导致苏联解体的沉痛教训特别值得警醒。习近平总书记关于社会治理重要论述正是对世界社会主义社会治理经验教训的深刻反思和理论升华。此外，对现代社会治理思想批判性吸收也构成了习近平总书记关于社会治理重要论述的一个重要来源。自工业革命和资本主义兴起以来，现代社会治理思想逐渐发育，形成了一些有益经验，值得研究借鉴。这条道路既不是"传统的"，也不是"外来的"，更不是"西化的"，而是独创的，是由我国的历史文化传统、经济社会发展水平决定的，是立足于中国国情和社会建设实践，研究吸收了人类历史上一切有益的社会治理思想而作出的选择。

---

[1] 《习近平新时代中国特色社会主义思想学习纲要》，学习出版社、人民出版社2019年版，第87页。

（三）习近平总书记关于社会治理重要论述产生的时代背景

当今的人类社会，世界格局多极化、经济全球化、文化多元化、社会信息化深入发展。风云变幻的国际局势与中国日益走近世界舞台中央，是习近平总书记关于社会治理重要论述产生的国际背景。当今世界虽然和平、发展、合作、共赢的时代潮流强劲，但世界仍很不安宁，人类社会面临着诸多难题与挑战。国际政治经济格局纷繁变化，世界经济增长不稳定、不确定因素增多，全球发展不平衡加剧。地缘政治因素更加突出，局部动荡此起彼伏，霸权主义、强权政治和新干涉主义有所上升，非传统安全和全球性挑战不断增多。贸易保护主义抬头，逆经济全球化思潮涌动，民粹主义在一些国家滋长。西方社会正在经历的各种"认同危机"，正在以各种渠道、各种方式对我国社会治理构成威胁。

我国处于深刻社会变革的发展阶段与纷纭复杂的社会矛盾相互交织，是习近平总书记关于社会治理重要论述产生的国内背景。经过改革开放40多年的不懈努力，中国创造了人类社会发展的奇迹，但也带来了"成长的烦恼"，社会矛盾的增多。经济结构的调整和发展动能的转换，使社会领域发生巨变，包括社会阶层和利益格局复杂化，财富和收入差距较大；社会职业选择和劳动就业市场化，社会流动性加快；社会主要矛盾转化，对生活质量提出了新需求；食品安全、环境污染等问题危害健康，群众颇有怨言；同时，社会上存在着不少有违公平正义的现象。网络社会的兴起也对社会治理提出了新问题新挑战。截至2023年6月，我国有10.79亿网民，互联网已从虚拟世界成为社会治理的重要领域。网络改变着人们的思维方式与生活方式，使信息交汇更加便捷。各种思想文化相互激荡，各种矛盾相互交织，各种诉求相互碰撞，各种力量竞相发声，社会治理的敏感程度、复杂程度前所未有。习近平总书记关于社会治理重要论述正是对国际国内环境和时代特征进行科学认识和分析的伟大成果。

（四）习近平总书记关于社会治理重要论述产生的现实依据

党的十八大以来的十多年，是我们党和国家发展中极不平凡的十多年。面对复杂多变的国际环境和全方位深刻变化的国内形势，以习近平同志为核心的党中央在进行伟大斗争、建设伟大工程、推进伟大事业、实现伟大梦想中，以巨大的政治勇气和强烈的责任担当，提出一系列新理念新思想新战略，出台一系列重大方针政策，推进一系列重大工作，解决了许多长期想解决而没有解决的难题，办成了许多过去想办而没有办成的大事，推动党和国家事业取得历史性巨大成就、发生历史性深刻变革。在这个极为生动、极为丰富的伟大实践中，习近平总书记站在社会变革的前沿，热情地支持、鼓励、保护、引导人民群众进行伟大创造，领导我们党从总结人民群众成功的实践经验中，以全新的视野深化对共产党执政规律、社会主义建设规律、人类社会发展规律的认识，进行艰辛的理论探索。习近平总书记关于社会治理重要论述是对党的十八大以来我国社会主义社会治理的新鲜经验进行科学总结的伟大成果。

二、习近平总书记关于社会治理重要论述的基本内容

习近平总书记紧紧围绕坚持和发展中国特色社会主义、推进国家治理体系和治理能力现代化、实现中华民族伟大复兴中国梦，提出了一系列社会治理新观点新论断新思想，特别是提出"社会治理是一门科学"[1]，实现了从"社会管理"到"社会治理"的新飞跃，构建了一个完整的科学理论体系。我们初步研究认为，习近平总书记关于社会治理重要论述突出体现在以下十个方面。

（一）党的领导论

加强和改进党的领导，是习近平总书记关于社会治理重要论述的灵魂。一是社会治理要充分发挥党总揽全局、协调各方的领导核心作用。习近平总书记深刻指出："能不能保持经济社会持续健康发展，从根本上讲取决于党在经济社会发展中的领导核心作用发挥得好不好。"[2]在社会治理中，党的领导核心作用主要体现在：突出"加强"和"改善"，牢牢把握党领导社会治理的主动权；突出"牵头"和"抓总"，牢牢把握党领导社会治理的关键环节；突出"制度"和"规范"，牢牢把握党对社会治理的领

---

[1] 《习近平在参加上海代表团审议时强调 推进中国上海自由贸易试验区建设 加强和创新特大城市社会治理》，《人民日报》2014年3月6日。

[2] 习近平：《在党的十八届五中全会第二次全体会议上的讲话（节选）》，《求是》2016年第1期。

导权。二是以党风政风好转带来社会风气的好转。以习近平同志为核心的党中央坚持党要管党、从严治党、从严治吏，大力开展党风廉政建设，探索和开辟了一条具有中国特色的反腐新路子，使得党风政风明显净化，带动和促进了社会风气的向上好转，体现出显著的社会治理效果。腐败治理论体现了习近平总书记对社会治理动力、新型政社互动关系的新论断、新发展。三是提高党领导社会治理的能力。推进社会治理现代化，关键在于完善党的执政方式，提升党的执政水平，巩固党的执政地位。党在社会治理中的领导核心作用需要通过党的基层组织来实现。党的基层组织扎根基层、服务基层，具有参与社会治理的天然优势。这就需要以党的执政能力建设和先进性建设推动社会改革发展，以昂扬的改革创新精神不断开创社会建设和社会治理新局面。可以说，坚持党的领导是中国特色社会治理的鲜明特征，也是中国社会治理文明屹立于世界民族之林的根本保证。

（二）人民中心论

坚持以人民为中心，是习近平总书记关于社会治理重要论述的根本政治立场。一是社会治理以服务人民为根本宗旨。社会治理，说到底，就是对人的服务和治理。社会治理要以人为本，把增进人民福祉、促进人的全面发展作为根本出发点和落脚点，把人民放在心中最高位置，坚持全心全意为人民服务，实现好、维护好、发展好最广大人民根本利益，从而真正满足人民群众对美好生活的向往。二是社会治理以人民群众为主体力量。社会治理既是对全社会的治理，也是全社会共同参与的治理。习近平总书记指出："一切治理活动，都要尊重人民主体地位，尊重人民首创精神，拜人民为师。"①因此，创新社会治理需要全心全意依靠人民群众，尊重人民的权利地位、激发人民的主体意识、凝聚人民的治理智慧，共同治理好社会。三是社会治理以人民满意为根本标准。习近平总书记强调："检验我们一切工作的成效，最终都要看人民是否真正得到了实惠，人民生活是否真正得到了改善，人民权益是否真正得到了保障。"②因此，加强和创新社会治理要随时随刻倾听人民呼声、回应人民期待。四是社会治理以建设充分体现人民为主体地位的社会为依归。建设一个什么样的社会，是创新社会治理不可回避的终极之问。不论是和谐社会、平安社会、信用社会，还是健康社会、法治社会、幸福社会，归根究底，都是人民主导的社会。概而言之，习近平总书记的人民中心论，其核心是一切为了人民、一切依靠人民、为了人民的一切，一切接受人民检验。这是在新的历史条件下创新社会治理的核心价值观，也是指导和引领中国特色社会主义事业不断前进的新型治理观，是对马克思主义和毛泽东思想中关于"人民是历史的主人"的继承、丰富和发展。

（三）民生为本论

以民生为本，是习近平总书记关于社会治理重要论述的本质体现。保障和改善民生对创新社会治理具有根本性作用和意义，

---

① 习近平：《在庆祝中国人民政治协商会议成立65周年大会上的讲话》，《人民日报》2014年9月22日。

② 习近平：《在纪念毛泽东同志诞辰120周年座谈会上的讲话》，《人民日报》2013年12月27日。

必须把解决民生问题贯穿社会治理实践的全过程。这一重大思想实现了社会治理思想的创造性发展。主要体现在：一是增进民生福祉是社会治理的根本之策。民生是人民幸福之基、社会和谐之本。习近平总书记强调：要"积极推动解决人民群众的基本民生问题，不断打牢和巩固社会和谐稳定的物质基础，从源头上预防和减少社会矛盾的产生"[1]。民生就是人民群众最直接最现实的利益，是人民群众看得见、摸得着的实惠。保障和改善民生是维护社会和谐稳定的基础。二是丰富民生内涵是社会治理创新的重要方面。习近平总书记指出："良好生态环境是最公平的公共产品，是最普惠的民生福祉。"[2]民生的范畴，不再仅仅局限于传统的教育、卫生、住房、养老、就业、收入分配，而是扩展到公共安全、生态环境等内容，并成为社会和谐稳定和健康发展不可忽视的重要问题。发展民生事业和改善民生环境，对于社会治理同样重要，两者都抓好，才能更好实现社会治理的目标。三是维护群众合法利益是维护社会稳定的基础。正确处理维权和维稳的关系是社会治理创新的根本要求。习近平总书记指出："要把群众合理合法的利益诉求解决好，完善对维护群众切身利益具有重大作用的制度，强化法律在化解矛盾中的权威地位，使群众由衷感到权益受到了公平对待、利益得到了有效维护。"[3]这是充满唯物辩证法的创新社会治理思维的重大思想观点。四是关心"民生"才

---

[1] 中共中央宣传部：《习近平总书记系列重要讲话读本（2016年版）》，学习出版社、人民出版社2016年版，第222—223页。
[2] 《习近平在海南考察：加快国际旅游岛建设谱写美丽中国海南篇》，《人民日报》2013年4月11日。
[3] 《习近平出席中央政法工作会议并发表重要讲话》，《人民日报》2014年1月9日。

能赢得"民心"。习近平总书记深刻指出:"民生连着民心,民心关系国运。"①保障和改善民生,就是为了增进民生福祉,就是为了让人民过上幸福生活,归根结底就是一项民心工程。赢得了民心,就自然实现了善治。

(四)公平正义论

促进公平正义,是习近平总书记关于社会治理重要论述的核心要义。习近平总书记高度重视公平正义在社会治理中的核心作用和地位。一是健全社会公平保障体系。习近平总书记高度重视从制度上来保障社会公平,反复强调要实现"三个公平":规则公平,实现规则面前一视同仁;机会公平,实现人人都有机会,机会面前人人平等;权利公平,实现公民基本权利一律平等,让人民群众在每一个司法案件中都感受到公平正义。二是坚持走共同富裕道路。习近平总书记强调:"共同富裕是中国特色社会主义的根本原则,所以必须使发展成果更多更公平惠及全体人民,朝着共同富裕方向稳步前进。"②正确处理好效率和公平的关系,既要把"蛋糕"做大,也要把"蛋糕"分好,特别是要在分好"蛋糕"的基础上继续做大"蛋糕"。要求深化收入分配制度改革,避免出现贫富两极分化。强调要更加注重对特定人群特殊困难的精准帮扶,让所有人民群众都过上好日子。精准扶贫、精准脱贫就是推进社会公平正义的生动体现。三是建立共建共治共享社会。习近平总书记提出,要加快推进社会治理精细化,构建

---

① 《习近平关注民主问题:民生连着民主民心关系国运》,中国日报网,2013年3月7日。
② 《习近平谈治国理政》第1卷,外文出版社2018年版,第13页。

全民共建共享的社会治理新格局。这种社会治理精细化思想，就是要建立一个共建共治共享的社会。习近平总书记深刻指出：要使中国人民"共同享有人生出彩的机会，共同享有梦想成真的机会，共同享有同祖国和时代一起成长与进步的机会"[1]。这就表明，要通过建立共建共治共享社会，让人民群众更有"获得感""安全感""幸福感"，最大限度地凝聚社会共识，形成实现中华民族伟大复兴的磅礴伟力。

（五）德法共治论

德治和法治并举，是习近平总书记关于社会治理重要论述的重要支柱。一是强调创新社会治理的道德基础是核心价值观。习近平总书记指出："培育和弘扬核心价值观，有效融合社会意识，是社会系统得以正常运转、社会秩序得以有效维护的重要途径。"[2]思想道德和核心价值观对社会治理发挥着教化、引领的重要作用。人类社会发展的历史表明，对一个民族、一个国家来说，最深厚、最持久的力量是全社会一致认同的核心价值体系和核心价值观。同时，培育和弘扬社会主义核心价值观，既要继承和弘扬中华优秀传统文化，又要学习和借鉴人类治理文明的一切优秀成果。二是强调社会治理现代化的基本标志是实现法治。法治是治国理政的基本方式。要发挥法治对社会治理的保障、服务和促进作用。牢固树立法治社会理念，坚持法治国家、法治政府与法治社会一体建设，善于用法治精神思考社会治理、用法治思

---

[1] 《习近平谈治国理政》第1卷，外文出版社2018年版，第40页。
[2] 《习近平谈治国理政》第1卷，外文出版社2018年版，第163页。

维谋划社会治理、用法治方式破解社会治理难题，把社会治理的思想和行为全部纳入法治化轨道。三是强调现代社会治理的基本规律是坚持德法互济。加强和创新社会治理，既要靠法治，又要靠德治，做到法治与德治相结合、二者并用。习近平总书记提出："必须坚持依法治国和以德治国相结合，使法治和德治在国家治理中相互补充、相互促进、相得益彰。"[①]由此而言，坚持德法共治是习近平治国理政新理念新思想新战略在社会治理领域的生动体现，也是对我们党关于"物质文明和精神文明，两手抓两手都要硬"的继承、丰富和发展。

（六）体制创新论

创新体制机制，是习近平总书记关于社会治理重要论述的显著标志。习近平总书记深刻指出："加强和创新社会治理，关键在体制创新。"[②]党的十八大以来，我国社会领域取得的成就与进步，最根本的就是紧紧抓住了体制机制改革创新这个"牛鼻子"。一是创新社会治理体制。明确提出中国特色社会治理体制的基本模式是党委领导、政府负责、社会协同、公众参与、法治保障，社会治理的改革与创新都要以此为目标取向。二是改进社会治理方式。习近平总书记深刻指出："治理和管理一字之差，体现的是系统治理、依法治理、源头治理、综合施策。"[③]坚持系统治

---

① 《习近平谈治国理政》第 2 卷，外文出版社 2017 年版，第 133 页。
② 《习近平在参加上海代表团审议时强调　推进中国上海自由贸易试验区建设　加强和创新特大城市社会治理》，《人民日报》2014 年 3 月 6 日。
③ 《习近平在参加上海代表团审议时强调　推进中国上海自由贸易试验区建设　加强和创新特大城市社会治理》，《人民日报》2014 年 3 月 6 日。

理，社会治理不仅是政府的工作职能，而且也需要社会各界一起参与，要从政府包揽向政府负责、社会共同治理转变；坚持依法治理，从管控规制向法治保障转变；坚持综合治理，从单一手段向多种手段综合运用转变；坚持源头治理，从根本上解决矛盾、防微杜渐。三是完善社会治理机制。要建立健全党和政府主导的维护群众权益机制、社会利益协调机制、预防和化解社会矛盾机制、社会风险评估机制、突发事件监测预警机制，提高社会治理社会化、法治化、智能化、专业化水平。

（七）不忘本来论

传承发展中华民族优秀文化，是习近平总书记关于社会治理重要论述的鲜明特色。习近平总书记深刻指出：中华优秀传统文化是我们民族的"根基"和"灵魂"，我们必须"从延续民族文化血脉中开拓前进"，"优秀传统文化是一个国家、一个民族传承和发展的根本，如果丢掉了，就割断了精神命脉"。[1]优秀传统文化是创新社会治理最深厚的根基和源泉。一是正确处理继承和创新的关系。在新的历史条件下对中华优秀传统文化进行创造性转化和创新性发展将为推进社会治理现代化奠定最为深厚雄浑的力量。一方面，要充分尊重优秀传统文化，自觉礼敬民族历史，实事求是地整理挖掘，"不忘本来才能开辟未来，善于继承才能更好创新"[2]。另一方面，要转化再造丰富发展，把承继精神与改造

---

[1] 习近平：《在纪念孔子诞辰2565周年国际学术研讨会暨国际儒学联合会第五届会员大会开幕会上的讲话》，《人民日报》2014年9月25日。
[2] 《习近平谈治国理政》，外文出版社2014年版，第164页。

形式有机结合，借鉴吸收有益文化成分，赋予新的时代内涵。二是重视家庭在社会治理中的基础地位。习近平总书记特别注重家庭建设在传承发展中华优秀传统文化和维护社会和谐稳定、健康发展中的基础作用。他指出："不论时代发生多大变化，不论生活格局发生多大变化，我们都要重视家庭建设，注重家庭、注重家教、注重家风……使千千万万个家庭成为国家发展、民族进步、社会和谐的重要基点。"[①]这就要求将社会治理的重心放在恢复家庭的传统功能上，更多地发挥家庭的生育、婚姻、养老、教化等社会功能，积极推进家庭友好型社会治理建设，推动形成爱国爱家、相亲相爱、向上向善、共建共享的社会主义家庭文明新风尚。三是重视优秀传统文化对社会主义核心价值观的涵养。中华优秀传统文化是涵养社会主义核心价值观的重要源泉。以中华优秀传统文化涵养社会主义核心价值观，就在于明确文化渊源和民族文魄，增强文化自信和价值观自信。培育和弘扬社会主义核心价值观，如果抛弃了优秀传统文化，就是放弃了根本，那无异于缘木求鱼。基于以上可见，习近平总书记对中华优秀传统文化的重视，实质上是对社会治理的文化价值维度的重大发展，强调和凸显了优秀传统文化和核心价值观对中国特色社会治理的精神滋养和定向导航作用。

（八）群众工作论

加强和改进群众工作，是习近平总书记关于社会治理重要

[①] 《习近平关于社会主义文化建设论述摘编》，中央文献出版社2017年版，第126页。

论述的基本要义。保持同人民群众的血肉联系，始终是我们党立于不败之地的根基。习近平总书记十分重视做好群众工作。他说："我们要适应新形势下群众工作新特点新要求，深入做好组织群众、宣传群众、教育群众、服务群众工作，虚心向群众学习，诚心接受群众监督。"[1]群众路线是我们党的生命线和根本工作路线，也是加强和创新社会治理必须遵循的基本路线。对此，他作过多方面重要论述。一是社会治理本质上就是做群众工作。习近平总书记指出："社会管理主要是对人的服务和管理，说到底是做群众的工作……一切社会管理部门都是为群众服务的部门……一切社会管理工作都是为群众谋利益的工作……一切社会管理过程都是做群众工作的过程……从这个意义上说，群众工作是社会管理的基础性、经常性、根本性工作。"[2]由此可见，群众工作与社会治理工作紧密相连、息息相通。二是创新社会治理需要再造群团工作活力。党的群团工作是党治国理政的一项经常性、基础性工作，"只能加强，不能削弱，只能改进提高，不能停滞不前"[3]。这就要求群团组织坚持走中国特色社会主义群团发展道路，切实破除"机关化、行政化、贵族化、娱乐化"，有效增强"政治性、先进性、群众性"，以更好地反映和服务人民群众的现实需要。三是思想政治工作是社会治理的重要方式。思想政治工作是群众工作的重要形式，也是创新社会治理的重要方式。习近平总书记强调："思想政治工作从根本上说是做人的

---

[1] 《习近平谈治国理政》第1卷，外文出版社2018年版，第16页。
[2] 《十七大以来重要文献选编》（下），中央文献出版社2013年版，第176页。
[3] 《习近平谈治国理政》第1卷，外文出版社2018年版，第307页。

工作"①。而做人的工作也正是社会治理的基本要义所在。由此可见，习近平总书记关于社会治理中加强群众工作的重要论述，继承了我们党一贯的群众路线的根本工作路线，又在新的历史条件下发展了党的群众路线的基本思想。

（九）基层重心论

注重基层建设，是习近平总书记关于社会治理重要论述的突出风格。注重激发基层活力，提升基层能力，夯实基础地位，更好发挥基层治理在整个社会治理体系中的关键作用。"城乡社区"和"社会组织"构成了现代社会治理运行的两个基础载体。一是城乡社区治理创新。城乡社区是社会的基础单元，是各种利益关系的交汇点、社会矛盾的集聚点、社会建设的着力点。习近平总书记反复强调："基层就是社会的细胞，是构建和谐社会的基础。"②社会治理的重心必须落到城乡社区，社区服务和管理能力强了，社会治理的基础就实了。因此，搞好社区治理是社会治理的基础环节，是创新社会治理的重要突破口。二是社会组织改革创新。社会组织改革创新的基本方向是政社分开、权责明确、依法自治。这就要求加快推进社会组织"去行政化"和"去垄断化"改革，建立健全优良的社会组织生态系统和中国特色的社会组织管理体制，特别是要全面推进社会组织党的建设，促进社会组织健康有序发展。三是推进"网格化管理、人性化服务"。习近平总书记指出：要"深化拓展网格化管理，尽可能把资源、

---

① 《习近平谈治国理政》第 1 卷，外文出版社 2018 年版，第 377 页。
② 习近平：《加强基层基础工作夯实社会和谐之基》，《求是》2006 年第 21 期。

服务、管理放到基层，使基层有职有权有物，更好地为群众提供精准有效的服务和管理"①。概而言之，对基层基础的高度重视，充分表明习近平总书记关于社会治理重要论述具有强烈的问题意识、扎实的实践基础和深厚的为民情怀。

（十）总体国家安全论

树立总体国家安全观，是习近平总书记关于社会治理重要论述的重大创新。习近平总书记深刻指出："当前我国国家安全内涵和外延比历史上任何时候都要丰富，时空领域比历史上任何时候都要宽广，内外因素比历史上任何时候都要复杂，必须坚持总体国家安全观，以人民安全为宗旨，以政治安全为根本，以经济安全为基础，以军事、文化、社会安全为保障，以促进国际安全为依托，走出一条中国特色国家安全道路。"②总体国家安全观是习近平总书记关于社会治理重要论述中极具创新的内容，并具有丰富的理论内涵。一是统筹外部安全和内部安全。传统的国家安全观只讲外部安全或对外安全，总体国家安全观则强调既要重视外部安全，又要重视内部安全。二是统筹传统安全与非传统安全。既要重视传统安全，又要重视非传统安全，构建完整的国家安全体系，特别是要注意防范和应对社会安全、科技安全、信息网络安全等新型安全形态。三是统筹国土安全与国民安全。坚持以民为本、以人为本，坚持国家安全一切为了人民、一切依靠

---

① 《习近平在参加上海代表团审议时强调　推进中国上海自由贸易试验区建设　加强和创新特大城市社会治理》，《人民日报》2014年3月6日。
② 《习近平谈治国理政》第1卷，外文出版社2018年版，第200—201页。

人民，真正夯实国家安全的群众基础。四是统筹国家发展和国家安全。国家发展是国家安全的基础，国家安全是国家发展的条件。五是统筹自身安全与共同安全。中国的安全必须既重视自身安全，又重视共同安全，打造人类命运共同体，推动各方朝着互利互惠、共同安全的目标相向而行。总体而言，总体国家安全观的提出，充分体现了习近平总书记关于参与全球治理、提供中国方案、构建人类命运共同体的道路自信、理论自信、制度自信、文化自信。

习近平总书记关于社会治理重要论述的创新性，充分体现在内涵更丰富、外延更宽广，体系更完整、逻辑更严密，目标更明确、行动更有力。每一方面都自成一体、构成完整的系统思想，同时十个方面又相互贯通、相辅相成，相互促进、相得益彰，共同统一于推进中国特色社会主义伟大事业和实现中华民族伟大复兴的中国梦进程当中。

三、习近平总书记关于社会治理重要论述开拓新境界

习近平总书记立足我国正在发生的千年未有之大变局，准确把握全面建成小康社会与全面建设社会主义现代化国家"两个一百年"的历史交汇，创立了科学的关于社会治理的重要论述，开拓了中国特色社会主义社会治理的全新境界。

（一）开拓了科学社会主义社会治理思想的新境界

习近平总书记关于社会治理重要论述，深入观察和分析当今

中国社会发展与变革中的新情况新问题，提出一系列社会治理新理念新思想新战略，开拓了科学社会主义社会治理的新境界。以人民为中心的社会治理思想，不仅回答了社会治理为了谁、依靠谁的问题，还回答了社会治理的评判标准和行动准绳问题，提出了检验社会治理成效，最终要看人民群众是否真正得到了实惠，人民群众生活是否真正得到了改善，人民群众合法权益是否得到了切实保障。这就将全心全意为人民服务的宗旨、一切为了人民的思想，内化为不仅有明确指向而且贯穿党的决策部署和方针政策并体现在实际行动中。以民生为本的社会治理思想，从根本上纠正了以往那种重经济建设轻社会建设、重管控轻民生的倾向，并推动实施一大批普惠性、基础性、兜底性民生工程，着力形成改革发展与社会治理的最大公约数，有利于从根本上实现良政善治，促进社会和谐稳定和全面进步。这一系列创新性的社会治理思想和实践，将科学社会主义社会治理理论推向了崭新境界。

（二）开拓了传统社会管理向现代社会治理转变的新境界

"社会管理"转变为"社会治理"，虽然只有一字之差，但思想更深刻、内涵更丰富。社会治理更加突出党委领导和政府负责下的多元社会主体共同参与、良性互动，有利于构建共建共治共享的社会治理新格局；更加突出以人民为中心的社会治理思想，强化人民群众在社会治理中的主体地位、权益保障制度和首创精神；更加突出民主政治和法治思维、法治方式，社会治理要着眼于扩大人民民主，建设法治社会；更加突出系统治理、源头治理、综合治理，运用经济、法律、道德、教育、行政等多种手段完善社会治理方式，标本兼治；更加突出全面加强党对社会治理的领导，以党的执政能力建设和先进性建设引领社会治理，以党风的根本好转推动政风、社会风气净化，以各级党组织自身建设为实现社会治理科学化、精细化、现代化提供坚强的领导核心与组织保证。所有这些，标志着由传统的社会管理向适应时代发展要求的现代社会治理的转变。

（三）开拓了中华优秀传统文化与现代社会文明相融合的新境界

我国有独特的历史、独特的文化、独特的国情，这就决定了社会治理创新发展的独特道路。习近平总书记立足中国国情，博采古今中外一切优秀文明成果，坚守但不僵化、借鉴但不照搬，善于古为今用、洋为中用。党的十八大以来，社会治理思想创新与实践创新，是在总结中国悠久的治理传统和历代中国共产党人治国理政的经验教训，以及借鉴吸收人类社会现代文明优秀成果的基础上形成的，将中国传统社会治理模式进行创造性继承和创新性发展，将世界现代文明先进理念、有益做法进行分析鉴别和选择性吸收。这一社会治理思想，更加重视法治与德治有机结合，法治德治并举，他律自律结合；更加重视发挥优秀传统道德文化的教化功能，发挥当代中国特色社会治理的最佳效果；更加重视家庭在社会治理中的基础地位，更多发挥家庭的生育、婚姻、养老、教化等社会功能，并与现代社会文明进步素质融合发展。这些对优秀传统文化的高度重视，是对社会治理的文化价值维度的重大发展，开拓了现代社会治理文明与中华优秀传统文化融合的新境界。

（四）开拓了以打造人类命运共同体为导向的国际社会治理关系的新境界

习近平总书记关于社会治理重要论述具有全球视野性、国际前瞻性、人类关怀性。倡导"和而不同"的价值理念，坚持正确义利观，构建人类命运共同体的思想和实践，开拓了国际社会治理的新境界。当今世界正在发生深刻复杂变化，世界经济增长需要新动力，发展需要更加普惠平衡，贫富差距鸿沟需要弥合；热点地区持续动荡，恐怖主义蔓延肆虐；和平赤字、发展赤字、治理赤字，是摆在全人类面前的严峻挑战。习近平总书记面对国际局势的深刻变化和世界各国同舟共济的客观要求，统筹国内国际两个大局、统筹发展安全两件大事，提出构建人类命运共同体思想，坚持对话协商、共建共享、合作共赢、交流互鉴、绿色低碳，以建设一个持久和平、普遍安全、共同繁荣、开放包容、清洁美丽的世界为目标，符合各国求和平、谋发展、促合作、要进步的真诚愿望和共同追求，坚定不移维护世界和平、促进共同发展，推动构建以合作共赢为核心的新型国际关系。构建人类命运共同体的思想，是对我国社会建设和社会治理的国际国内环境与时代特征进行科学分析与实践探索的伟大成果，为促进人类社会共同发展打开了全新的视角与广阔的思路。

习近平总书记关于社会治理重要论述引领"枫桥经验"创新发展

张文显
中国法学会党组成员、副会长、学术委员会主任

习近平总书记关于社会治理重要论述是习近平新时代中国特色社会主义思想的重要组成部分。习近平总书记关于社会治理重要论述是在深刻把握基层社会治理规律、系统总结以"枫桥经验"为标本的基层社会治理经验、科学凝练基层社会治理理论的基础上形成的，具有鲜明时代特征和深厚历史底蕴。习近平同志从2003年主政浙江以后，高度重视和关注"枫桥经验"的推广运用和创新发展。他在多次重要讲话、指示中强调要学习推广、发展"枫桥经验"。不仅如此，他还亲自对"枫桥经验"在浙江的生动实践进行系统总结和全面阐述，不断丰富发展"枫桥经验"的理论品格、思想内涵和时代特征，并对学习推广"枫桥经验"提出明确的实践要求，从而使"枫桥经验"从浙江治理经验上升为大国治理思想，成为我们党领导社会治理现代化的重要经验。"枫桥经验"在21世纪的创新发展与习近平总书记关于社会治理重要论述密切相关。一方面，"枫桥经验"及其在各地的实

践成果为习近平总书记关于社会治理重要论述的萌发、形成、发展及其体系化成熟化提供了现实基础和源头活水；另一方面，正是由于习近平总书记高度重视"枫桥经验"，善于系统总结、全面推广、创新发展"枫桥经验"，才使得"枫桥经验"能够不断适应经济社会发展变化和社会主要矛盾深刻变化而与时俱进、转型升级、历久弥新。

一、党的全面领导思想照亮"枫桥经验"发展道路

习近平总书记指出，中国特色社会主义最本质的特征是中国共产党领导，中国特色社会主义制度的最大优势是中国共产党领导。"枫桥经验"的形成、实践和创新发展始终是在党的领导下进行的，首先，毛泽东、习近平以及党中央、浙江省委各级党委为形成、创新和发展"枫桥经验"指明了正确道路，也提供了坚强有力的思想指引和政治保障。其次，充分发挥了基层党组织的战斗堡垒作用和党员的先锋模范作用。实践证明，这既是"枫桥经验"的政治优势，也是其不断创新发展的根本保证。在基层社会治理中，习近平总书记十分重视党的基层组织建设，重视基层党组织的作用发挥。他指出，做好基层基础工作十分重要，只要每个基层党组织和每个共产党员都有强烈的宗旨意识和责任意识，都能发挥战斗堡垒作用、先锋模范作用，我们党就会很有力量，我们国家就会很有力量，我们人民就会很有力量，党的执政基础就能坚如磐石。围绕基层党建，习近平总书记提出了一系列新理念新思想新战略：治国安邦重在基层，党的工作最坚实的力

张文显 ▶ 习近平总书记关于社会治理重要论述引领"枫桥经验"创新发展

量支撑在基层,最突出的矛盾和问题也在基层,必须把抓基层、打基础作为长远之计和固本之举。党的基层组织制度建设改革,着力点是使每个基层党组织都成为坚强战斗堡垒,它的政治功能要充分发挥。牢固树立大抓基层鲜明导向,让党的旗帜在每个基层阵地上都高高飘扬起来。从基本组织、基本队伍、基本制度严起,在打牢基础、补齐短板上下功夫,推进基层党建工作理念创新、机制创新、手段创新,让支部在基层工作中唱主角。这些重要思想和重要论述为新形势下加强基层党建指明了方向、提供了根本遵循,也为"枫桥经验"的创新发展提供了根本保证。回顾60多年的发展历程,"枫桥经验"从形成之初发展到现在,至关重要的一条,就是坚持党建引领,使基层党组织建设与基层治理有机衔接、良性互动,通过政治领导、思想引领、组织引领、能力引领、机制引领,以党的建设贯穿基层治理、保障基层治理、引领基层治理。

二、以人民为中心思想铸就"枫桥经验"不朽灵魂

新时代"枫桥经验"的本质在于其人民性,习近平总书记以人民为中心的思想赋予其本质属性。早在2003年,习近平同志就提出将"坚持以人为本"作为建设"平安浙江"的指导原则之一,要求着眼于人的全面发展,不断满足人民群众日益增长的物质文化需要,切实保障人民群众的经济政治文化权益,关爱生命,关心健康,关注安全,努力提高人民群众的思想道德素质、科学文化素质和健康素质,积极为人民群众创造平等发展、安居

乐业、和谐稳定、能够充分发挥聪明才智的社会环境，真正让改革发展的成果惠及广大群众。针对学习推广"枫桥经验"，提出创新"枫桥经验"，就要始终坚持全心全意为人民服务的宗旨，坚持和发扬专门工作与群众路线相结合的优良传统，切实做到权为民所用、情为民所系、利为民所谋；就要不断创新密切联系群众的有效载体，推动各级领导干部深入基层、深入实际、深入群众，调解纠纷，化解矛盾，理顺情绪，维护稳定；就要积极探索服务群众的多种途径，真心诚意地为群众办实事、解难题、做好事，满腔热情地解决人民群众工作和生活中的实际问题，努力实现富民、安民、乐民、康民；就要相信和依靠群众，充分发挥群众自我教育、自我管理、自我约束的本质力量，让社会和谐稳定，让群众安居乐业；就要大力推动有关部门转变执法理念，更新管理方式，增强服务意识，做到严格执法、依法管理、热情服务，在执法、管理和服务的各个环节更好地体现公平、正义和文明。习近平同志担任党的总书记以后，将这一思想发展为"坚持人民主体地位"。党的十九大前后，习近平总书记对"以人为本"思想、"人民主体"思想作了进一步发展，将其明确为"以人民为中心的发展思想"。新时代"枫桥经验"恰恰是在以人民为中心的发展思想指引下创新发展起来的。从以对敌斗争为中心，发展到以维稳为中心，再转向以人民为中心。以人民为中心的发展思想赋予了"枫桥经验"本质特征，赋予了"枫桥经验"历史内涵、时代内涵。实现好、维护好、发展好最广大人民的根本利益，是"枫桥经验"的本质所在、生命力所在。随着我国社会主要矛盾的深刻变化，人民群众对社会治理、平安建设、法治建设的需求也发生了许多新的变化，相应的，治理的主体、治理的方式也在发生转变，但坚持以人民为中心，一切为了群众、一切依靠群众，始终是"枫桥经验"不变的初心。

三、党的群众路线指引"枫桥经验"守正创新

"枫桥经验"诞生之初就是发动和依靠群众就地解决矛盾的经验。毛泽东认为"枫桥经验"回答了两个问题：一是群众是怎样懂得这样做的；二是依靠群众办事是个好办法。这两点道出了群众工作的精髓，相信群众、依靠群众，唤起群众的自觉，激发群众的力量，才能化解矛盾、破解难题，实现长治久安。习近平总书记也是将"枫桥经验"和党的群众路线放在一起来思考的。在给纪念毛泽东批示"枫桥经验"50周年大会作出的重要批示中，他明确要求各级党委和政府要充分认识"枫桥经验"的重大意义，发扬优良作风，适应时代要求，创新群众工作方法，善于运用法治思维和法治方式解决涉及群众切身利益的矛盾和问题，把"枫桥经验"坚持好、发展好，把党的群众路线坚持好、贯彻好。纵观"枫桥经验"60多年的发展历程，尽管其在不同的历史时期有不同的表现形式，但万变不离其宗，就是坚持走群众路线，从群众中来，到群众中去，把群众工作的触角延伸到千家万户，抓源头、抓苗头、抓基础，把矛盾化解在基层、把问题解决在当地、把隐患消除在萌芽状态，实现一方的和谐平安。党的群众路线是"枫桥经验"的要义所在。依靠群众、发动群众，是坚持和发展"枫桥经验"的基本途径。习近平总书记的群众路线思

想对"枫桥经验"的创新性发展，集中体现在人民群众作为社会治理主体的作用得以充分彰显，民间力量得以淋漓尽致的发挥。党委政府要发挥好在社会治理中的主导作用，同时大力培育并支持社会组织参与社会治理，突出社会组织、基层自治组织和人民群众在社会治理中的主体地位，激发社会自治、自主、能动力量，形成党委、政府与社会力量良性互动的社会治理局面。广大人民群众自我管理、自我服务、自我提升的热情空前高涨，参与社会治理的能动性、创造性得到充分调动，初步实现了社会治理过程让群众参与、成效让群众评判、成果让群众共享。在治理模式上，也从党委政府自上而下地层层压实责任，发展到更加注重发挥基层干部群众的首创精神，积极鼓励和支持基层大胆实践、敢于担当、勇于创新，激发民间智慧，破解基层治理难题。

四、社会和谐思想充实"枫桥经验"价值内核

促进社会和谐是"枫桥经验"的重要价值。回顾"枫桥经验"的发展历程，归根结底是定分止争、化解矛盾、促进社会和谐。60多年来的实践充分证明，无论在哪一个历史时期，"枫桥经验"都在促进社会和谐方面彰显了独特优势，发挥了重要作用。和谐是"枫桥经验"的目的性价值所在。习近平同志主政浙江期间，贯彻中央关于构建社会主义和谐社会的部署，在浙江实施"促进和谐社会建设工程"，形成了有关和谐社会的一系列重要思想。主要观点包括：（1）促进和谐社会建设的总体思路，即发展固和谐、民主促和谐、文化育和谐、公正求和谐、管理谋和

谐、稳定保和谐，推动社会建设与经济建设、政治建设、文化建设协调发展。（2）"以人为本，构建和谐社会"，指出以人为本是社会和谐的最高价值理念，和谐社会就是众人共建、众人共享的理想社会状态。要求切实把人的全面发展贯穿于经济社会发展之中，更好地为人民服务，塑造有利于社会和谐的人文精神，处理好各种人民内部矛盾。（3）"努力解决民生问题，促进社会和谐稳定"。（4）加强基层基础工作，是构建社会主义和谐社会的基础。在担任党和国家主要领导人之后，习近平总书记又提出和谐中国的思想，将和谐中国与富强中国、民主中国、文明中国、美丽中国一道，共同作为社会主义现代化强国的重要组成部分。习近平总书记关于和谐社会、和谐中国重要论述的融入，推动了"枫桥经验"由单纯的化解矛盾纠纷的经验上升为维护社会和谐稳定、促进经济社会协调发展的经验，也使"枫桥经验"的目的性价值进一步得到彰显。

五、平安建设思想优化"枫桥经验"功能定位

习近平同志在浙江工作期间，科学分析了浙江所处的新阶段、面临的新形势新任务新挑战和人民群众的新期盼，作出建设"平安浙江"的重大战略决策，在全国最早提出并全面部署"大平安"战略。他强调，"小康社会就是平安社会"，平安浙江中的"平安"不是狭义的"平安"，而是涵盖了经济、政治、文化和社会各方面宽领域、大范围、多层面的广义"平安"。建设平安浙江的总体目标是实现"五个更加"，即经济更加发展、政治更加

稳定、文化更加繁荣、社会更加和谐、人民生活更加安康；具体目标是确保社会稳定，确保治安状况良好，确保经济运行稳健，确保安全生产状况稳定好转，确保社会公共安全，确保人民安居乐业。2013年初，习近平总书记提出建设平安中国的目标，要求把平安中国建设置于中国特色社会主义事业发展全局中来谋划，确保中国特色社会主义事业在和谐稳定的环境中推进。习近平总书记关于创建"大平安"、建设平安浙江、建设平安中国的思想，也推动了"枫桥经验"从一般的化解矛盾的做法上升到整个平安建设，实现了功能上的拓展，使浙江成为全国城乡差别最小、区域发展最为协调、最平安的省份之一。

六、依法治理思想锤炼"枫桥经验"法治品格

习近平总书记一向重视法治的重要作用。历经依法治县、依法治市、依法治省、依法治国的领导实践，创造性地提出了一系列法治理论，取得丰富的实践成果。在浙江工作期间，习近平同志把创新发展"枫桥经验"融入"法治浙江"的重大实践，把"枫桥经验"作为建设法治浙江的重要抓手，强调坚持把学习推广"枫桥经验"与贯彻依法治国基本方略，推进依法治省各项工作，加强基层民主建设有机结合起来，与推进以德治省，加强公民思想道德建设有机结合起来，创造良好的法治环境，提高公民的综合素质，促进社会主义物质文明、政治文明和精神文明协调发展；强调创新"枫桥经验"，就要在推进依法治省中，把加强党的领导、人民当家作主和实行依法治国有机结合起来最广泛地

动员和组织人民群众依法管理国家和社会事务，管理经济和文化事业，维护和实现人民群众的根本利益；就要大力推进基层民主政治建设，浓厚基层民主法治氛围，畅通社情民意渠道，疏导理顺群众情绪；就要广泛开展普法宣传教育，进一步完善普法工作机制，不断提高人民群众的法治素质。按照习近平同志的要求，浙江全省深入实施基层依法治理，开展以民主法治村（社区）建设为载体的基层依法治理工作，93%的村（社区）配备了法律顾问，95%的村（社区）达到村务公开、民主管理规范化建设标准，营造了全社会尊法、学法、守法、用法的良好氛围。大力开展农村法治宣传教育，加强对村"两委"班子成员、党员、村民小组长、村民代表的法治教育，大力推进法治长廊等乡村法治文化阵地建设，落实普法责任制。习近平法治思想指引"枫桥经验"发生历史性的变化，实现本质性的飞跃，超越过去单纯的群防群治色彩，转型为以法治理念、法治思维、法治方式化解矛盾、促进和谐的经验，提升了"枫桥经验"的法治内涵。

七、习近平法治思想更新"枫桥经验"治理模式

"法治社会"这一概念是习近平同志在浙江工作时就提出的，他发表了《和谐社会本质上是法治社会》的文章，深刻阐述了法治与和谐社会建设的内在关系。他认为，只有把社会生活的基本方面纳入法治的调整范围，经济、政治、文化和谐发展与社会全面进步才有切实的保障，整个社会才能成为一个和谐的社会。他还认为，和谐社会本质上是民主法治的社会。只有不断推进人民

民主，提高法治化水平，才能确保人民安居乐业、社会安定有序、国家长治久安。依据习近平同志阐述的逻辑，法治国家与法治社会是互为依存、相辅相成的，法治国家引领法治社会，法治社会为法治国家构筑坚实的社会基础。担任党的总书记之后，他更加强调法治社会建设。2012年12月4日，习近平总书记在纪念现行宪法施行30周年大会上的讲话中提出，坚持依法治国、依法执政、依法行政共同推进，坚持法治国家、法治政府、法治社会一体建设。2013年2月23日，在中央政治局就全面推进依法治国进行第四次集体学习时，他再次强调要坚持法治国家、法治政府、法治社会一体建设，不断开创依法治国新局面。2013年10月，党的十八届三中全会通过的《中共中央关于全面深化改革若干重大问题的决定》明确提出推进法治中国建设，并把法治社会与法治国家、法治政府并列作为法治中国的核心要素。2014年11月，党的十八届四中全会通过的《中共中央关于全面推进依法治国若干重大问题的决定》把"增强全民法治观念，推进法治社会建设"作为全面依法治国的重大方面和重大举措。习近平总书记在该决定的说明中分别从推动全社会树立法治意识、推进多层次多领域依法治理、建设完备的法律服务体系、健全依法维权和化解纠纷机制等方面指明了推进法治社会建设的基本途径和实施方式。2015年10月，党的十八届五中全会通过的《中共中央关于制定国民经济和社会发展第十三个五年规划的建议》进一步提出，加快建设法治经济和法治社会，把经济社会发展纳入法治轨道。这些重要论述和决策体现出习近平法治思想的深化和成熟。习近平法治思想促进了"枫桥经验"转型升级，即向法治化、治理化的转型升级。在"枫桥经验"的转型升级过程中，一个十分显著的变化是基层社会经历了从社会管制到社会管理的转型。党的十八大之后，习近平总书记依据推进国家治理体系和治理能力现代化的总体战略思想和总体部署，提出用"社会治理"概念取代"社会管理"概念，并深刻指出："治理和管理一字之差，体现的是系统治理、依法治理、源头治理、综合施策。"与"管理"相比较，"治理"的思想更深刻、内涵更丰富，指引我国由传统社会管理体系向现代社会治理体系的跨越。枫桥等地人民以习近平总书记关于社会治理重要论述为指导，积极探索从"社会管理"走向"社会治理"的新思路、新机制和新路径，在坚持系统治理、依法治理、综合治理、源头治理的过程中，形成了具有中国特色、时代特征、地方特点的基层社会治理的新经验。

八、重在基层思想抓住"枫桥经验"根本要害

社会治理的重心在基层，法治社会建设的重心也在基层。"枫桥经验"的精髓就在基层治理，无论是毛泽东概括的"发动和依靠群众，就地化解矛盾，实现捕人少、治安好"的"枫桥经验"，还是习近平总书记称道的"抓基层、打基础、建机制、架网络、明责任、强保障"，"最大限度地把问题解决在基层，努力做到小事不出村，大事不出镇，矛盾不上交"的"枫桥经验"，都着眼其基层性、基础性，都把它作为有效维护基层社会稳定、促进社会和谐的社会治理的典型。

无论是在地方工作，还是在中央工作，习近平总书记始终

把治理特别是基层治理视为重中之重。2003年，习近平同志对出席浙江省社会主义新农村建设会议的领导干部语重心长地指出，"枫桥经验"的实质就是标本兼治、综合治理，依靠群众、预防为主，把矛盾和纠纷化解在基层，把问题和困难解决在基层。2006年，他在《求是》杂志发表的《加强基层基础工作 夯实社会和谐之基》一文中集中体现了他的社会治理重心在基层的思想。习近平同志2005年3月8日接受《法制日报》采访时强调，学习、推广和创新"枫桥经验"要坚持预防在先、工作在前，努力把不稳定因素解决在基层，解决在内部，解决在萌芽状态。习近平同志明确指出，构建社会主义和谐社会，重心在基层，基层是社会的细胞，是构建和谐社会的基础。习近平总书记在党的十九大报告中进一步提出，加强农村基础工作，加强农村基层基础工作，健全自治、法治、德治相结合的乡村治理体系；加强社区治理体系建设，推动社会治理重心向基层下移，发挥社会组织作用，实现政府治理和社会调节、居民自治良性互动。枫桥等地人民牢记习近平总书记基层是重心的社会治理思想，始终坚持"小事不出村、大事不出镇、矛盾不上交"的基本精神，着力整合基层社会力量，按照不低于当地流动人口500∶1的比例统一配备流动人口专职协管员，总结推广实施网格化管理办法，实现人本化服务。2003—2007年，枫桥受理的各类矛盾纠纷中，调处成功率达91%，其中在村级化解的矛盾纠纷占总量的80%以上。注重完善组织功能，充分发挥基层村居委组织自治作用；发挥新乡贤在新农村建设中的示范作用；新型社会组织全面参与社会治理，自我管理、自我服务，弥补政府公共管理服务方面的

"短板"，实现自治自律；乡规民约、城市公约、社区公约在基层社会治理、促进和谐中发挥着不可替代的作用；探索"网格化管理，组团式服务"新模式，形成基层政府、执法司法机构、村级组织、新型社会组织之间协作配合、协调互动的良好局面。大力推进"民主法治村"建设，通过开展"十百千"工程，推进"民主法治村"建设。大力推进基层组织建设，培养学有所长、心胸宽广、品德高尚的服务型新农村建设干部，切实抓好村组织规范化建设，做到村村有办公场地、天天有干部值班、事事按规范操作，新时代"枫桥经验"大家谈，确保村级有人办事、有人管事、有人干事。

九、新型德治与现代法治相结合思想焕发"枫桥经验"现代精神

习近平同志历来倡导和推动法治与德治相结合，强调法治和德治并举。2006年5月19日，他发表了《坚持法治与德治并举》的文章，集中体现了他所倡导的德法并举思想。在文中，他强调，法治与德治是车之两轮、鸟之两翼；依法治国是维护社会秩序的刚性手段，以德治国是维护社会秩序的柔性手段，只有把两者有机地结合起来，才能有效地维护社会的和谐，保障社会健康协调地发展。他还强调要将"坚持法治与德治相结合"作为建设"法治浙江"的一项基本原则，要求全省各级党组织、全体党员、公务员和全省人民一体遵循。在法德并举思想的指引下，浙江各地坚持依法治理和以德治理相结合，深入开展多层次多形式

法治和德治创建活动，支持各类社会主体自我约束、自我管理，发挥市民公约、乡规民约、行业规章、团体章程等社会规范在社会治理中的积极作用。习近平同志担任中共中央总书记以后，在全国范围内深入推进依法治国和以德治国相结合，并把这一思想和经验提升为中国特色社会主义法治发展的基本原则。强调在新的历史条件下，我们要把依法治国基本方略、依法执政基本方式落实好，把法治中国建设好，必须坚持依法治国和以德治国相结合，使法治和德治在国家治理中相互补充、相互促进、相得益彰，推进国家治理体系和治理能力现代化。枫桥等地人民深刻把握习近平总书记关于法律与道德、法治与德治的科学论述，把现代法治与新型德治有机结合，推进"枫桥经验"向着社会治理现代化的方向深化和发展。

十、新时代社会治理新理念新思想新战略引领"枫桥经验"前进方向

经过长期的探索和实践，习近平总书记关于社会治理重要论述更加体系化、科学化，党的十九大报告有关加强和创新社会治理的论述以及他在2019年中央政法工作会议上关于社会治理现代化的思想和方略是其集中体现。在党的十九大报告中，习近平总书记指出，打造共建共治共享的社会治理格局。加强社会治理制度建设，完善党委领导、政府负责、社会协同、公众参与、法治保障的社会治理体制，提高社会治理社会化、法治化、智能化、专业化水平。加强社区治理体系建设，推动社会治理重心向

基层下移，发挥社会组织作用，实现政府治理和社会调节、居民自治良性互动。加强农村基层基础工作，健全自治、法治、德治相结合的乡村治理体系。在这些论述中，有关"三共格局""三元互动""三治结合"的思想来源于包括"枫桥经验"在内的社会治理实践经验，又为"枫桥经验"在新时代的创新发展指明了方向和路径。

习近平新时代加强和创新社会治理的重要论述，为推进社会治理体系和治理能力现代化提供了根本性指导思想，也必将引领"枫桥经验"发生新的历史性变革，续写"枫桥经验"的新时代篇章，构建基层社会治理的"枫桥理论"，为中国基层社会治理提供枫桥范本，为全球基层社会治理展示"中国样本"。

全面推进乡村振兴中的基层治理

龚维斌
中央党校（国家行政学院）
副校（院）长

党的十八大以来，以习近平同志为核心的党中央审时度势，准确把握我国城乡发展的阶段性特征和现代化发展规律，积极推动建立健全城乡一体化发展体制机制，实现城乡人财物双向流动，促进城乡融合发展。作为缩小城乡发展差距、促进城乡融合发展的重要举措，党的十九大提出要实施乡村振兴战略，打好脱贫攻坚战。随着脱贫攻坚任务如期完成、全面实施乡村振兴战略，乡村面貌发生了历史性变化，社会治理重心不断向基层下移，乡村基层治理取得了积极进展。2020年新春以来，突如其来的新冠疫情，对城乡社会发展稳定形成极大冲击。两年多来，我国疫情防控取得重大战略成果，经济社会发展大局保持稳定，乡村发展平稳有序，表明乡村基层治理成效总体较好。疫情防控工作检验、锻炼和提升了乡村基层治理能力。本文根据笔者和同事在全国各地的实地调研，特别是与行政村党组织书记的访谈，结合其他相关资料，对全面推进乡村振兴中的基层治理进行初步总结分析。

一、研究村级基层治理需要更为开阔系统的视角

乡村基层治理是国家治理的基石，也是乡村振兴的基础。乡村基层是指乡镇及其以下的行政管辖区域，包括乡镇和行政村两个层次（为了表述方便，本文多数地方用"村"来指行政村）。乡村基层治理的重点在行政村级治理，简称为村级治理。从文献资料来看，绝大多数学者都是把乡村基层治理定位于村级治理，即行政村范围内的治理。根据《中国共产党农村基层组织工作条例》，乡镇党委的主要职责之一是：领导本乡镇的基层治理，加强社会主义民主法治建设和精神文明建设，加强社会治安综合治理，做好生态环保、美丽乡村建设、民生保障、脱贫致富、民族宗教等工作。乡镇范围的基层治理任务也是村级治理的任务，但是，两者的实际运行存在明显区别。作为基层治理基础部分的村级治理，是在乡镇党委政府的领导、支持、帮助下开展的，很多情况下要依靠行政村自身特别是村庄内部的力量进行自我管理、自我教育、自我服务，是以自治为主的治理。乡镇党委政府层面代表的是国家力量。

一般来说，"村"有两种含义，一是村庄或村落，即所谓的自然村。它是自然形成的人类聚集而居的地方，有明显的地理边界。二是行政村。这是由于行政管理的需要而人为划定的，其地理边界有时不明显。我国北方行政村大部分与自然村同构；南方由于地理条件的原因，农村居民居住分散，自然村落一般面积较小，户数不多、人数较少，一个行政村往往包括多个自然村。在

流动性不强的传统农村，村庄内部人们之间的交往交流频繁、联系紧密，是村级治理的基础单元。因此，很多时候村级治理首先是指村庄治理。

21世纪以来，随着乡村快速发展变化，学术界和政策研究部门对乡村基层治理进行了较为深入的研究。这些研究大多数是选取一个特定角度，例如，党建引领、社会资本、法治、德治、自治、网格化、信息技术运用、公共服务、治理队伍、政社关系、社会组织作用、基层减负等，对乡村基层治理进行剖析，取得了较为丰硕的成果。不过，研究的整体性和纵深感不强。党的十九届四中全会提出要"健全党组织领导的自治、法治、德治相结合的城乡基层治理体系"，为乡村基层治理指明了方向和路径，提供了工作遵循。学术界及时跟进，形成了不少研究成果。但是，现有研究更多是从微观层面探究村庄内部"三治"结合的做法、机制、条件、成效以及逻辑等，剖析了一些村庄治理的创新案例，不足之处是缺少从乡村外部和内部相互联系、相互作用的维度来深入分析乡村基层治理不断发展变化的轨迹、特点和规律。

二、乡村基层治理的基础发生了巨大变化

党的十八大以来，在实施新型城镇化战略、打赢脱贫攻坚战和全面实施乡村振兴战略的推动下，我国乡村治理的基础发生了巨大变化。

（一）村庄开放性不断加强

中国地域辽阔，南方和北方、东中西部不同区域自然条件、发展水平差异较大，因而村落共同体的历史文化、经济社会状况也有很大差异。即使是同一个县（市）之内，由于村庄的自然禀赋和区位差异，村与村之间的发展水平也有较大差异。[1]虽然不同地区村庄形态和禀赋各有差异，但是，在小农经济时代，一个村庄内部的居民生产生活方式具有高度的同质性，与外界交往较少，信息闭塞，村民思想观念相对保守。

随着城镇化水平的提高，村庄的开放性越来越强，上过学、掌握了科学文化知识的青年一代不再愿意像其父辈那样回到村庄生活。改革开放40多年来，农民工经历了离土和返乡的代际转换。改革开放前出生的老一代农民工，不少人在外务工经商多年后，从城市和外地回到家乡生产生活；而改革开放以后出生的人绝大多数坚定地走出村庄，到城市、到经济发达地区、到就业机会多的地方寻找就业发展机会。村庄的边界越来越模糊，不再是限制和阻隔村民与外界联系的篱笆。在村民与外界交往交流增强的同时，由于实行家庭联产承包责任制，村内各家各户忙着自己的生产生活，共同劳动生产的机会不多，交往交流远不如集体化时代那么频繁。因此，村庄开放性带来两个不同的后果，一是增强了与外部的联系；二是引发村庄内部结构变化，村民之间异质性增加、同质性减少，乡村内部的血缘地缘业缘联系弱化了。

---

[1] 陆学艺：《内发的村庄》，社会科学文献出版社2001年版，第21页。

推动村庄边界开放和扩大的力量，一是户籍制度改革，降低了农民流动的门槛和成本，使农民有权利有能力走出乡村，选择他们愿意的工作和生活方式。二是行政力量和市场力量的介入，推动乡村功能扩展，带动土地流转、土地整理及其功能变化。在美丽乡村建设中，村庄改造和行政村撤并都使得村庄物理边界不断变化。村庄边界开放和变动，使得农村的含义越来越模糊。哪里是乡村、乡村应该是什么样子，成为含糊不清的问题。市场和行政双重力量推动下的工业化、城镇化使村庄形态和内部差异越来越大。例如，有经济发达地区的村庄，也有欠发达地区的村庄；有城镇附近的村庄、靠近政府所在地的村庄、交通便利的村庄、资源丰富的村庄，也有偏远地区的村庄。村庄在开放中发展，也在开放中扩大差距。

（二）村庄人口老龄化空心化趋势加剧

村庄由封闭走向开放的一个后果是农村人口大量外流，特别是青壮年劳动力外出务工、经商、办企业，绝大多数村庄常住人口主要是60岁以上的老年人。曾经所谓的"386199"人口结构也发生了很大变化，夫妻一起或全家外出务工、经商已经成为普遍现象，青少年出村入市求学读书成为常态，还有一些家长特别是年轻的妈妈们陪孩子在外读书，种种情况都使得村庄里年轻人大量减少。留在村里的40岁以下的青壮年，主要是为了照顾生病的父母亲、本人身体不太好或在外找工作有困难的人。访谈资料表明，全国各地农村家庭户平均人口在4人以下，说明多子女家庭越来越少。这就预示着乡村人口空心化和老龄化相当长一段时间内难以改变，很可能还会进一步加剧，对乡村发展和基层治理提出新要求。

（三）精神文化需求日益凸显

村庄既是人们居住生活的场所，也是人们生产劳动的场域。在同一场域下密切互动使得村庄内的居民容易形成共同体。这种共同体就是乡村社区。我国"大国小农"的现实决定了农村家庭的承包土地十分有限，绝大多数地方农民人均耕地只有1亩多，多的地方人均4~5亩地，少的地方人均几分地。多数农民家庭收入主要依靠外出务工、经商。除了极少数山区和种植经济作物的地区之外，农业生产主要依靠机械化播种收割，依靠社会化市场化进行生产管理和服务，农业生产劳动强度大大降低，把农民从繁重的农业生产体力劳动中解放出来，留守在村的老人和妇女能够不再整日面朝黄土背朝天地辛苦耕作。由于种粮收益低，不少农户种地积极性不高，人力物力投入较少甚至撂荒承包地。家庭人口减少，家务劳动相应也减少。经济条件好起来，生活有保障，空闲时间多了，这就使得业余文化生活需要凸显出来。受到大众传媒和城市文化的影响，流行于城市的广场舞进入乡村，成为农村文化活动的重要形式。村庄内部的文化活动一旦开展起来，又会激发人们的潜在需求，带动更多的人参加文化娱乐活动。

（四）权利意识不断增强

村民参与村党支部、村民委员会换届选举以及村级公共事务的积极性比较高。一般来说，村"两委"换届选举同时进行，村党支部换届选举在前，选出村党支部书记、委员和副书记，然后再选举新一届村民委员会主任和其他村委会成员。从访谈了解的情况看，所有类型农村地区，无论外出人口多少，村民对选举"两委"主要负责人都高度关注、积极参与。即使在外务工经商，也有不少村民在选举日回到村里参加选举投票。一些不能回乡的村民，也会通过微信群或委托他人等方式表达自己的投票意向。村党支部书记、副书记及其委员选举成功的关键在于推荐提名。各地均严格按照规范程序，确定候选人。村党支部书记、副书记和委员的选举在党员中进行，而村委会主任及其他村委会成员由全体有选举资格的村民选举。党的十九大以来，村党支部书记和村委会主任普遍实行"一肩挑"，由村党支部书记兼任村委会主任，"两委"成员实行交叉任职。这样就减少了村"两委"人员，提高了决策议事工作效率，减少了村级经费负担。访谈的村党支部书记全部当选村民委员会主任，说明党支部书记得到村民的认可。村民参加村"两委"选举的投票率都在85%以上，极少数低的也在60%以上，最高能够达到95%左右。尤其是集体经济较好的村，村民对参选"两委"班子成员，特别是支部书记职位非常积极。虽然不少村民常年在外工作生活，不在村里居住，但是，他们非常关心村主要负责人选举，表明仍然关心本村的发展，村庄仍然是他们物质和精神的依托。总体看，村庄经济越发达，发展条件越好，人们政治参与热情越高。除了参加选举，村民对村级公共事务也十分关心，对涉及自身利益的事情尤其关注。主要表现，一是直接向村干部反映个人诉求和意见建议，二是村民代表踊跃参加村民代表会议并发表意见。

总体来看，各地乡村人口外流现象严重，乡村职业多样化、农民收入来源多元化，村民社会需求增多增高。与此同时，国家对农村实行更大力度的帮扶政策，向乡村投入大量的人财物，致力于推动城乡资源双向合理流动。其结果却是一方面国家公共资源向村庄、向基层扩散，另一方面农村人口继续向村外、向城市集中，冲击着传统的乡村基层治理模式。

三、乡村发展为基层治理创造了良好条件

国家力量在村庄内部结构及其日常运转模式变化中起到了加速推动的作用。党的十八大以来，党对"三农"工作的领导更加有力有效。到2021年，帮助农村成功消灭绝对贫困，农村生产生活条件得到明显改善，农民生活水平显著提高，为村庄有效治理提供了良好的基础。

（一）乡村基础设施脱胎换骨

农村基础设施包括生产和生活两个方面。在生产方面，特别是农业生产方面，绝大多数地区基本实现农业生产机械化，水利化程度也普遍较好，几乎100%实现了良种化。访谈了解到，近年来不少村庄成立了农业机械化服务社，国家设立了一些项目为种粮大户提供专业化服务。种粮大户多数都有大型收割机，有的使用无人机喷药治虫。各地普遍开展土地整治、池塘整修、农田水利基础设施建设，普遍种植杂交水稻和优质小麦玉米。农业生

产现代化水平大幅度提高。只有少数山区、丘陵地带以及少数特殊品种的经济作物因不适于大型农机作业，采用小型农机具或人工作业。这不仅提高了农业生产效率，解放了农村生产力，为农业稳产高产提供了保障，也把农民从繁重的体力劳动中解放出来，有更多时间从事其他工作，享受更好的生活。

除了农业生产条件改善外，自来水、电力、交通、通信等基础设施建设突飞猛进、日新月异。各地农村全部通上了电，广播电视以及移动通信网络实现全覆盖。所有的村庄都修了水泥路，有的甚至是柏油路，部分村庄安上了路灯。农村交通出行、通信联络较为方便。大部分地区农户用上自来水，饮水供应及其安全有保障。相当部分农村居民开始用罐装液化气，只有少数村民还在使用煤和柴火作为燃料。所有这些都改善了乡村的发展条件和村民的生活品质。

（二）农村人居环境极大改善

美丽乡村建设推动了农村人居环境变化。农村垃圾基本实现集中清运处理，"厕所革命"深入推进，污染处理得到重视，河湖治理取得积极进展。从调研和访谈情况看，各地农村垃圾以户为单位基本做到了桶装化、袋装化，多数实行外运集中处理。一些地方受访的村党支部书记表示，村民家里有小垃圾桶，袋装后放入环卫公司放置的大垃圾桶内直接运走。村民小组都摆放有大垃圾桶。水泥路修到什么地方，环卫垃圾桶就摆放到哪里。环卫垃圾车定时全村循环流动收集垃圾。由于村民环保意识和专业能力有限，垃圾还不能完全做到分类处理。"厕所革命"南北方差异较大，进展和效果不一。总体而言，对于农民传统的如厕习惯和环境卫生改变有较大促进作用。南方各地由于水资源较为丰富，冬天不是很冷，卫生厕所建设受到群众欢迎，进展较为顺利，效果也较好。北方由于缺水以及冬天寒冷的原因，村民对旱厕改为冲水厕所接受度较低，工作进展缓慢，一些地方甚至存在形式主义或者改造后的厕所弃而不用的现象。少部分经济发达的村庄还建设了污水处理设施。前几年农村经济发展中一些地方农村河湖污染、水质恶化，经过整治这种状况普遍得到改观。近年来，农村连续开展危房改造、脱贫攻坚安居工程建设、易地搬迁、道路新修整修、河湖整治、垃圾处理、厕所改造等工程和项目，绝大多数地区农村面貌焕然一新。少数破旧农居大多为人口外流家庭，很少有人居住。实际上，这类家庭通常在城镇都有更好的住房。

（三）基本民生有了保障

农民生活达到小康水平，相当一部分居民过上比较富裕的日子。不仅是饱食安居，而且子女教育、看病和养老都有较好保障。由于村庄普遍人口空心化，学校生源越来越少，村里的小学纷纷撤并，极少数勉强维持的学校也很难有完整的6个年级，一个班级的学生多的十来个、少的两三个，好教师常常引不进、留不住，教学质量难以保证。年级较高的学生一般都在乡镇中心小学寄宿读书。为了让孩子能够接受良好教育，不少家长把孩子送到办学条件相对较好的集镇、县城或者城市读书。和城市家庭一样，农村孩子普遍能够接受学前教育，上幼儿园成为刚需。每个行政村都有卫生所和村医，乡镇都有卫生院，常见病基本能够及时得到诊疗。农民看病特别是大病住院的65%以上费用能够从医疗保险中得到报销，大大降低了医疗负担，农民看病难看病贵问题得到极大缓解。绝大多数农村老人居家养老，老两口相互照顾，身体好的还可以种地种菜养鸡，有时还照顾留守在家的孙子孙女。农民养老费用主要来自三个方面，一是儿女提供的生活费，二是从城乡居民养老保险领取的养老金，三是自己生产经营等获得的收入。部分丧失劳动能力的老人住进敬老院或幸福院，由民政部门和村集体提供相关保障和服务。

（四）公共服务方便高效

相当一部分行政村都设有综合服务站或党群服务中心，每天有人按时上下班提供村民所需要的公共服务。镇政府设有综合服务中心或便民服务中心，有专门办事服务窗口。一些地方还开通了网上办事窗口，方便村民办事。农村居民需要认证、办证的事务，手续完备的情况下基本上只用跑一次，当时就可以办结。行政村无权或无法及时办理的事务，办事人员会给村民解释，并指导村民如何办理。对于年老体弱、文化程度较低、家庭原因走不开的村民，一些行政村还实行代办业务，由村干部或专门人员收集村民需要到乡镇或县市办理的事项，专门为他们服务，有时由村干部协调相关机构上门服务。总体而言，各级服务机构办事程序简易清晰，办理工作规范，办事流程公开透明，办事人员服务热情，没有听到推诿扯皮、吃拿卡要现象。村支部书记们普遍反映，村民到政府部门办事方便高效，感到比较满意。

（五）村民切身利益得到保障

社会治安综合深入推进，为村民提供了人身安全、财产安全和各项权利保障。2018—2020年，党中央组织开展了扫黑除恶专项行动，严厉惩处了一批"村霸"、"路霸"、"市霸"和宗族恶势力。2021年起，扫黑除恶进入常态化阶段。一些受访村党支部书记反映，扫黑除恶为乡村选举和村民参与村庄公共事务管理，创造了良好的环境，村民敢于行使自己的权利，真实表达自己的意愿，监督村干部的行为，争取和保护自己的合法权益。国家加强对农民土地权益的保护，为农民外出就业、回乡生产生活提供了定心丸。农民工流入地的公共服务逐步向流动人口延伸，也使农民工能够更多地享受城市发展的红利。国家出台一系列保护政策，使农民出得去、回得来，稳定了他们的工作和生活预期，缓解了他们的流动焦虑，维护了他们与乡村的联系，为他们在流动中建立正常的社会关系提供了保障。

四、乡村基层治理形成诸多经验

国家力量对村庄发展及其日常事务的支持和帮助，使得乡村治理有了良好的外部支撑，这些外部力量的介入打破了村庄固有的封闭和低水平自我循环，为村庄开展自治创造了更好的条件。村庄外部力量与村庄内部力量相互作用，共同推动村庄有效治理，丰富和扩展了"三治"结合的经验。

（一）党的领导是关键

党的十八大以来，党的领导全面加强，全面从严治党取得显著成效，农村基层党组织软弱涣散的状况有了改善，党组织的影响力、号召力、组织力和领导力都有较大提升。村党支部书记和村民委员会主任"一肩挑"，"两委"班子成员交叉任职，提高了基层组织的决策力和执行力，增强了党组织和基层群众自治组织的办事能力和在群众中的公信力。尤其是经过脱贫攻坚战锻炼的村党组织，普遍在村民中享有较高的威望。他们在上级党组织的领导下，贯彻党在农村的各项政策，反映村民合理诉求；带领村民谋划村级发展，巩固拓展脱贫攻坚成果，关心帮扶困难群众；进行农村环境整治，做好常态化疫情防控；制定和实施村规民约，开展乡村文化体育活动，推进移风易俗；调解村民矛盾纠纷，维护村庄治安秩序。近年来，农村基层党组织一方面注意将积极向党组织靠拢的有为青年培养发展为党员；另一方面，注意加强党员党性教育，创造条件让每一名党员都能够在平凡的岗位上有机会服务群众，在急难险重工作中起模范带头作用。党的全面领导为村庄治理提供了正确的政治方向、明确的发展目标、有效的组织动员、充分的资源保障、温暖的人文关怀、妥善的利益协调和先进的榜样示范。

（二）民生保障是基础

仓廪实而知礼节，衣食足而知荣辱。幼有所育、学有所教、劳有所得、病有所医、老有所养、住有所居、弱有所扶，基本物质生活的满足和改善是做好村庄治理的基础条件。不少村书记反映，"多个工厂，就少几十个二流子；多个学校，就少一批文盲"。人们有就业机会，收入有保障，无事生非、违法犯罪现象就会减少。村民有事干，村里没闲人，这是村庄治理的基础。经济基础比较好的村庄，村民可以在本村或就近务工经商，同时还能照顾自己家的承包地，农忙时和工余时间在家里打理田地。经济欠发达地区青壮年农民一般都会外出务工经商，平时不回村庄，家里的事情交给父母料理。家家户户都在忙于自己的生产生活，人际交往主要发生在家庭内部，村民之间的相互联系相对较少。村庄人少、人忙，工作生活的交集不多，利益关联度不高，相互交往交流较少，降低了产生矛盾纠纷的概率。

（三）公共服务是手段

公共服务是公共产品的一种形式，是指为社会公众提供的基本的、范围广泛的、非营利性的服务。[①]公共部门是公共服务的主要提供者。除了教育、医疗、养老、住房、社会保障等民生事业，乡村公共服务还涉及村民建房、婚丧嫁娶、村庄规划、环境整治、基础设施建设、身份资格证明、卫生防疫、矛盾纠纷化解、村庄秩序维护、公益岗位安排、生产市场化社会化服务等。狭义的公共服务，主要指村级组织和政府对村民个人和家庭需要的服务保障，例如，开办学校、建立医疗和养老机构，为村民提供婚姻和生育服务、办理户口、建房和企业经营许可证等，税务

---

① 汪玉凯：《公共管理》，中共中央党校出版社2003年版，第165页。

和车辆服务、社会保险费缴纳、养老金领取和医疗费报销，开具各种证明材料等。这些关系村民切身利益的生产生活事项，主要由乡镇以上政府部门和事业单位等公共机构经办。过去这些事项多是村民家庭和个人直接与相关部门打交道。现在各地村干部普遍实行坐班制，每天安排村干部轮流在村委会值班，方便群众办事。近年来，在简政放权、优化程序、提高效率的要求下，各地不断创新服务村民的办事方式，服务机构和力量下沉，方便村民在家门口就近办理相关事务；或者由村安排专人集中代为办理，有时由专业部门上门服务。能够在网上办理的不再要求到指定机构办理。一次办妥、一日办结成为常态。工作人员服务态度明显改进，门难进、脸难看、事难办的局面有了很大改变。公共服务将村干部与村民紧紧地联系在一起，在改善公共服务过程中，村干部的威信提高了，党群干群关系密切了，达到了寓管理于服务之中的良好效果。

（四）群众参与是途径

内因是变化的依据，外因是变化的条件。外因要通过内因才能更好地发挥作用。现代村庄治理中村民既是治理的客体，更是治理的主体，他们在享受公共服务的过程中必须遵纪守法，行为言语要符合法律、道德和村规民约的规定。同时，他们更是村庄治理的主人，作为村落共同体的一员，村庄的发展稳定与其利益紧密相连。这种联系既有现实利益的成分，也有文化、情感和道义的因素。由于村庄开放、流动人口增加，村庄居民不仅有原有村民也包括外来人口，人们逐渐认识到村庄治理既是原有村民的责任，也是外来人口的权利。新老村民都是村庄治理的主体和客体。作为村庄治理的主人，大家都应当行使管理村庄事务的权利，承担相应的责任和义务。其重要条件是他们有意愿、有能力、有条件、有机会参与村庄治理。

随着教育水平的提高，广播、电视、手机、互联网等大众传播方式的普及，以及青年人接受城市文化的熏陶，农民的权利意识、公平意识、参与意识越来越强，特别是对与自身利益相关的村庄公共事务十分在意，有较强的参与意识，主要表现为关心村"两委"选举、村级事务管理、农村发展建设规划、公共经费使用和资源分配等。针对这种新要求新变化，各地村级党组织在上级党委政府的支持下，普遍加强村委会、党员和村民活动室等阵地建设，建立作为工作议事平台的各种微信群，使村民有地方及时接收信息、反映意见建议、参与村级事务讨论。村民与村干部的交流沟通，提高了民主决策科学决策的水平，有利于消除误解、增进理解、形成共识，也有利于决策的执行。一些村庄在党组织的领导和支持下建立各类社会组织，村民在组织中有序参与管理、参加喜欢的活动。不少村庄注意发挥党员代表、村民代表在协商议事、村级管理中的作用。一些地方还成立了乡贤理事会，使退休返乡人员、退伍军人、回乡创业人员等乡村精英有了相互交流和参与村务管理的平台，提高了群众参与的质量。

（五）文明乡风是要求

文明乡风既是村庄治理的内在要求，也是重要目标，还是有效手段。乡风体现着文化，文化反映着价值观念，价值观念影响甚至决定着人的行为取向，调节着社会关系。由于地域和环境的差异，每一个村庄都有自己特有的风俗习惯和文化特点，村落文化是地方性"小传统"和现代性"大传统"的结合体。

富了口袋还要充实脑袋。封闭的乡村文化在城市化、市场化、信息化进程中不断受到冲击，城市的生活方式、文化娱乐方式逐渐走进乡村生活。近年来，广场舞也成为农民文化休闲健身的主要形式。一些地方乡村干部因势利导，对村民自发组织的广场舞、秧歌、坝坝舞、球类运动等民间文体活动给予经费、场地、器械、技术指导，还组织开展比赛，规范引导村庄文化娱乐活动健康发展。一些地区有地方艺术剧团，既自娱自乐也服务村民，活跃乡村文化。少数条件比较好的村庄还在广场上安装了健身器材，设有棋牌活动室，方便群众健身、打乒乓球、下象棋围棋。

村庄传统文化惯性很强。受到现代教育和城市文化浸染的乡村青年，一旦回到乡村，受到邻里舆论和集体行为的压力，理性选择经常让位于传统习惯，个体的理性屈服于集体的非理性，一些村庄的陈规陋习、封建迷信、消费攀比之风在经济发展中沉渣泛起、水涨船高，一些地方天价彩礼、名目繁多的酒宴，大操大办红白喜事，给村民带来沉重负担。针对这些情况，各地乡村普遍成立了红白理事会，倡导婚事新办、丧事简办、厚养薄葬、移风易俗。不少地方还通过村民公约的形式，规定了参加婚丧活动的人数、礼金标准、宴席标准等，遏制了相互攀比、铺张浪费的不良风气。一些地方举行干净人家、美丽庭院、孝老爱亲家庭、星级文明户等评比，使人们学有榜样、做有激励，推动村庄形成健康和谐的精神风貌。

（六）制度创新是保障

新时代村庄治理需要不断进行地方性制度创新，以适应村庄内外条件的变化。各地通过一系列地方性制度将村民有效组织起来，保障和维护他们的合法权益。为了将党组织放心、群众满意的优秀干部选拔出来，在上级党组织的指导下，村"两委"成员选举规定了一系列规范程序，酝酿提名、宣传动员、投票选举等每一个环节都十分严格。为了规范和约束村干部权力，按照《村民委员会组织法》规定，建立村务监督委员会，负责村民民主理财、监督村务公开等制度的落实。各地都规定村财务等相关事项通过村务公开栏或微信群等形式定期向村民公开，接受群众监督。村党组织落实"三会一课"制度，重大事项执行"四评议两公开"程序，充分尊重民意，保障村民民主参与的权利。村干部坐班值班、乡村综合服务中心等，都是基层党委政府和村干部服务村民的重要制度创新。

为了规范村民的行为，推动村庄社会有序运转，国家鼓励和支持各地乡村结合当地特点制定和实施村规民约。村规民约是党和国家的法律法规与村庄乡土道德规范有机结合的产物，它以村民容易理解、便于接受的语言表达出来。村规民约制定的过程本身就是一个推动村民深化对相关问题认知、理解和形成共识的过程，是村民受到教育的过程。村规民约的实施，使村民的日常行为有了遵循的规范和标准。此外，不少地方还探索运用信用黑名单、道德银行、志愿活动积分等制度，激发人们的善念善行，抑制不道德甚至违法违纪行为。制度及其实施的本质是治理方式科学化,通过建章立制,促使村民言有所规行有所止,引导和调节社会关系。

乡村基层治理是一个系统工程,国家等外部力量影响和改变着村庄内部的治理结构,其发挥作用又必须通过内部治理力量来实现。在城镇化和现代化过程中村庄内外两种力量相互作用,共同推动乡村基层治理创新。

五、乡村基层治理任务仍然十分艰巨

我国各地乡村基层治理取得了积极的成效,积累了诸多有益的经验。但是,访谈和走访调研了解到,不同村庄推进基层的治理方式方法各有特点,治理效果有较大差异,有的治理有效,有的勉强维持。绝大多数村庄基础设施建设、运营和维护水平不高,甚至面临经费不足、难以为继的困境。公共服务和基本民生只是有了基础性保障,与村民对美好生活的追求相比还有较大差距。绝大多数农村老人每月能够领到的养老金只有100多元,不足以维持老年生活。基本医疗保险缴费每年每人要交300多元,一个家庭一年要交1000多元,部分低收入农民反映负担较重。一些没有受益或受益较小的家庭缴费积极性不高,村干部代收医保费难度大,医疗保险的稳定性和可持续性面临挑战。青壮年以及儿童仍在离开乡村,这与农村教育医疗能力、基础设施水平、公共服务质量相互影响,会进一步加剧村庄人口空心化和老龄化,使得村庄发展活力受限,公共生活面临新难题。乡村发展所需要的人才尤其是治理人才极度匮乏，给乡村基层治理带来很大困难。村"两委"干部年龄普遍较大，但是，可以培养和使用的青年后备干部人选有限。

一些在外务工经商的青年人有入党的意愿，但是，由于不在家乡无法成为培养对象。近年来，各地向乡村下派了大批第一书记、驻村干部和大学生村官以缓解乡村基层干部人员和能力不足的压力，取得了一定成效，但从长远看，乡村振兴和乡村基层治理有效的根本还在于乡村拥有结构合理、规模适度的人口，在于拥有一批年富力强的基层治理人才。如何留住乡村青年、吸引青年人返乡参加乡村建设成为当务之急。

以构建社会建设六大体系为重点全面推进中国式社会领域现代化

宋贵伦

中共北京市委社会工委原书记
北京师范大学中国教育与社会
发展研究院教授

全面推进中国式社会领域现代化，以习近平新时代中国特色社会主义思想和党的二十大精神为指导，坚持理论联系实际，明确提出了坚持"六个导向"、抓住"六个着力点"，以构建社会建设"六大体系"为重点，全面推进中国式社会领域现代化的基本思路与主要对策。课题组经过三个多月的广泛深入调查与研究，形成了本课题报告。总体观点是：

第一，要明确基本范畴。社会领域、社会建设的范畴，与对"社会"概念的理解有关。"社会"概念的内涵与外延从大到小，大致可划分为四个层面：一是指相对于自然界的人类社会范畴。二是指"经济社会发展规划"中的社会发展范畴。三是指在中国特色社会主义"五位一体"整体布局中的相对于经济、政治、文化、生态文明的社会领域范畴。四是指社区建设、社会组织建设、新经济组织建设等的社会工作范畴。我们这里所研究的社会领域、社会建设是第三个层面的概念,即"五位一体"角度的概念。

第二,要明确主要内涵。党的二十大明确提出了中国式现代化的基本内涵。社会领域现代化作为重要组成部分,是基础性、长远性、根本性工程,而且任务纷繁复杂、短板弱项多。要坚持以习近平新时代中国特色社会主义思想和党的二十大精神为指导,推动理论创新和实践创新,着力构建社会建设现代化体系,全面推进中国式社会领域现代化。

党的二十大报告指出,中国式现代化,是中国共产党领导的社会主义现代化,既有各国现代化的共同特征,更有基于自己国情的中国特色。强调指出,中国式现代化,是人口规模巨大的现代化,是全体人民共同富裕的现代化,是物质文明和精神文明相协调的现代化,是人与自然和谐共生的现代化,是走和平发展道路的现代化。中国式社会领域现代化的深刻内涵,要以此为基本定位。中国式社会领域现代化,是坚持以人民为中心的发展思想的现代化,是实现共同富裕目标的现代化,是坚持和完善统筹城乡的民生保障制度、共建共治共享的社会治理制度的现代化,是坚持和完善"党委领导、政府负责、民主协商、社会协同、公众参与、法治保障、科技支撑"的体制机制的现代化,是不断提升系统化、社会化、法治化、智能化、专业化、精细化能力水平的现代化,是不断增强广大人民群众获得感、幸福感、安全感的现代化。

第三,要明确总体思路。党的二十大报告指出:"继续推进实践基础上的理论创新,首先要把握好新时代中国特色社会主义思想的世界观和方法论，坚持好、运用好贯穿其中的立场、观点、方法。"强调指出：必须坚持人民至上，必须坚持自信自立，必须坚持守正创新，必须坚持问题导向，必须坚持系统观念，必须坚持胸怀天下。全面推进中国式社会领域现代化，必须坚持以上基本原则。密切结合实际，认真学习贯彻习近平新时代中国特色社会主义思想和党的二十大精神，推进中国式社会领域现代化，要坚持正确导向、找准着力点、系统设计推进。具体说，要坚持六个正确导向、找准六个着力点、以构建社会建设六大体系为重点，全面推进社会领域现代化。

——这六个正确导向是，坚持需求导向、问题导向、目标导向、守正导向、创新导向、效能导向。这是在学习习近平总书记重要论述和党中央重要文献基础上的系统归纳。

——这六个着力点是，着力全面覆盖，着力统筹协调，着力构建和谐，着力倡导文明，着力激发活力，着力补齐短板。这是根据我国社会建设当前具体实际、对所存在的主要短板弱项分析研究基础上提出来的。

——这六大体系是，构建社会服务体系、社会治理体系、社会关系体系、社会环境体系、社会动员体系、社会运行体系。这是在对中国社会建设理论体系和学科体系深入研究基础上提出来的。

以下，围绕总体思路分而述之。

宋贵伦·以构建社会建设六大体系为重点 全面推进中国式社会领域现代化

一、以需求为导向，着力全面覆盖，构建社会服务体系，全面推进社会领域现代化

（一）社会服务是社会建设的首要任务

社会建设要坚持人民至上、服务为先。自党的十六届四中全会提出加强社会建设以来，党中央始终强调要以保障和改善民生为重点。党的十九届四中全会又明确将统筹城乡的民生保障制度（即社会服务制度）作为中国特色社会主义的一项基本制度。加强社会服务体系建设，是加强社会建设、推进社会领域现代化的首要任务。社会服务的主要目标是实现"七有"，即幼有所育、学有所教、劳有所得、病有所医、老有所养、住有所居、弱有所扶，切实解决广大人民群众最关心、最直接、最现实的利益问题，不断满足人民群众多层次多样化服务需求。

（二）构建社会服务体系迫切需要解决发展不平衡问题

第一，迫切需要解决需求结构不平衡问题。供求结构差异是指公众需求与政府供给之间也存在一定的不对等。从社会服务需求结构特征来看，当前存在空间差异、结构差异和供求差异。空间差异是指公共服务发展水平和需求内容在不同地域之间以及城乡之间差异巨大。结构差异是指基本公共服务各项内容之间发展不均衡。按照国家《"十三五"推进基本公共服务均等化规划》的规定，基本公共服务分为八大类。其中，发展水平较高、公众

满意度较高的主要是基本公共教育服务。公众需求非常迫切，而发展比较落后的主要是公共卫生医疗和社会保障。

第二，迫切需要解决需求表达机制不完善问题。公众参与一定程度上没有成为政府公共服务决策的必要环节，政府决策考虑公众意见不充分，没能实现全过程人民民主，绝大多数的公共服务项目仍然是自上而下的"供给主导型"模式。

第三，迫切需要解决供给精细化水平不高问题。21世纪以来，我国基本公共服务建设属于粗放型供给模式，在一定阶段迅速填补了严重匮乏的公共服务设施和项目。但新冠疫情防控暴露了许多地方社会服务特别是社区服务的短板和漏洞。

第四，迫切需要解决满足不同群体需求问题。社会服务群体间差异较大，特别是外来务工人员无法平等享有城市公共服务。随着我国经济发展水平的提高和社会主要矛盾的变化，社会服务需求层次不断变化，逐渐从兜底型服务向高质量转变。但由于一些城市公共服务供给能力有限，资源分布不均衡，外来人口社会服务无法得到保障，这主要表现在随迁子女教育、就业服务、卫生健康服务、住房保障等方面。

（三）构建社会服务体系，要以需求为导向，着力推进全面覆盖

社会建设的现代化是社会服务体系全面覆盖的现代化，是共同富裕的现代化。国家发展和改革委等部委编制发布的《"十四五"公共服务规划》，将公共服务即社会服务划分为基本公共服务、非基本公共服务、生活服务三大类，在已有基础上，

增加了生活服务类。这是一大突破。但是，依然没有从根本上解决公共服务科学分类的问题。从政府、市场、社会三大主体协同参与社会服务的角度划分可能更科学，社会服务可以划分为基本公共服务、生活服务和公益服务三大类。其中，基本公共服务以政府为第一责任主体，生活服务以市场为第一责任主体，公益服务以社会为第一责任主体。三大主体各有主责、形成合力，共同构建"三位一体"的社会服务现代化体系。

第一，推进基本公共服务体系全面覆盖。以政府为第一责任主体，认真贯彻落实中共中央办公厅、国务院办公厅《关于建立健全基本公共服务标准体系的指导意见》，着力推进基本公共服务体系全面覆盖，严格督查督办，切实把公共教育、劳动就业创业、社会保险、医疗卫生、社区服务、住房保障、公共文化体育、优抚安置、残疾人服务等九大基本公共服务任务落到实处。

第二，推进生活服务体系全面覆盖。积极引入市场机制，以"便民服务圈"建设为主要抓手，不断完善城乡居民和家庭服务、健康服务、养老服务、旅游服务、体育服务、文化服务、法律服务、批发零售服务、住宿餐饮服务、教育培训服务等，着力推进生活服务体系全面覆盖。

第三，推进社会公益服务体系全面覆盖。积极动员社会力量参与，以落实党的二十大报告提出的"完善志愿服务制度和工作体系"为着力点，构建志愿服务组织体系、志愿服务队伍体系、社区治理志愿服务体系、城市管理志愿服务体系、大型活动志愿服务体系、专业志愿服务体系、应急志愿服务体系、志愿服务国际合作体系、志愿服务保障体系、志愿服务评价体系等"十大体系"，着力推进社会公益服务体系全面覆盖。

二、以问题为导向，着力统筹协调，构建社会治理体系，全面推进社会领域现代化

（一）社会治理是社会建设之一翼

社会治理是指在党的领导下，政府、市场、社会以及个人等行为主体共同参与的，旨在维护社会秩序、促进社会公平、协调社会关系、激发社会力量、推动社会进步的实践活动。党的十九届四中全会提出的有关社会建设的另一项基本制度，是共建共治共享的社会治理制度。党的二十大报告对"完善社会治理体系"进行了专题部署。社会治理与社会服务如人之两足、鸟之两翼，是社会建设体系现代化的两个基本支撑、社会领域现代化的两个主要支点。二者统一在以人民为中心的实践中，并派生和延伸出社会关系、社会环境、社会动员、社会运行体系建设等基本要素，共同构成一个有机统一的社会建设现代化体系。

（二）构建社会治理体系的主要问题是工作碎片化

第一，工作体制碎片化。以前，除少数省市外，全国上下没有一个部门抓社会治理综合协调工作。组织部门分管党建；民政部门分管社区和社会组织；文明办、青年团等分管志愿服务；政法部门虽然近些年牵头抓社会治理特别是市域社会治理现代化试点工作取得了明显成效，但也力不从心、难以为继，

所调动的基本上也是本系统内的资源,而所涉及的工作许多又超出了职权范围,难以承担协调各方的职能,难以取得全面发展的效能,工作开展起来甚至不如当年的综治办那样得心应手。这就造成了横向不通、分别对下的"上面千条线、下面一根针"的现象。

第二,工作机制碎片化。体制碎片化必然导致机制碎片化。各个部门都不牵头抓综合协调,都分别向最基层发力,任务多、检查多,基层工作压力大。党建引领社会治理本是我国的政治优势、制度优势。但在实际工作中,存在党建工作与社会治理脱节的问题。党建力度大、设施强,社会治理力度小、工作弱,党建引领和社会治理的内在融合不够,甚至出现忙于搞形式、造形象、以党建硬件之"俊"遮社会治理软件之"丑"的现象。

第三,工作力量碎片化。横向之间部门利益、政策碎片,纵向之间条块分割、上下脱节,各有各的"口令",各有各的资源,各有各的队伍,力量缺乏整合,多元主体形不成一体,协管员、志愿者就有许多种,一方面力量分散、工作脱节,另一方面工作重复又有交叉。

第四,工作要素碎片化。有关部门和不同系统间"信息孤岛"问题严重。数据要素共享的基本制度、数字平台和数据治理的监管规则尚不完善,社会治理数字化还需构建一套科学、系统、合理的改革流程运行机制。科技手段在社会治理中的场景应用有限,社会治理智能化综合效能低。另外,不少地方把社会治理智能化简单理解为智能设备的投入,忽视智能化分析、服务、治理等领域的开发和应用。运用现代科技破解社会治理难题的能力相对薄弱，社会治理实现深度精准化、智能化还有差距，数字技术与传统治理方式衔接不畅，基层"智能化"平台运用等方面还存在短板，主要表现在数据质量不高、数据整合不全、数字形式主义、条线收集信息缺乏统筹等问题，导致平台空转、使用率低下，甚至增加基层负担。各部门各地区社会治理新媒体平台所推送信息存在形式僵化、吸引力不足、缺乏互动等问题，对社会互动、调适和融合等传统治理方式赋能的有效性不足。

（三）构建社会治理体系，要以问题为导向，加强统筹协调

应该强调，党的十九届四中全会提出的"党委领导、政府负责、民主协商、社会协同、公众参与、法治保障、科技支撑"的社会治理体系，不只是明确了社会治理七个方面的重点工作，更重要的是一个"七位一体"的运行体系。在坚持和完善共建共治共享的社会治理顶层制度和夯实社会治理基层基础的同时，完善统筹协调的社会治理运行机制就成了关键因素。党的二十届二中全会决定从中央到地方成立社会工作部，补上这个短板。各级社会工作部应当承担起社会治理统筹协调、整体规划、全面推进的领导责任。

第一，统筹协调党建引领社会治理全面发展。一是以各级党委成立社会工作部为契机，更好地发挥党委总揽全局、协调各方的作用，把"高位统筹、党委推进、部门落实"体制机制优势切实转化为统筹推动社会治理全面发展的效能。社会工作部抓党建

引领社会治理全面发展有独特优势，既有组织部赋予的抓社会领域党建工作的职能，又有比政法委协调面更广泛的优势。明确各级社会工作部抓基层社会治理统筹协调职能非常关键。二是强化基层党建引领作用，增强党组织的政治引领力、思想凝聚力和行动号召力。创新基层党建与基层治理深度融合的工作机制。完善"吹哨报到"机制，构建以基层党组织为核心，社区组织、驻地单位、社会组织、社会团体、广大群众等共同参与的基层治理格局，推动治理资源和服务重点向基层下沉；深化"党员双报到"机制，进一步健全基层党组织领导的基层群众自治制度，完善以党组织为领导、居委会为主导、人民群众为主体的基层社会治理框架，实现组织吸纳与组织动员，培育公众参与民主协商的意识。三是以党建为统领，加强社会组织、行业协会和商会的政治建设。积极探索新业态新就业群体等社会领域党建新模式。鼓励成立区域化"党建联盟"，吸纳多方力量共同参与，构建相融互动、协商共治模式，以组织化集聚社会力量。

第二，统筹协调区域社会治理协同发展。一是在近几年试点工作取得明显成效的基础上，进一步巩固和发展市域社会治理现代化成果，并向县域社会治理现代化试点扩展延伸。二是按照中央要求，进一步推广北京市"党建引领、街乡吹哨、部门报到"经验，构建"战区式"街区社会治理体系。当前，深化街道管理体制改革，推动重心下移、力量下沉、资源下投、权力下放，以街道为"主战区"，构建街区社会治理体系势在必行。首先，明确街道职能定位，全面负责辖区内地区性、社会性、群众性工作的统筹协调，充分履行党的建设、公共服务、公共安全、城市管理、社会治理等综合管理职能。其次，推行街道"大部制"改革，总结推广上海、北京等地经验，推动街道体制整体性改革，依据职责定位综合设置组织机构，构建符合基层治理实际的大部制模式，有效解决职责交叉、多头分散、条块分割、管理碎片化等问题。再次，优化街道治理机制，加强党对街区社会治理的领导，优化党组织领导基层治理体制机制，以赋能增效为方向，强化政治功能和服务功能，提升统筹协调能力和组织动员能力。三是在街道（乡镇）党组织领导下，推动社区、社会组织、社会企业、社会单位、社区居民"五社联动"，推动社会力量多方面、多角度、多层次参与基层社会治理。

第三，统筹协调全领域多场景智能化数字社会建设。一是以城市大脑为支撑，以满足群众高品质生活需求和实现社会治理现代化为导向，打造一批跨部门多业务协同应用，为社会空间所有人提供全链条、全周期的多样、均等、便捷的社会服务，为社会治理提供系统、及时、高效的管理支撑。二是加强"新型基础设施"建设，高标准建设5G设施、数据中心等智能化基础设施，依托云计算中心、大数据平台实现交通、警务、政务、城市管理等城市运行体征数据的交互融通，为数字社会奠定更加坚实的硬件和软件基础。充分运用大数据、人工智能等技术，建立全量、全时、全域感知的社会治理系统，优化"全科网格"设置，推进数字化与网格化的融合，推进精细化治理和精准化服务。三是加快出台数据管理法律法规，全面建设一体化智能化公共数据平台，明晰各类数据的获取方式和使用范围，推动数据标准化建设，推动社会治理数据互联互通和共享融合。四是加快推动跨部门多业务协同应用在未来社区和乡村服务等落地，实现社区整体智治和智慧生活，促进城乡融合发展和实现共同富裕。五是加快推进智慧社区和智慧乡村建设，聚焦老旧小区改造等城市更新重点项目，加强智慧社区基础设施建设，丰富数字治理场景应用。六是探索"人工智能+社会治理"方式，充分利用数据溯源做好社会治理的预先感知和有效防范，有效预测社会需求、分析公众行为、预判社会问题、增进社会共识，实现社会治理模式从被动响应治理向主动预见治理的转变。

第四，统筹协调城乡社会治理人才队伍建设。一是深化社会工作人才队伍建设联席会议机制，建立各领域社会工作人才分类分层培训体系，加大对城乡直接从事社会工作服务的人员、公共服务和管理部门工作人员社会工作业务培训力度。实施社区优秀社会工作人才培养计划，开展农村社会工作人才培养，实施"乡土社工"培养计划。二是研究制定社会工作行业服务标准，建立行业性、领域性人才评价体系。建立区（县）社会工作指导中心、街道（乡镇）社会工作服务中心、社区（村）社会工作服务站三级基层社会工作服务体系，实现站点聚合、资金整合、服务融合。三是建立社区工作者职业发展体系，建立健全与岗位特点、工作年限、教育程度、专业水平相匹配的社区工作者岗位等级序列，提高社区工作者待遇并建立薪酬正常增长机制，推动社会治理人才专业化、专职化发展。四是探索打通优秀城乡社区工作者享受公务员或事业编制待遇渠道。建立健全城乡社区工作者分级培训制度，支持社区工作者参加社会工作职业资格评价和学历教育等，对获得社会工作职业资格的给予职业津贴。

三、以目标为导向，着力构建和谐，构建社会关系体系，全面推进社会领域现代化

（一）社会和谐是社会建设的根本目标

社会关系是人们在共同的社会活动过程中所结成的一切关系的总和。人们需要通过一定的社会关系来实现各种社会活动。我国社会主义现代化建设的主要目标是"富强、民主、文明、和谐、美丽"。和谐社会关系建设是社会建设现代化和社会领域现代化的根本性任务。

（二）构建社会关系体系面临的突出问题是通道不畅

第一，社会利益协调通道不畅。一是表达通道不畅。随着群众诉求表达主体与内容多元化，诉求表达渠道也逐渐增多。但对各类渠道宣介不足，缺乏统一协调机制，部门间权责不够明晰，存在多数渠道闲置、部分渠道失灵、部分渠道难以达到实效等情况。二是处置通道不畅。中国特色社会主义制度，如人民代表大会制度、政治协商制度、党代会制度、信访制度等群众诉求表达制度等，有显著优势。但在落实制度的过程中，由于通道不畅、执行不力等因素，制度优势未能充分转化为良好工作效能。

第二，社会矛盾化解通道不畅。一是体制机制不健全造成的通道不畅。社会矛盾纠纷调解难以形成统一的工作机制，调解渠道和各类工作的协同整合仍需完善，各部门和各类调解手段的

有效衔接有待提升。二是工作人员能力水平造成的通道不畅。目前，各部门相关工作人员矛盾纠纷调解工作的专业能力和工作服务意识仍有待提升。三是接受度和公信力不高造成的通道不畅。上述现象又在一定程度上直接导致了群众对矛盾纠纷调解工作不信任、不接受的情形发生。在基层发生社会矛盾和利益冲突时，社会矛盾纠纷调解的效能还未能发挥到最大化。

第三，社会风险防范通道不畅。一是因社会风险评估机制不健全而致。社会风险评估是社会风险防控的前提。我国发展进入战略机遇和风险挑战并存、不确定难预料因素增多的时期，社会风险评估是推进重大事项决策科学化、民主化的现实需要，是防范和化解重大风险的重要举措。目前社会风险评估机制仍需完善，社会风险评估和治理效能仍需增强，变被动为主动、变处置为预防的思维仍需加强。二是因社会风险防控机制不健全而致。社会风险的科学防控是解决社会问题，规避社会风险，保证社会稳定，推动社会治理创新的有效手段。目前综合运用多种措施、多种力量，具有前瞻性、联动性、全局性的社会风险防控机制有待健全并发挥实效。三是因没落实全过程人民民主而致。政府是否能够科学、民主和依法决策不仅关系到决策的正确、合理及可行性，而且还关系到政府的公信力，更关系到群众利益的实现与保障、经济社会的良性发展和社会和谐。

（三）构建社会关系体系，要以目标为导向，着力畅通通道

党的二十大报告特别强调畅通和规范群众诉求表达、利益协

调、权益保障通道,把矛盾纠纷化解在基层、化解在萌芽状态的重要性,为构建和谐社会关系指明了方向。

第一,着力畅通体制机制通道。一是以党中央决定新成立的社会工作部统一领导信访部门为契机,围绕畅通和规范群众诉求表达、利益协调、权益保障通道、构建和谐社会关系、推进社会关系体系现代化进行系统研究、作出全面部署、推动创新实践。二是进一步巩固发展和谐社会创建成果。创建和谐社区,达成多元社区群体和社区成员间的和谐共处、共同建设、共同发展。创建和谐家庭,建立家庭成员之间、家庭与社会之间、家庭与自然之间和谐共处的新型家庭模式,提升家庭和家庭成员幸福指数和生活质量。建设和谐企业,实现企业内部劳动关系的和谐、企业与社会环境的和谐以及企业与自然环境的和谐三个层次的相互依存与促进。开展民族团结宗教和睦创建活动,铸牢中华民族共同体意识,推动各民族交往交流交融,促进各民族经济繁荣发展,提升民族与宗教事务治理能力。

第二,着力畅通利益协调通道。一是健全群众诉求表达机制,完善相关政策制度与统一协调机制,畅通传统表达渠道并拓宽新兴渠道,构建良好的沟通表达环境,同时积极培育相关社会力量,加强干部作风建设与群众宣传教育引导。二是健全群众利益协调机制,主要包括以道德为内在力量、以法律为底线的群众利益引导约束机制;以相关法律法规为依据,以群众利益协商平台为基础的群众利益平等协商机制;以市场、法律法规、公共政策以及社会组织协同发挥作用的群众利益调节统筹机制;以一系列科学完善的补偿模式,缩小不合理利益差距,兼顾多方群体利益，合理调整利益分配格局的群众利益合理补偿机制。三是健全群众权益保障机制，主要包括通过一系列制度健全民主权利保障制度；通过法治社会建设健全权益保障法律体系；通过政府职能转变、建立健全责任追究机制和加强作风建设等提升政府群众工作效能；以及通过对健康权益、受教育权益、就业权益、社会权益等权益的保障，完善公共服务保障机制。

第三，着力畅通矛盾化解通道。一是健全社会矛盾多元调解体系，完善相关法律法规，优化人民调解、行政调解和司法调解三种主要机制，构建功能互补的各主体、各部门衔接调解平台和机制，同时设立矛盾纠纷多元调解中心，提升调解中心专业工作队伍的建设，创新调解的形式、平台和理念。二是健全源头治理社会矛盾纠纷工作体系，树立预警在先、调解在先、防控在先的工作理念，扎实推进依法行政，推进政务公开，促进群众有序的政治参与，同时加强社会稳定风险评估工作，健全矛盾纠纷排查机制。三是健全社会力量化解矛盾纠纷工作体系，完善制度建设和协同模式，加强对社会力量参与矛盾纠纷化解工作的监督和管理，重视社会力量培育工作和能力建设工作，积极挖掘社会资源并激活其能动性，搭建广普与精专相结合的工作体系，加大行业力量的整合。

第四，着力畅通风险防控通道。一是健全社情民意调查工作体系，建立健全工作制度，将社情民意调查工作与相关工作联系起来，科学运用调查方法与数据库，同时关注重点领域的社情民意，促进调研和信息成果的转化。二是健全社会风险评估机制，确定评估主体，明确评估范畴，创新评估方式，规范评估程序，链接预警机制，部署风险防控。三是健全社会风险防控机制，健全隐患排查与风险分级管控机制，提升风险防控规范性与精准性，着重关注重点领域的社会风险防控，同时健全完善防控联动机制，建立有效的应急机制，并提升公众风险防控意识。四是推动科学民主依法决策，通过立法凝聚社会共识，培育法治精神、法治素养、法治习惯，形成社会良好法治环境和法治生态，全面落实公众参与、专业咨询、专家论证、风险评估等法定程序，同时建立健全重大行政决策跟踪反馈制度、执法公开制度、意见采纳制度、决策纠错制度以及责任追究制度等。

四、以守正为导向，着力倡导文明，构建社会环境体系，全面推进社会领域现代化

（一）社会文明是社会建设现代化的重要标志

内在的和谐社会关系与外在的文明社会环境，是社会建设体系现代化的重要组成部分和必要的发展条件，也是社会领域现代化的重要标志。狭义的社会环境，指的是个体或组织生存和发展的具体环境，具体而言，就是个体或组织与公众的各种关系网络。广义的社会环境，就是对人们所处的社会政治环境、经济环境、法治环境、科技环境、文化环境等宏观因素的综合。推进社会建设体系现代化要特别关注社会法治、社会文化、社会心理服务和社会秩序环境建设问题。经过多年努力，我国社会环境建设取得了显著成就，有中国特色的社会制度与社会政策体系逐步完

善，法治社会建设持续推进，社会主义核心价值观牢固树立，把社会心理服务体系建设放在了突出的地位，社会秩序安定有序，广大人民群众的获得感、幸福感、安全感不断增强。但面对百年未有之大变局的新形势，社会环境体系建设的任务仍然非常复杂艰巨。

（二）构建社会环境体系面临许多风险隐患

当前，社会环境建设的风险隐患还有很多，仅就社会领域自身工作而言，主要表现在以下三个方面：

第一，收入差距仍处高位，合理的收入分配格局尚未形成，是根本性的社会环境风险隐患。党的十八届三中全会提出了"努力缩小城乡、区域、行业收入分配差距，逐步形成橄榄型分配格局"的改革目标。经过一段时期的努力，我国收入分配格局得到了一定改善，从"倒丁字"型逐步转为"金字塔"型，但是收入两极化的问题仍较为严重，少数人占据较多财富的现象十分突出。具体而言，一是城乡差距仍然较大。二是不同收入层次之间的差距较大。三是不同区域间的差距依然较大。另外，较之居民收入间的差距，居民财富间的差距更为突出。四是居民的社会性流动有所降低，阶层固化的风险正在加大。

第二，社会法治建设短板多，重点社会领域政策法规建设滞后，是保障性的社会环境风险隐患。党的十八大以来，我国在社会法治建设中取得了巨大成就，但仍然存在一些盲点和空白。一是公民意识，特别是少数领导干部在法治社会意识上存在认识不足、知法犯法等问题。这些问题都极大地妨碍了我国社会法治环境建设。二是重点领域，特别是新兴社会领域立法滞后。在社会安全、公共卫生、社会心理服务、互联网及新兴科技应用场景等领域的立法滞后。三是法制侵扰社会的现象时有发生。与法律相比，社会规范和道德规则具有更大的灵活性，这种灵活性对社会和谐是非常重要的，现在有一种不好的倾向，就是试图用法律去规范本来应该由社会规范和道德管辖的行为。

第三，社会心理服务体系建设科学化程度不高，是关键性的社会环境风险隐患。我国社会心理服务体系的建设发展已取得初步成效，但仍处于起步探索阶段，与广大人民群众的需求比尚存差距。一是法规不健全导致社会心理服务权责认定不明确。尽管国家已出台多份部署社会心理服务工作的指导性文件，学会、行业协会等专业机构也出台了行业要求和伦理规范，但都不具备强制性。现行心理服务法规暂未对社会心理服务体系以及相关产业行业作出准入资质要求，政府难以对服务范围和服务质量实施有效监管。二是管理制度不完善影响社会心理服务体系长期发展。我国尚未统一明确地方负责社会心理服务体系建设发展的牵头单位，各地落实推进服务体系建设的程度不一，普遍存在部门之间缺乏有效协同的问题，难以确保社会心理服务体系在常态和应急管理过程中及时有序发挥作用。三是运行机制不畅造成社会心理服务体系发展后劲不足。在试点运行机制上，由于各地缺乏对当地社会心理服务资源数量、质量、分布情况等信息的有效掌握，各地心理服务队伍多是自行开展工作，无法实现统筹调度与精准服务，更难以实现短期心理危机干预与长期心理援助相结合。

（三）构建社会环境体系，要以守正为导向，着力倡导社会文明

要围绕建设安全的政治环境、公平的市场环境、公正的法治环境、优质的服务环境、开放的外部环境的目标，扎实推进社会环境体系现代化。

第一，健全社会制度体系。社会制度体系在一定程度上决定了社会环境的根本属性和状态。加强社会环境建设，内在要求是健全以婚姻家庭制度、收入分配制度、社会保障制度等为主要内容的社会制度体系。

第二，完善社会政策体系。社会政策是基于公平理念，运用立法、行政等手段调节财产所得和劳动所得分配不均的国家政策。建立健全社会政策体系，能够有效解决市场经济发展中出现的初次分配不均衡所导致的社会矛盾和社会问题，有利于营造和谐稳定的社会环境。

第三，构筑社会法治体系。加强重点领域、新兴领域立法，持续推动社会法治建设。一是积极推进社会安全、社会心理服务、公共卫生等领域的立法，及时跟进互联网、大数据、云计算、人工智能等相关法律制度的研究，为数字技术的创新发展和应用提供保障。二是加快司法体制改革，突出公平正义导向，完善司法监督和约束制度，绝不容许利用职权干预司法、插手案件，不断提高执法司法公信力，努力让人民群众在每一起案件办理、每一件事情处理中都能感受到公平正义。三是要一体化推进

法治国家、法治政府、法治社会建设，厘清政府和市场、政府和社会的边界与关系，纵深推进"放管服"改革，打造稳定、公平的法治化营商环境。四是坚持和创新新时代"枫桥经验"，完善调解、信访、仲裁、行政裁决、行政复议、行政诉讼等多元化矛盾调解机制，不断扩大法律援助覆盖面，积极引导群众依法理性维权，切实把矛盾化解在基层。

第四，营造社会文化氛围。发挥好文化环境在社会主义核心价值观体系建设中"潜移默化、熏陶教育"的作用，形成诚信和谐、惩恶扬善的社会人文环境，是社会环境建设的重要一环。一是培育和践行社会主义核心价值观，弘扬中华民族传统美德，加强社会公德、职业道德、家庭美德、个人品德建设，不断夯实社会治理的道德根基。二是大力弘扬信用文化，持续推进社会信用体系建设，不断提升政府信用、企业信用、个人信用水平，加强部门间信用信息共享，健全社会信用修复机制，强化守信联合激励与失信联合惩戒，在全社会营造诚实守信的氛围。三是严厉打击冲击社会道德底线的事件。革除天价彩礼、大操大办、薄养厚葬、铺张浪费等陈规陋习，弘扬新时代道德文明新风。四是创新虚拟社会治理，大力推进网络"清朗"系列行动，有效防范和解决网络暴力问题，严厉查处散布虚假信息、虚构低俗剧情进行舆论炒作的行为。

第五，引导社会舆论导向。舆论伴随人类社会的产生而产生，是人们社会生活的重要组成部分。当今时代，舆论不仅是人们信息和意见交流、传播的必要形式，而且成为意志碰撞、思想交锋、意识形态斗争的重要领域。马克思主义是我们全部行动的指南，是我们增强舆论引导影响力、引导力和战斗力的思想武器。在舆论引导中坚持马克思主义指导原则，就是要用马克思主义的基本立场、观点和方法来指导舆论引导工作，保证舆论引导正确方向，不断"巩固马克思主义在意识形态领域的指导地位，巩固全党全国人民团结奋斗的共同思想基础"。

第六，完善社会心理服务体系。一是健全管理制度和标准，提升行业服务规范化水平。建立健全社会心理联席会议机制，强化社会心理风险预警与干预功能，提高社会心理危机干预和疏导能力。明确社会心理服务体系监管部门，加强监督检查，开展社会心理服务体系第三方评估，强化责任落实。细化社会心理服务体系的管理制度，建议相关部门联合制定服务体系的行业规范和技术标准。建立社会心理服务从业人员的准入、登记、评价和信息公开制度，推动资格认证体系建设。鼓励各地综合考虑经济社会发展水平、文化习俗等，打造差异化服务目录，确保服务行之有效。二是畅通服务体系运营机制，实现需求和供给精准对接。利用"互联网+"等数字技术搭建社会心理服务综合平台，整合政府部门、专业机构、社会力量、个体和各类组织心理服务资源，引导资源共建共治共享，实现社会心理服务需求与资源的精准对接。三是强化人才队伍建设，提升社会心理服务的专业能力。紧密结合社会需求，完善科研院所、高校、职校社会心理学、临床与咨询心理学及相关专业的学科建设，形成以学历教育、继续教育、实习实践相结合的专业人才培养制度。四是加强心理健康宣传教育，提升社会心理服务体系的社会认同度。搭建国家级权威心理健康科普网站，鼓励借助新媒体宣传心理疾病的预防、识别和治疗知识，提高社会心理服务的知晓率，消除民众对心理问题的偏见和使用社会心理服务的顾虑。

五、以创新为导向，着力激发活力，构建社会关系体系，全面推进社会领域现代化

（一）社会动员是社会建设的重要法宝

社会动员作为一种工作方法，通过利益或政策引导，说服动员对象思想接纳，激励动员对象积极参与，调动社会资源和整合社会力量，实现特定目标。社会动员的效果，基本由动员主体、动员客体、动员载体和动员环境这四个方面的因素相互作用决定。中国共产党在社会动员方面有历史经验，一是注重思想动员，铺展理论学习形成共识基础；二是重视组织动员，借助组织抓手深入基层，塑造榜样带动；三是关注利益引导，满足人民群众的利益诉求。这些经验都要继续坚持。在全面建设社会主义现代化国家新征程上，广泛动员社会力量，充分依靠广大人民群众，仍然是重要法宝。

（二）构建社会动员体系面临许多新问题

社会动员作为一种动态的实践形式，随着实践发展而不断发展。中国特色社会主义进入新时代，中国社会出现了许多新发展特征和实践状况，进而导致社会动员面临许多新的问题。一是动员主体发生了转变。相较于以往的社会动员，新时代的社会动员

在动员主体上呈现出多样性，从单一的党和政府拓展到多样化的社会力量。二是利益引导发生了转变。在以往的社会动员中，党和政府把群众的利益和福祉作为动员动机的核心。新时代的社会动员因主体利益的多元化，加大了社会力量整合和社会资源调动的难度。三是动员手段发生了转变。在以往的社会动员中，党和政府主要利用新闻媒体、行政体系进行动员，保证了动员的力度和执行力。新时代的社会动员，凸显了新媒体、自媒体、大数据等新技术应用，动员手段易受网民新群体的影响，致使社会动员受娱乐化和无序性影响的可能性加大。

（三）构建社会动员体系，要以创新为导向，着力激发活力

第一，着力激发思想活力。高度重视思想政治教育，把思想动员放在首位。社会动员的前提是思想发动，即通过思想动员统一社会成员的认识，协调社会成员的行动，整合相关社会资源，从而通过动员社会成员达到动员整个社会的目标。从本质上说，社会动员的过程就是思想发动群众的过程。社会动员的根本任务，就是把全社会的思想和行动凝聚到以中国式现代化全面推进中华民族伟大复兴目标上来。与此同时，要始终注重利益引导，把社会动员的过程，当作维护好、实现好人民群众根本利益的过程，当作共商共建共治共享参与社会建设的过程。

第二，着力激发组织活力。大力推动社会领域改革创新，广泛动员社会力量参与社会建设。一是加强社区规范化建设，激发社区创造活力。加强社区党的建设，充分发挥社区党建引领作

用，形成社区区域化党建新格局。加强社区居委会组织建设，充分发挥基层自治作用，形成人人有责、人人尽责、人人享有的基层社会治理共同体。加强社区服务站建设，充分发挥基层社会服务平台作用，建立健全社区购买服务机制。加强专业化、专职化社区工作者队伍建设，务必在"十四五"时期配齐配强社区工作人员。二是构建社会组织"枢纽型"工作体系，以人民团体为骨干，把同类别、同性质、同业务的社会组织分类、分级联合起来，形成党建引领、政社分开、管办分离、依章自治的社会组织管理体制。进一步完善政府购买服务体系、社会组织孵化体系、社会组织评价体系，促进社会组织创新发展、规范发展。三是积极引入市场机制，大力发展社会企业。社会企业是以社会效益最大化为目标，依靠商业手段提供社会服务的企业组织，具有解决困难群体就业、精准服务民生、精细参与社会治理、开发消费市场等多重价值与功能，是当前实现稳就业、保民生、促消费的有力抓手，是促进经济转型升级，实现高质量发展的新生动力，要积极推动、大力发展。四是有计划有步骤地推动事业单位改革。党的十八大以来，按照《中共中央　国务院关于分类推进事业单位改革的指导意见》的要求，我国事业单位改革取得了一定成效。但改革总体还是内部整理式的，并未从体制上解决本质问题。应当从与政府、市场、社会职能关系上深化改革。改革的最终目标是取消笼统的事业单位概念。要通过"四向分流"的方式破局：有行政职能的回归行政单位；可以转为社会企业的尽快转为社会企业；以公益性质为主的转为社会组织；剩下的科技、教育、文化、卫生等公共事业机构，分别按照各自职能序列定位。

第三，着力创新社会动员方式。坚持守正创新，在继承传统动员方式的同时，用好现代社会动员方式，特别是传媒动员、竞争动员和参与动员。传媒动员是随着科技的发展而发展的。互联网社会动员如同互联网经济、互联网文化一样，越来越成为主要方式。竞争动员的发展依赖于竞争的直接性、激励性和挑战性。竞争动员是市场经济体制下的微观利益机制驱动的结果。应该支持合理的竞争，鼓励大家积极参与竞争，这样才能推动社会的发展，人们才能在改革开放中得到更多的实惠，社会动员也才能深入人心。参与动员效果受社会中自主意识增强的影响，现代社会的每个人都渴望参与组织的活动，扮演一定的角色，实现自己的人生价值。人的社会性决定了参与的普遍性和广泛性。利益主体的倾向是参与的动力。参与动员是现代社会民主建设和社会主义市场经济体制所孕育的必然结果，应积极引导参与动员广泛而多样地发展。

六、以效能为导向，着力补齐短板，构建社会运行体系，全面推进社会领域现代化

（一）社会运行质量决定社会建设效能

如果说社会动员是社会建设动力的关键因素，那么社会运行就是社会建设效力的关键因素。社会建设的效能往往是由社会运行的质量决定的。社会运行是指社会有机体自身的运动变化和发展，表现为社会多种要素和多层次子系统之间的交互作用，以

及它们多方面功能的发挥。社会运行的内涵，反映了社会的本质和特征，是社会建设的基础和依据。党的十九届四中全会明确提出，把中国特色社会主义制度的显著优势更好地转化为国家治理效能，很有意义。党的二十大报告强调，健全共建共治共享的社会治理制度，提升社会治理效能，很有针对性。坚持效能导向，着力补齐短板，扎实推进社会运行体系现代化，是推进社会建设体系现代化和社会领域现代化的基础工程和关键环节。

（二）构建社会运行体系的主要问题是短板弱项多

新中国成立以来，特别是改革开放以来，我国经济社会发展走上了良性运行的轨道，取得了经济快速发展和社会长期稳定两大奇迹。但也要清醒地认识到，我国社会运行体系建设还存在许多短板弱项。

第一，存在体制性短板弱项。党对社会建设全面领导的工作体制和全面覆盖的工作体系以及党政部门间全面协调的工作机制尚不完善。社会建设是一项系统性工程，相关部门间缺乏协调，容易导致政策衔接不紧密，工作推进缓慢，进而使得社会建设效能减弱。

第二，存在政策性短板弱项。社会建设领域政策碎片化、政出多门的现象较为突出，政策的制定和执行过程繁琐，制约着社会建设高质量发展。

第三，存在基础性短板弱项。全国许多地区基层基础仍然比较薄弱，在应对复杂的社会问题时能力不足，且缺乏必要的资源和支持，难以有效应对突发事件、社会矛盾和问题的处理。

第四，存在保障性短板弱项。社会工作者队伍规模不够庞大，专业化、专职化能力不强，致使基层工作力量严重不足。截至2022年9月，全国共有92.9万人取得社会工作者职业水平证书，距离民政部2025年全国社会工作专业人才总量200万人的规划要求，尚有近百万的人才缺口。

第五，存在体系性短板弱项。社区居民参与基层治理积极性低，社会组织专业化程度低，社会企业发展资金短缺、管理薄弱等问题成为社会与市场主体参与社会运行体系建设的障碍。

第六，存在科技性短板弱项。社会建设工作智能化程度总体较低，网格化体系不健全，难以有效结合科技手段解决现实问题，导致社会运行效率低下。

（三）构建社会运行体系，要以效能为导向，着力补齐短板

在很大程度上，社会建设的效能取决于社会运行的质量。良性的社会运行是社会建设现代化的显著标志，具有系统性和协调性的特点。为此，要着力从以下四个方面做好工作。

第一，构建全域性城乡一体的运行体系。良好的社会运行，重要的是破解城乡二元结构发展难题，着力构建城乡一体的全域性运行体系。构建全域性城乡一体的运行体系，不仅有利于中国经济和社会的可持续发展，也有利于实现城乡之间的良性互动和共同繁荣。这一机制的建设，关键是在党的领导下，建立统筹兼顾、整体协调的领导体制和工作机制。确立科学的规划体系和严格的规划实施制度，协调城乡空间布局，同步改善城乡人居环

境，促进城乡经济社会协调发展。一是推动城乡协调发展。传统的城市和农村之间的分割已经无法适应当前城乡一体化发展的需求。构建全域性城乡一体的运行体系，可以让城市和农村之间形成更加紧密的联系，促进资源和人才的流动，实现城乡一体化发展。二是促进乡村振兴。当前，农村经济仍然面临着很多问题，例如农业生产效率低下、农产品附加值不高等。构建全域性城乡一体的运行机制可以促进农村的产业升级和转型升级，提高农业生产效率和农产品质量，增加农民收入。三是改善城乡环境。城乡环境的污染和破坏是当前城乡发展中的一个突出问题。构建全域性城乡一体的运行机制可以促进城乡环境的协调治理和保护，实现资源的共享和循环利用。四是提高服务治理水平。当前，城乡社会服务治理发展不平衡的问题比较突出，以市域社会服务治理现代化为切入点和突破口，构建全域性城乡一体的运行机制，可以促进城乡社会服务治理均衡发展，大力提高社会服务治理水平。

第二，构建全面性整体覆盖的运行体系。要全面覆盖各服务管理主体和客体，重点是要抓住当前全国推进市域社会治理现代化的契机，构建市域全面性整体覆盖的运行机制。由于市域具有空间优势、主体优势、手段优势、集约优势，更易于统筹协调各方面工作，调动各类资源，可以更好发挥支柱作用、枢纽作用、平台作用、牵引作用，因此以市域社会治理现代化为契机，建设全面性整体覆盖的运行机制，可以打破条块分割、部门利益、政策碎片，着力整合资源，将分散在有关部门的相关职能统合到相关领导部门，加强统筹规划、系统研究、综合协调、整体推进。一是推动科技创新和经济发展。当前，科技创新已经成为国家发展的战略支撑，需要全面覆盖的社会运行机制来推动科技创新和知识产权的保护。同时，全面覆盖的社会运行机制还可以促进经济发展，实现全面协同、互补和高效运作。二是保障社会公平和司法公正。当前，社会公平和司法公正已经成为人民群众关注的焦点，需要全面性整体覆盖的社会运行机制来实现公正、透明、高效的社会治理。三是促进社会和谐与稳定。当前，社会矛盾和问题日益增多，需要全面性整体覆盖的社会运行机制来协调各方面的利益，推动社会和谐与稳定的发展。四是提高社会治理效能。当前，社会治理面临着很多问题和挑战，需要全面性整体覆盖的社会运行机制来提高社会治理的科学性、规范性和效率性。

第三，构建全程性衔接贯通的运行体系。在社会运行过程中，各环节间需要形成闭环的运行机制。它强调的是从社会整体的层面来把握社会运行，充分利用信息化和数字化技术，构建起一个整体协调、协同配合、紧密衔接的社会运行网络，实现各种资源的高效配置、合理分配和优化利用，能够有效提高社会运行的效率，使社会各结构间有效地协同工作。全程性衔接贯通的运行机制还可以加强服务质量，实现信息共享和协同工作，提高服务质量和效果，为广大民众提供更好的社会服务；可以促进城乡一体化发展，实现城乡间信息的共享和互通，促进城乡一体化发展，优化城乡资源配置，促进产业升级和转型，提高产业效率和附加值，推动经济发展。要将全程性衔接贯通的运行机制覆盖到社会运行的全过程，包括政府管理、社会服务、产业经济等各个领域。

第四，构建全员性共同参与的运行体系。全员性共同参与的运行机制就是要在社会运行的各个环节，广泛地吸纳社会力量参与，推动社会协调运行和良性发展，实现共商共建共治共享。社会建设是亿万人民的共同事业。建设全员性共同参与的运行体系，可以在健全有效参与的多元主体格局、达成集体认同的社会善治共识、完善运转有序的协同治理机制、构建法治保障的有机团结社会等方面不断提升人民的获得感、幸福感、安全感。一是增强社会凝聚力和向心力。全员性共同参与的运行机制可以吸纳社会各方面的人员参与社会治理，通过激发人们的归属感和责任感，提高社会认同感和满意度，从而增强社会的凝聚力和向心力。二是提升共商共建共治共享水平。社会治理需要综合运用各种资源，吸纳各方力量，才能取得最佳效果。通过广泛的社会参与，集思广益，汇聚各种智慧，让更多的人参与到社会治理中来，可以增强社会治理的有效性和针对性。三是促进协同治理和谐发展。通过让社会中的多方主体参与到社会运行，增强社会的协调性和稳定性，促进社会的和谐发展。社会和谐发展需要不同层次、不同领域、不同利益主体之间的协调和沟通，要致力于增加各方面之间的互信和合作，协调各方面的利益，减少矛盾和冲突。四是提高决策质量和工作效率。在政策制定过程中，汇聚更多社会中的智慧和力量，提高社会决策的科学性、民主性和透明度，从而更好地满足人民群众的需求和利益。

总之，推进社会领域现代化意义重大而深远。要以习近平新时代中国特色社会主义思想和党的二十大精神为指导，以社会建设六大体系为支撑，全面推进中国式社会领域现代化。

中国式现代化背景下北京基层治理现代化的路径探索

杨积堂
北京联合大学城乡基层社会治理研究院院长、教授

当下，对北京基层社会治理现代化的研究与思考，必须准确把握党的二十大报告对于中国式现代化背景下的社会治理的新定位，必须基于北京基层治理探索的成功经验和实践基础，同时，要科学把握新时代北京基层治理中迫切需求和存在的问题，紧密结合北京超大城市治理的特点，适应国际一流和谐宜居之都建设的需要，探索构建北京基层治理的理论体系和实践路径，为中国式现代化建设的先行区、示范区探索基层治理现代化的北京模式和北京篇章。

一、中国式现代化背景下的社会治理的新格局

党的二十大进一步指明了党和国家事业的前进方向，是我们党团结带领全国各族人民在新时代新征程坚持和发展中国特色社会主义的政治宣言和行动纲领。党的二十大报告提出"以中国式

现代化全面推进中华民族伟大复兴",社会治理现代化是中国式现代化的应有之义,党的二十大报告以"中国式现代化"的本质要求对社会治理作出了新的部署,谋划了中国特色社会治理现代化的新格局。

(一)中国特色社会治理定位的新高度

党的二十大报告,从"贯彻总体国家安全观",以"新安全格局"把社会治理提升到了"推进国家安全体系和能力现代化,坚决维护国家安全和社会稳定"的新高度,强调"国家安全是民族复兴的根基,社会稳定是国家强盛的前提"。党的二十大报告在第一部分"过去五年的工作和新时代十年的伟大变革"中强调:"我们贯彻总体国家安全观,国家安全领导体制和法治体系、战略体系、政策体系不断完善,在原则问题上寸步不让,以坚定的意志品质维护国家主权、安全、发展利益,国家安全得到全面加强。共建共治共享的社会治理制度进一步健全,民族分裂势力、宗教极端势力、暴力恐怖势力得到有效遏制,扫黑除恶专项斗争取得阶段性成果,有力应对一系列重大自然灾害,平安中国建设迈向更高水平。"将"共建共治共享的社会治理制度进一步健全"作为"贯彻总体国家安全观"的大格局下取得的成效。同时,将有关"完善社会治理体系"的部署,放在了报告第十一部分"推进国家安全体系和能力现代化,坚决维护国家安全和社会稳定",强调"国家安全是民族复兴的根基,社会稳定是国家强盛的前提。必须坚定不移贯彻总体国家安全观,把维护国家安全贯穿党和国家工作各方面全过程,确保国家安全和社会稳定"。

要"统筹维护和塑造国家安全，夯实国家安全和社会稳定基层基础"，建设更高水平的平安中国，以新安全格局保障新发展格局。提出"完善社会治理体系。健全共建共治共享的社会治理制度，提升社会治理效能"。从而通过不断完善"社会治理"，让"人民幸福"与"社会稳定""国家安全"三位一体，有机统一。

这与历次党代会的表述有比较大的改变，党的十六大报告在第五部分"政治建设和政治体制改革"中，重点在该部分第（九）项"维护社会稳定"中，强调"坚持打防结合、预防为主，落实社会治安综合治理的各项措施，改进社会管理，保持良好的社会秩序"。

党的十七大报告在第八部分"加快推进以改善民生为重点的社会建设"第（六）项中，具体部署了"完善社会管理，维护社会安定团结"。强调"社会稳定是人民群众的共同心愿，是改革发展的重要前提。要健全党委领导、政府负责、社会协同、公众参与的社会管理格局，健全基层社会管理体制"。

党的十八大报告在第七部分"在改善民生和创新管理中加强社会建设"，强调"加强社会建设，是社会和谐稳定的重要保证。必须从维护最广大人民根本利益的高度，加快健全基本公共服务体系，加强和创新社会管理，推动社会主义和谐社会建设"。并在该部分第（六）项中，具体部署了"加强和创新社会管理。提高社会管理科学化水平，必须加强社会管理法律、体制机制、能力、人才队伍和信息化建设。改进政府提供公共服务方式，加强基层社会管理和服务体系建设，增强城乡社区服务功能"。

党的十九大报告在第八部分"提高保障和改善民生水平，加强和创新社会治理",强调"打造共建共治共享的社会治理格局。加强社会治理制度建设,完善党委领导、政府负责、社会协同、公众参与、法治保障的社会治理体制,提高社会治理社会化、法治化、智能化、专业化水平"。

从党的十六大、十七大、十八大、十九大有关社会稳定、社会管理、社会治理在报告中的表述,可以清晰地看到,党的二十大对社会治理的部署作了全新的定位,突出强调了贯彻总体国家安全观,将完善社会治理提升到了"推进国家安全体系和能力现代化,坚决维护国家安全和社会稳定"的新高度,更加明确了"以人民为中心"的基层社会治理,只有在确保社会稳定和国家安全的前提下,才能真正实现人民幸福。

北京作为迈向中华民族伟大复兴的大国首都、国际一流的和谐宜居之都,在努力成为中国式现代化建设的先行区、示范区的进程中,北京基层治理现代化更需要夯实社会稳定和国家安全的基石。

(二)中国特色社会治理制度发展更完善

党的二十大报告进一步明确提出:"健全共建共治共享的社会治理制度,提升社会治理效能。"这是从党的战略定位上,进一步明确了中国特色社会治理现代化的制度设计,就是共建共治共享的社会治理制度,这是结合中国国情和民情,党中央从"社会管理"到"创新社会治理"的不断探索中,形成的社会治理方案和治理智慧。

在党的中央文件中正式提出"社会治理"仅10年时间,但是，这10年来，中国特色社会主义社会治理制度经历了不断创新、加强、完善的过程，逐步形成了中国特色社会主义社会治理制度和社会治理体系。党的十八届三中全会首次提出"创新社会治理体制"，"改进社会治理方式"，首次强调坚持"系统治理、依法治理、综合治理、源头治理"。

党的十八届五中全会，进一步提出"加强和创新社会治理"，"推进社会治理精细化，构建全民共建共享的社会治理格局"。

党的十九大报告进一步明确"打造共建共治共享的社会治理格局。加强社会治理制度建设，完善党委领导、政府负责、社会协同、公众参与、法治保障的社会治理体制"。

党的十九届四中全会将"社会治理格局"提升为"社会治理制度"，明确"坚持和完善共建共治共享的社会治理制度"，并将"社会治理体制"提升为"社会治理体系"，相对于党的十九大报告，补充了"民主协商"和"科技支撑"，进一步提出了"必须加强和创新社会治理，完善党委领导、政府负责、民主协商、社会协同、公众参与、法治保障、科技支撑的社会治理体系"。中国特色共建共治共享的社会治理制度在中央文件中首次确立。

党的十九届五中全会、六中全会对"共建共治共享的社会治理制度"进一步完善和落实。

党的二十大"以中国式现代化全面推进中华民族伟大复兴进行了战略谋划"，党的二十大报告作为"夺取中国特色社会主义新胜利的政治宣言和行动纲领，是马克思主义的纲领性文献"对"健全共建共治共享的社会治理制度，提升社会治理效能"进一步重申和明确，使中国特色社会治理制度更完善。

（三）中国特色社会治理保障体系更系统

党的二十大报告提出："必须坚持系统观念。万事万物是相互联系、相互依存的。只有用普遍联系的、全面系统的、发展变化的观点观察事物，才能把握事物发展规律。"中国特色社会主义的社会治理，更加体现了系统性的保障体系。

第一，增强社会治理的文化保障。一是健全网络综合治理体系，推动形成良好网络生态。广泛践行社会主义核心价值观，弘扬以伟大建党精神为源头的中国共产党人精神谱系，深入开展社会主义核心价值观宣传教育，深化爱国主义、集体主义、社会主义教育，着力培养担当民族复兴大任的时代新人。二是提高全社会文明程度。提高全社会文明程度，实施公民道德建设工程，弘扬中华传统美德，加强家庭家教家风建设，推动明大德、守公德、严私德，提高人民道德水准和文明素养，在全社会弘扬劳动精神、奋斗精神、奉献精神、创造精神、勤俭节约精神。

第二，增强社会治理的民生保障。在党的二十大报告第九部分专门强调了"增进民生福祉，提高人民生活品质"，是社会治理现代化的重要民生保障。我们要实现好、维护好、发展好最广大人民根本利益，紧紧抓住人民最关心最直接最现实的利益问题，坚持尽力而为、量力而行，深入群众、深入基层，采取更多惠民生、暖民心举措，着力解决好人民群众急难愁盼问题，健全基本公共服务体系，提高公共服务水平，增强均衡性和可及性，扎实推进共同富裕。

第三，增强社会治理的法治保障。党的二十大报告中，专门强调了"加快建设法治社会"。强调法治社会是构筑法治国家的基础。弘扬社会主义法治精神，传承中华优秀传统法律文化，引导全体人民做社会主义法治的忠实崇尚者、自觉遵守者、坚定捍卫者。建设覆盖城乡的现代公共法律服务体系，深入开展法治宣传教育，增强全民法治观念。推进多层次多领域依法治理，提升社会治理法治化水平。发挥领导干部示范带头作用，努力使尊法学法守法用法在全社会蔚然成风。

第四，增强社会治理的民主保障。党的二十大报告中，通过加强社会主义民主制度的健全和完善，为社会治理现代化提供了有力的民主保障。一是全过程人民民主。全过程人民民主是社会主义民主政治的本质属性，是最广泛、最真实、最管用的民主。必须坚定不移走中国特色社会主义政治发展道路，坚持党的领导、人民当家作主、依法治国有机统一，坚持人民主体地位，充分体现人民意志、保障人民权益、激发人民创造活力。二是积极发展基层民主。党的二十大报告提出："积极发展基层民主。基层民主是全过程人民民主的重要体现。健全基层党组织领导的基层群众自治机制，加强基层组织建设，完善基层直接民主制度体系和工作体系，增强城乡社区群众自我管理、自我服务、自我教育、自我监督的实效。完善办事公开制度，拓宽基层各类群体有序参与基层治理渠道，保障人民依法管理基层公共事务和公益事业。全心全意依靠工人阶级，健全以职工代表大会为基本形式的企事业单位民主管理制度，维护职工合法权益。"

第五，增强社会治理的党建保障。党的二十大报告强调"坚定不移全面从严治党，深入推进新时代党的建设新的伟大工程"，强调"全面建设社会主义现代化国家、全面推进中华民族伟大复兴,关键在党"。尤其是要求"增强党组织政治功能和组织功能",提出了"坚持大抓基层的鲜明导向,抓党建促乡村振兴,加强城市社区党建工作,推进以党建引领基层治理,持续整顿软弱涣散基层党组织,把基层党组织建设成为有效实现党的领导的坚强战斗堡垒"。

第六,增强了社会治理的组织保障。中央社会工作部的组建让社会治理有了"总统领"。中共中央、国务院印发了《党和国家机构改革方案》,该方案在深化党中央机构改革方面,提出组建中央社会工作部,这是以习近平同志为核心的党中央为推进国家治理体系和治理能力现代化,在统领社会工作方面取得的又一划时代的历史性成就。由中央社会工作部统领社会工作,是党的二十大对深化机构改革作出的重要部署,是以推进国家治理体系和治理能力现代化为导向,凸显了在社会治理领域加强党中央集中统一领导,开启了中国特色社会主义社会治理的新格局。

新组建的中央社会工作部负责统筹指导人民信访工作,指导人民建议征集工作;统筹推进党建引领基层治理和基层政权建设,统一领导全国性行业协会商会党的工作,协调推动行业协会商会深化改革和转型发展;指导混合所有制企业、非公有制企业和新经济组织、新社会组织、新就业群体党建工作;指导社会工作人才队伍建设等。将原来分别隶属于国家信访局、民政部、中央和国家机关工作委员会、国务院国有资产监督管理委员会党委、中央精神文明建设指导委员会办公室等部门多头管理的相关社会工作职权，统一整合到中央社会工作部，明确了中央社会工作部作为党中央集中统领社会工作职能部门，强化了党中央对社会工作的集中统一领导。从而推动"社会大治理"和"大社会治理"。

二、北京基层治理现代化的现实背景与时代定位

北京基层治理现代化既有基层治理的普遍特性和要求，又有全国任何城市基层治理所不同的特殊性。北京是有870年建都史的历史文化名城，具有深厚的文化底蕴，是新时代迈向中华民族伟大复兴的大国首都，又具有跟其他任何城市不一样的特殊定位，这是北京基层治理现代化必须重视的现实背景。

（一）服务"四个中心"的战略定位是北京基层治理的根本遵循

2014年2月，习近平总书记考察北京时对北京的核心功能进行了明确定位，即全国政治中心、文化中心、国际交往中心、科技创新中心，要求努力把北京建设成为国际一流的和谐宜居之都。从此，北京城市格局迎来了全新的重塑。2015年6月，中共中央、国务院印发实施《京津冀协同发展规划纲要》，对北京的核心功能定位再度进行了明确。2017年9月，北京发布了《北京城市总体规划（2016年—2035年）》，明确了北京的一切工作必须坚持"四个中心"的城市战略定位，"有所为、有所不为"。此后，北京的各项建设工作都是以此为指导而展开。首都城市战略

定位和重塑全新的城市格局，深刻地影响着北京基层社会治理的标准和实现路径，对北京基层社会治理现代化提出了更高的要求。

第一，作为全国政治中心，要求北京基层社会治理现代化要有更高的政治站位，要有更加强烈的社会稳定和国家安全意识。北京作为全国政治中心，重要会议多，重大活动多，重要机构多，国际国内影响大，因此，确保首都的安全稳定是北京基层社会治理的重要使命，所以，迫切要求北京基层社会治理现代化要有更高的政治站位，要有更加强烈的社会稳定和国家安全意识。长期以来，北京的基层社会治理实践中，党建引领，居民参与，不断拓展和深化志愿服务体系，引导社区工作者和居民群众，具有高度的责任感和使命感，为维护首都基层社会稳定方面，形成了"朝阳群众""西城大妈"等一系列群防群治团队，即通过志愿活动，服务了群众，也维护了社会稳定和首都安全。

第二，作为全国文化中心，要求北京基层社会治理要具有更丰富的文化内涵和生活文明风尚的引领性。文化是一个民族的根与魂，建设社会主义文化强国是实现中华民族伟大复兴的基础支撑。习近平总书记创新性地提出了"第二个结合"，即马克思主义与中华优秀传统文化相结合，并以"连续性、创新性、统一性、包容性、和平性"五个突出特性对中华文明精准画像，发出担负起新的文化使命建设中华民族现代文明的伟大号召。习近平总书记多次视察北京，强调要本着对人民负责、对历史负责的态度保护好、传承好、利用好北京历史文化遗产这张"金名片"。首都北京是世界著名古都、我国第一批历史文化名城，有着3000

多年建城史、870年建都史，丰富的历史文化是中华文明源远流长的伟大见证，更是丰富新时代首都文化建设和文化生活的深厚基石，在北京基层治理现代化的进程中，迫切需要夯实城乡社区文化基因，传播优秀历史文化，塑造和引领文明生活新风尚。在这方面，西城区什刹海街道党群服务中心，依托四合院场景，挖掘和再现什刹海历史文化和时代变迁，形成了浓郁的文化氛围。同样，什刹海街道兴华社区，将原来拥挤的四合院社区服务中心，经过精心打造，形成了亲民、近民的具有传统文化气息的网红打卡地。海淀区的阜四小院、石油共享大院等都是北京基层治理中体现了丰富文化内涵的典范。

第三，作为国际交往中心，要求北京基层社会治理要有一定的国际视野和涉外服务意识。国际交往中心是北京"四个中心"城市战略定位之一，也是北京做好"四个服务"的应有之义。推进国际交往中心功能建设，对于优化提升首都功能，更好地服务新时代首都发展具有重要意义。近年来，北京坚决贯彻落实习近平总书记对北京一系列重要讲话精神，紧紧围绕"建设具有世界影响力的中国特色国际交往中心"这个目标，牢牢扭住"服务国家总体外交"和"服务首都高质量发展"两条主线，努力走出一条具有鲜明时代特征、中国特色、北京特点的国际交往中心建设之路。截至2023年6月，已有113家国际组织在京落户，在京跨国公司地区总部已达207家，外资企业总量接近5万家，市区两级友城数量已达245个。过去五年，主场外交综合服务保障能力全面提升，接待来访外国元首和政府首脑100余位，党宾国宾访京团组700余个、9000余人次，组织参观、考察等活动近

900场，为服务新时代中国特色大国外交、推动构建人类命运共同体作出了贡献。随着国际交往的不断发展，城乡基层治理面临国际化挑战，迫切需要转变观念，积极应对，强化基层治理中的国际视野和涉外服务意识。北京在基层社会治理方面，已经顺应国际化需要，做了大量工作。比如，作为国际交往重要承载地的朝阳区，由于国际资源交融汇聚，区内外国驻京机构多、国际化公司团体多，居住在此的外国人口也随之不断增多。朝阳区委、社会工委、区民政局于2020年启动国际化社区试点建设工作，按照"补短板、提水平、创精品"的工作思路，从外籍人员服务便利化、语言环境无障碍化、社区文体活动多元化等方面提出建设标准，探索实践国际化社区的发展方向、方法路径、标准体系和政策措施，从而开启了提升国际化社区治理的新探索。同样，顺义区也在首批国际化社区建设试点初见成效的基础上，结合实际选取空港街道香蜜湾社区、优山美地社区作为试点持续推进国际化社区建设，积极探索国际化社区治理新路径，进一步提高全区国际化社区建设质量，为实现北京"国际交往中心"城市战略定位改进基层治理模式和路径。

第四，作为科技创新中心，要求北京基层治理要强化科技赋能，迫切需要数字化智能化手段更加深入应用到基层治理中，提升基层治理精细化水平和效能。习近平总书记在浙江考察时指出，推进国家治理体系和治理能力现代化，必须抓好城市治理体系和治理能力现代化。运用大数据、云计算区块链、人工智能等前沿技术推动城市管理手段、管理模式、管理理念创新，从数字化到智能化再到智慧化让城市更聪明一些、更智慧一些，是推动城市治理体系和治理能力现代化的必由之路，前景广阔。随着北京科技创新中心的不断建设和发展，更多的科技手段赋能基层社会治理，目前已经建成的"海淀城市大脑""回天大脑""西城家园"等治理平台，为基层治理提升了数字化水平，让基层治理更加精准化。同时，诸如回天地区霍家营社区开发的"智慧社区"等小微程序和应用，也在北京基层社会治理中凸显着特技特色，这种动向将成为未来北京基层治理现代化不可或缺的基本支撑手段。

（二）坚持"首善标准"需要北京基层治理更具示范性

党的二十大报告提出："从现在起，中国共产党的中心任务就是团结带领全国各族人民全面建成社会主义现代化强国、实现第二个百年奋斗目标，以中国式现代化全面推进中华民族伟大复兴。"2022年6月27日，在中国共产党北京市第十三次代表大会上的报告《在习近平新时代中国特色社会主义思想指引下奋力谱写全面建设社会主义现代化国家的北京篇章》中明确提出：要"大力推动新时代首都发展，努力在全面建设社会主义现代化国家新征程上走在前列"。强调"新时代首都发展，标准就是首善。建首善自京师始。北京各方面工作具有代表性、指向性，首善之区要率先示范，立标杆，树旗帜。我们一定要有担当精神，保持积极进取的状态，精益求精、追求卓越，努力在新时代展现新作为、创造新业绩，为全国起到表率作用"。北京市第十三次党代会同时强调治理"大城市病"任重道远，要发挥人民群众主体作用，探索形成以接诉即办为牵引的超大城市治理"首都样板"。

2023年3月14日上午，北京市委书记尹力在全市领导干部会议上强调，要紧紧围绕全面建设社会主义现代化国家的总体部署，要牢牢把握强国建设、民族复兴新征程的使命责任，强化责任担当、当好"施工队长"，奋力谱写率先基本实现社会主义现代化的北京篇章。在基层治理方面，尹力强调要"完善超大城市治理体系。坚持首都规划权属党中央，落实好城市总规实施第二阶段重点任务，坚持减量发展，守住战略留白，大力推动城市更新。持续提升城市精细化治理水平，巩固拓展背街小巷整治提升成果，加强生活垃圾全流程精细化管理，狠抓物业管理突出问题和'治理类小区'治理，深化'回天有我'创新实践。深化接诉即办工作，强化主动治理、未诉先办，坚持'每月一题'集中破解高频共性难题"。

2023年5月10日至12日，习近平总书记到河北视察，主持召开高标准高质量推进雄安新区建设座谈会、深入推进京津冀协同发展座谈会。总书记强调，推动京津冀协同发展不断迈上新台阶，努力使京津冀成为中国式现代化建设的先行区、示范区。7月7日下午，京津冀党政主要领导座谈会在京举行，三省市党政主要领导共谋"推动京津冀协同发展不断迈上新台阶"良策，共商"携手打造中国式现代化建设的先行区、示范区"之举。总书记的要求和三省市的谋划，核心就是要在中国式现代化建设的征程中，打造先行区、示范区。这一新的目标和定位，对北京基层社会治理提出了新的要求。北京基层社会治理现代化无论从落实中国式现代化建设的先行区、示范区的要求，还是践行北京市第十三次党代会提出"努力在全面建设社会主义现代化国家新征程上走在前列"的目标，都需要以"首善标准"，在治理理念、治理体系、治理制度建设、治理路径的有效设计等方面，率先示范，立标杆，发挥表率作用。

（三）以"让人民生活幸福"为出发点和落脚点需要北京基层治理更加精细化

2014年2月26日，习近平总书记考察北京时提出"四个中心"的同时，也要求"努力把北京建设成为国际一流的和谐宜居之都"。而和谐宜居最根本的体现就在城乡社区，每一个社区，都是和谐宜居的一个组成部分，就北京而言，真正的和谐宜居之都就是每一个"和谐宜居"的社区，共同组合成的一幅幸福多彩的北京图景。《中共中央　国务院关于加强和完善城乡社区治理的意见》提出城乡社区治理的目标就是建设"幸福家园"，强调"完善城乡社区治理体制，努力把城乡社区建设成为和谐有序、绿色文明、创新包容、共建共享的幸福家园"。北京市委确立的"七有""五性"的标准，就是国际一流和谐宜居之都建设的基本要求。北京市第十三次党代会提出："新时代首都发展，出发点和落脚点是要让人民生活幸福。千头万绪的事说到底是千家万户的事。我们要始终把人民放在心中最高位置，积极回应人民群众关切的教育、就业、医疗、养老、住房、社保、环境、交通等问题，坚持落细落小、多办实事，坚持提升硬件和优化服务相结合，着力提高民生保障和公共服务供给水平，不断增强人民群众的获得感、幸福感、安全感。"

北京市委书记尹力多次强调，首都超大城市治理要在精细化治理上下更大功夫。2023年2月6日，尹力参加并指导东城区委常委班子2022年度民主生活会时强调："在城市精细化治理上下更大功夫。深化背街小巷整治提升成果，持续抓好垃圾分类、物业管理两件'关键小事'，深化'一微克'行动，探索形成更多基层治理经验。下力气补齐民生短板。用好接诉即办主抓手，围绕'七有''五性'，强化主动治理、未诉先办。推进老旧小区更新改造，推动社区生活性服务业品质提升。"2023年2月14日，尹力到西城区调查研究时再次强调："在精治共治法治上下足绣花功夫。完善接诉即办工作机制，深化主动治理、未诉先办。带头落实生活垃圾分类、物业管理两个条例。用好'西城大妈'等群防群治力量，提升共治水平。"早在2022年11月13日，尹力书记在北京市召开的全市领导干部会议上就强调："积极探索超大城市治理体系，努力让城市更健康、更智慧、更舒适、更具有韧性，群众生活更幸福美好。"

（四）北京超大城市的复杂性需要北京基层治理更具多样性

北京作为超大城市，大城市病是北京基层治理现代化必须面对的现实，"城市病"是世界各国工业化、城市化过程中的通病，较多解释为城市问题（urban problem），是大量人口及相关发展要素向大城市过度积聚而引发的一系列环境问题、社会管理问题及公共服务不均衡、不充分问题的统称。"城市病"主要类型有城市经济病、城市社会病、城市生态病以及"非典型城市病"等，表现为人口拥挤、交通拥堵、环境污染、住房困难、生态恶化、社会冲突等诸多问题。对于北京超大城市的"城市病",有学者指出,北京"城市病"具有一般性,更表现出首都城市特有的复杂性和异质性。还强调,首都北京城市系统复杂,城市经济发展水平层次性明显,城市功能多样,区域环境多元,与其他非首都城市的根本区别在于,其代表国家形象且中央政府赋予了高级别政治地位。作为国际性大城市,北京人口过度聚集,但其城市管理并没有完全与之相匹配,这造成城市自组织过程中诸多非平衡的混沌状态。北京城市病主要表现为人口膨胀、交通拥堵、环境污染、资源限制、楼价高企、区域发展不协调。具体表现在:一是人口拥挤,人口集聚与扩散同存;二是交通拥堵,时空特征显著;三是空气污染严重,城市热岛明显;四是承载负荷大,资源禀赋差,等等。[①]

从基层治理层面看,超大城市所呈现的治理难题和困境,远远不止这些宏观层面凸显的超大城市痼疾,更具体的基层治理困境呈现更多的多样性和复杂性,比如北京市人口规模巨大,人口结构复杂等给基层治理带来的难题;比如大量的老旧小区面临的硬件损坏、软件不足难题;比如老城平房区在城市更新中的去留困境和更高品质生活需求和资源限制的困境之间的矛盾;比如全市700多个集体经济薄弱村面临的发展与治理重叠的困境如何破局;比如严重老龄化趋势下社区养老的困境;比如物业管理与业主之间矛盾如何调和的普遍困境如何调和,等等,这些复杂的超

---

① 彭文英、滕怀凯、范玉博:《北京"城市病"异质性及非首都功能疏解治理研究》,《学习与探索》2019年第9期。

大城市病，需要北京基层治理现代化的路径体系，就不是单层次标准化的样本，一定需要考量到各种特异性的差别，而治理路径更加凸显多样性，需要更加强调分类施策，因地因人制宜。

三、北京基层治理探索的实践基础

（一）北京基层治理的实践基础和治理经验

长期以来，北京市委、市政府高度重视基层社会治理工作，一直在探索具有时代特征、中国特色、首都特点的社会建设和基层治理新路子。早在2007年12月2日，北京市委、市政府就在全国率先成立了北京市委社会工委、市社会办，搭建了社会建设的领导机构和工作体系。随后，2008年9月21日，北京市社会建设大会召开，推出了《北京市加强社会建设实施纲要》等"1+4"系列文件。2009年3月，又召开了全市志愿者工作大会，推出了《关于进一步加强和改进志愿者工作的意见》，从而初步形成了以社会领域党建为龙头，夯实社区建设和社会组织建设两个基础，建设社会工作者和志愿者两支队伍。[1] 2010年7月，北京市委、市政府召开了全市社会服务管理创新大会，出台了《北京市社会服务管理创新行动方案》，推出了28项创新举措。其中，不仅将"服务"与"管理"相并列，而且把"服务"放在了前面，改"管字当头"为"服务为先"。2010年6月30日至7月1日，市委

---

[1] 宋贵伦：《十年磨一"建"：社会建设理论体系与实践路径研究》，中国人民大学出版社2019年版，第2页。

杨积堂 ▶ 中国式现代化背景下北京基层治理现代化的路径探索

专门召开了一次全会，讨论通过了《中共北京市委关于加强和创新社会管理全面推进社会建设的意见》，以该意见精神为基调，2011年10月，《北京市"十二五"时期社会建设规划纲要》以市政府名义印发实施，明确提出了全面加强北京社会建设的"六大体系"，即社会服务更加完善、社会管理更加科学、社会动员更加广泛、社会环境更加文明、社会关系更加和谐、社会领域党的建设更加深入。[1]从而基本形成了北京市社会建设体系，为北京基层社会治理奠定了基石。

党的十八大以来，北京市根据党的十八届三中全会提出加快推进国家治理体系和治理能力现代化的目标，结合北京实际，开创性地加快推进社会治理体系和治理能力建设。2012年5月，市委、市政府召开了北京市网格化工作推进大会，出台了指导意见。2015年，北京市委、市政府印发了《关于深化北京市社会治理体制改革的意见》，2016年市委办公厅、市政府办公厅印发了《北京市"十三五"时期社会治理规划》。2018年以来，先后出台了《中共北京市委 北京市人民政府关于加强基层治理体系和治理能力现代化建设的实施意见》《北京市"十四五"时期社会治理规划》《北京市"十四五"城乡社区服务体系建设规划》《关于促进社会企业发展的意见》等重要文件，为首都北京基层社会治理进行了顶层设计，有效地推动了首都基层治理实践探索和创新，形成了丰富的基层治理经验。

北京基层治理的经验丰富多元，经过长期实践和不断探索，

---

[1] 宋贵伦：《十年磨一"建"：社会建设理论体系与实践路径研究》，中国人民大学出版社2019年版，第3—4页。

其中，"党建引领、网格治理、吹哨报到、接诉即办、回天治理"是极具特色和可推广的超大城市基层治理的北京经验。

第一，党建引领，把牢了首都基层治理的方向，夯实了战斗堡垒。党建引领是北京基层治理的旗帜和方向，在首都基层治理中具有更为特殊的意义。习近平总书记多次强调基层治理意义重大，在贵州考察时指出："基层强则国家强，基层安则天下安，必须抓好基层治理现代化这项基础性工作"。在吉林省长春市宽城区团山街道考察时指出，中国的治理体系建设，基础就是我们的基层，基础不牢、地动山摇。怎么夯实这个基础，就是社区的管理、治理，社区建设只能加强，不能削弱。北京基层社会治理，牢牢把握政治方向，通过强化基层党组织建设，全面开展党员双报到，既夯实了基层治理的战斗堡垒，也锤炼了基层治理的先锋队，凸显了首都北京基层治理中将"人民幸福"与社会稳定和国家安全的有机统一。

第二，网格治理，开创了治理单元精准化模式。从北京市东城区开始探索的网格化治理，经过不断迭代更新和完善，在各地城市治理中成为精细化治理的重要方式，在各地广泛推广和适用。《中共中央 国务院关于加强基层治理体系和治理能力现代化建设的意见》等各种文件明确提出强化网格化管理。

第三，吹哨报到，破解了基层治理上下联动的难题。源自北京金海湖畔的"吹哨报到"机制，打通了原来基于属地管理而无法破解属地没有执行权，上下之间的科层阻隔，形成了基层治理、为民办事、破解难题的上下联动机制。"街乡吹哨、部门报到"机制受到中央的肯定，在全国各地得到了广泛推广。

第四，接诉即办，建立了有效的群众诉求快速响应机制。接诉即办是在全面整合改造12345市民热线的基础上，形成了系统性的基层治理创新，该机制有效连通了市民群众与各级政府之间的桥梁，形成了有问必答、有事必办、有难题必解的为民服务、上下沟通的快速解决问题机制，形成了卓有成效的治理经验，并出台了《北京市接诉即办工作条例》，以立法的方式将北京基层社会治理的改革创新成果予以确立，为持续不断地深入推进接诉即办奠定了基础。

第五，回天治理，探索了超大社区治理的北京样本。北京超大城市治理，破解超大城市治理的最大难题，最核心的是解决超大社区问题，回天治理就是以回龙观天通苑地区超大社区作为治理样本，用接续两个回天治理专项行动计划，以前所未有的力度和魄力，将亚洲最大的睡城、堵城、资源不足之城，改变为"幸福之城"，形成了党建引领、多元参与、共治共享的"回天有我"超大城市治理经验。

（二）北京基层治理的实践中的新探索

根据本项目研究的需要，课题组深入北京市西城区、海淀区、房山区、朝阳区、昌平区、顺义区、通州区等地社区、乡村、政务服务中心、街道党群服务中心等多场景进行了深入调研，从不同角度和不同层面，深刻感受北京基层治理的新景象和新探索。

第一，多层次政务服务体系打通了政务服务与基层治理的堵点。以往在很多社区调研中，在居民和社区工作者的访谈中，总是能听到基层治理中"上接天线"的治理痛点，由于传统的政务体系大多从管理的角度和视野设置，很难换位思考，从居民的需求视角，去深度链接为民办事的"最后一公里"或者"最后一米"，这样在基层治理中就形成了社区难以破解的为民办事的堵点。基于本课题深入北京市通州区城市副中心政务服务中心、相关街道和社区，调研了城市副中心"云窗口"政务服务模式。该服务模式构建了"四级"政务服务扁平化管理、智能化运行、网络化支撑、跨层级办理的智慧政务体系。形成了"1+6+22+N"的政务服务体系，即1个市级综合性政务服务中心，可办理市区两级政务服务事项；6个专业分中心，分别是公安户政、交通支队、办税服务、婚姻登记、不动产登记、人力社保分中心；22个街道乡镇政务服务中心和645个基层政务服务站点，可以为副中心及整个北京东部地区提供市、区两级综合性的政务服务，形成了与六里桥市政务中心"东西呼应、双子联动"的服务新格局，打造了市、区两级政务服务的扁平化管理、智能化运行、网络化支撑的新示范。这套体系的开发，是在深入走访调研区级部门、镇街、村居、园区、商圈、党群服务中心，共同研究工作模式和运行机制，按照各点位的特色分类施策的结果，在做好政务服务的同时，打通了基层治理为民办事的堵点，提升了基层治理中的服务效能。

第二，多样化数字应用在社区落地提升了基层治理智慧化水平。《中共中央 国务院关于加强基层治理体系和治理能力现代化建设的意见》要求"加强基层智慧治理能力建设"，中共北京市委、市政府《关于加强基层治理体系和治理能力现代化建设的实施意见》对"提升基层治理精细化、智慧化水平"进行了部署。本次课题组调研中,将基层治理智慧化作为一个重要的调研方向,根据在西城区、通州区、昌平区调研情况显示,原来浮在面上的各种数字化应用,经过逐步探索和推广,已经开始根植社区,提升了基层治理的智慧化水平。根据调研情况,分别列举西城区"西城家园"、昌平区回天地区霍家营社区的"智慧社区",从不同层面凸显的数字应用的落地见效。

第三,居民参与治理机制不断创新提升了居民参与的积极性。基层社会治理的落脚点在城乡社区,治理的核心主体是"居民",社区居民参与社区治理的程度是基层治理是否更加有成效的根本评价指标。在本次调研中,针对居民参与方式和参与情况,着重在房山区燕山地区、朝阳区大屯街道、通州区玉桥街道、海淀区学院路街道等地进行了深入调研,根据调研情况分析,当前北京基层治理中社区居民的参与积极性不断增强,参与机制也在不断创新。

第四,社区文化建设逐渐成为提升基层治理效能的重要着力点。首都北京作为全国文化中心,北京深厚的历史文化成为北京基层治理现代化的天然基因,人民对于精神生活需求的不断提高,也要求在基层治理中有更加浓郁的文化因素。在项目调研期间,诸如海淀区的阜四小院、石油共享大院、西城区兴华社区等,都以文化建设作为社区治理的重要着力点,在浸润社区文化氛围、塑造社区文明素养、提升基层治理效能方面,有着成功的经验。

第五,社区治理的品牌化建设增强了社区共治的凝聚力。在本次调研中,非常显著的感受就是,北京的城乡社区,经历了多年的治理实践和摸索后，因地制宜，根据社区的不同特点，形成了很多治理的做法。很多社区已经不是停留在日常治理中应付纷繁复杂的各种事情，而是已经沉下来，开始打磨社区治理的品牌，在不断提炼其社区治理的文化内核，塑造社区的凝聚力，助力更加坚实的社区治理共同体的形成，进而更好地凝聚社区共治的合力。以朝阳区大屯街道为例，很多社区都形成了属于自己全体居民的社区治理品牌，有的将治理品牌开发成了文创产品，进一步传播社区的理念和文化。如大屯街道富成花园的"小成大爱"治理品牌、秀雅社区的"七彩秀雅"品牌等。

第六，着力解决群众急难愁盼问题提升了社区居民的幸福感。北京市在基层治理中以落实"七有""五性"为抓手，着力解决群众急难愁盼问题，提升了居民的幸福感。"七有"是党的十九大提出的明确要求，"五性"是北京市委、市政府按照首善之区标准提出的更高要求。习近平总书记在党的十九大报告中指出："必须多谋民生之利、多解民生之忧，在发展中补齐民生短板、促进社会公平正义，在幼有所育、学有所教、劳有所得、病有所医、老有所养、住有所居、弱有所扶上不断取得新进展，深入开展脱贫攻坚，保证全体人民在共建共享发展中有更多获得感，不断促进人的全面发展、全体人民共同富裕。"所谓"五性"则是指便利性、宜居性、安全性、公正性、多样性。多年来，北京市委及各级政府结合北京实际，紧扣"七有""五性"需求，办好群众身边的事，解决人民群众急难愁盼问题，开展"七有""五性"监测评价，补短板、强弱项。时任市委书记蔡奇强调，"幼有所育"要深入挖潜，合理布局，多办普惠性幼儿园，鼓励支持各方增加幼教供给;"学有所教"要加强中小学优质资源建设和师资培养;"劳有所得"要抓好就业,切实解决农民工工资拖欠问题;"病有所医"要提高家庭医生签约覆盖率,为群众提供精准服务;"老有所养"要实行居家为主、医养结合,办好家庭养老、临时托养、养老机构"三张床";"住有所居"要加强保障房供给,优化选址,完善配套服务设施;"弱有所扶"要加大对低收入户和特困家庭的扶助力度,关心关爱残疾人,完善无障碍设施。关于"便利性",要落实便民店发展措施,补齐便民服务设施;关于"宜居性",要加强物业服务,解决停车难等问题;关于"多样性",要不断增加在文化、教育、体育健身等方面公共产品与服务供给;关于"公正性",要维护好群众合法权利;关于"安全性",要抓好基层治理,增强群众安全感。[①]北京市第十三次党代会进一步要求"牢记让人民生活幸福是'国之大者',始终把群众安危冷暖放在心上,紧紧围绕'七有'要求和市民'五性'需求,尽力而为、量力而行,扎实办好民生实事,朝着共同富裕目标坚定迈进"。

四、北京基层治理现代化进程中还需要破解的问题

北京基层治理总体是走在前列,并且形成了不少在全国推广复制的经验,但是,根据率先在中国式现代化建设中要作为先行区和示范区,在基层治理方面,还必须客观面对当前基层治理

[①] 参见《蔡奇在检查重要民生实事项目落实情况时强调 围绕"七有""五性"抓好民生保障工作》,《北京日报》2019年11月23日。

中存在的不足和短板，即存在统筹协调和系统构建层面的顶层设计问题，也存在乡镇（街道）、城乡社区需要破解的"最后一公里"问题。在基层治理的顶层设计方面，诸如如何以社会工作部组建为契机构建基层治理全市统筹协调体系，破解基层治理存在的九龙治水各管一方问题；如何在基层治理的行政职能承接机制方面构建科学合理承接机制，破解社区行政化倾向和社区干部任务重的问题；诸如社区公共服务供给如何满足老百姓的迫切需求、政府购买服务如何支撑基层治理和基层服务需求、《民法典》规定的社区特别是法人地位如何真正落实以赋能社区自治活力问题、如何推动破解管理部门及执法部门进社区等诸多问题。课题组以乡镇（街道）、城乡社区在基层治理中需要破解的问题和探索相应治理路径方面展开研究，在这个层面，有下列需要破解的问题。

（一）乡镇（街道）治理能力还待提升

《中共中央 国务院关于加强基层治理体系和治理能力现代化建设的意见》指出："基层治理是国家治理的基石，统筹推进乡镇（街道）和城乡社区治理，是实现国家治理体系和治理能力现代化的基础工程。"在该意见中，明确规定了在乡镇（街道）治理方面，要增强乡镇（街道）行政执行能力、为民服务能力、议事协商能力、应急管理能力、平安建设能力。乡镇（街道）治理能力是基层治理的重要支撑，如何处理好"乡镇（街道）"与村（社区）的关系，发挥好乡镇（街道）在基层治理中的作用是基层治理现代化的关键环节，乡镇（街道）是基层治理的"腰杆"，

"腰杆"不硬，城乡社区治理就会"虚弱"。目前，北京基层治理中，乡镇（街道）在如何破解城乡社区行政化、统筹治理资源、乡镇（街道）全域治理、解决执法"最后一公里"、引领协同治理等方面都有很多可以提升的空间。

（二）科技赋能基层治理存在显著瓶颈

虽然在前述北京基层治理的新探索中，也列举了"西城家园"、霍家营"智慧社区"等科技赋能基层治理的典型案例，但是，从总体上看，北京在智慧赋能基层治理方面，还存在明显短板。当前，科技赋能基层治理，还存在治理底数不够清、数据共享有壁垒、应用场景欠融通、赋能效果有差距等不足。

最突出的瓶颈，就是在城市智慧化方面，虽然有较大的投入，很多地方，有比较高端的显示大屏，也有比较完善的数据化平台，但是，这些在展厅中的智慧大屏，还缺乏打通"最后一公里"及"最后一米"的瓶颈。所谓"最后一公里"的瓶颈，指的是目前科技赋能基层治理，很多应用和数据还没有能够底数清晰地链接到社区，让社区服务、社区治理真正得到科技的助力。所谓"最后一米"的瓶颈，指的是很多应用场景还不能与社区居民日常服务需求、日常活动需求、参与治理需求、志愿服务需求相匹配，从而使得相关的所谓"智慧化治理平台"，其展示功能远远大于真正的应用功能，这是亟待解决的问题。

（三）接诉即办考核评价机制有待优化

接诉即办是北京市开创的非常有效、群众高度赞同、社会参与度极高的系统化治理创新机制,是首都基层治理创新的宝贵经验和智力财富。尹力书记也多次强调,要以接诉即办为抓手,解决好群众急难愁盼问题。强调要"用好接诉即办主抓手,深化主动治理、未诉先办"。进而强调要"持续优化接诉即办工作,强化主动治理、未诉先办"。本课题项目组在基层调研过程中发现,就接诉即办的评价机制方面,还存在不少呼声,比如有的社区在某个月没有一例12345电话,这样导致其三率的数据都是"0",这本是社区主动治理、积极服务、化解矛盾取得突出成效的典型实例,但是,由于其数据为"0",自然简单的排序机制,该社区在当月不仅没有得到表扬,差点成为"拖后腿者"。诸如此类评价机制方面的不合理因素,助推了个别社区在12345数据中会出现"自打""掺水"等现象,对此,还需要真正深入基层,倾听社区工作者的心声,根据各种典型案例,不断优化接诉即办的评价机制,让其更加科学合理。

除此之外,很多社区工作者对于接诉即办的深化改革也有较强的期待,亟须通过机制完善,破解12345信息中的恶意投诉、挤占公益资源转嫁市场行为、派单精准与考核精准对应问题、合理界定属地责任问题、主动治理正向评价问题,等等。

(四)社区文化建设的广度深度还有较大差距

前文已经阐述过作为全国文化中心的首都北京,文化在基层治理中的意义和价值,也举例表述了已有社区在文化建设和文化赋能基层治理方面取得的典型经验。但是,从广度上看,目前大多数社区还没有真正意义上的文化建设的理念和举措,从相关社区服务场景中的墙体上和宣传栏上张贴的文案可见，样板化、模式化、与本社区文化无关联化的现象比较多，说明社区文化建设赋能基层治理还有待强化。另外，从社区文化建设的深度上看，很多社区基于各种原因，文化建设的方式、文化呈现的样态、文化表达的内涵、文化在社区治理中的作用等还缺乏深入。从社区文化建设在基层治理中的效度上看，正向效度的典型实例已经凸显了文化在社区治理中的"德治"作用，但是，从负向效度来看，缺乏文化建设的社区，其赋能基层治理还有很多空间可以去弥补。

（五）社区营造不能满足社区环境提升和社区舒服性需要

根据本项目所调研走访的社区以及此前走访的社区可见，近年来社区治理工作的重心在疲于应付各种与"人"直接关联的问题、矛盾、纠纷、事件等，大多数社区忽视了环境育人的重要性。此外，不少社区对于社区营造还缺乏认知，导致基层治理中社区营造的氛围、社区营造的组织、参与等方面，还有不小的差距。尤其是对标国际一流的和谐宜居之都建设和满足社区舒适性的要求，还有较大提升空间，还需要有可持续的营造工作开展。

（六）社会组织的专业性和社区社会组织丰富性还有差距

目前，大多数社区组织还比较弱小，缺乏专业性，很多社区组织还处于求生存状态，本来就限于资金实力、人才保障、专业能力所限，社会组织服务社区的匹配度有一定差距。但是，即使如此，很多社会组织为了求得生存，还不得不硬着头皮担负各种小而全的角色，导致有些社会组织的服务效果欠佳，又反过来抑制了社区依托社会组织提供服务的积极性。此外，社区社会组织虽然有了较大的发展，但是社区社会组织的组织性、领导团队的梯队建设、社区社会组织的丰富程度等，都还有一定差距。

（七）社区造血功能欠缺抑制基层治理的活力和创造性

根据当前的各种政策，社区经费的保障，都是来源于上级有关单位的党建经费、社区活动经费、部门专项经费等。这些经费都是财政经费，使用程序、使用内容、使用方式都有严格的标准。此外，除了比较好的农村社区、个别村集体转化的社区有一定的自有经费保障外，绝大多数社区都没有自己的造血功能，这样导致社区很多需要应急的、突发的、帮扶的等事项就缺乏经费支持，同时，社区作为自治组织，自主活动方面也受制于经费所限，积极性和活力方面也受到一定抑制。

五、北京基层治理现代化的实现路径

北京作为迈向中华民族伟大复兴的大国首都、建设国际一流的和谐宜居之都，需要在基层治理中坚持首善标准，践行以人民为中心的发展思想，紧紧围绕"七有"要求和市民"五性"需求，以接诉即办为牵引，以让人民生活幸福为出发点和落脚点，坚持党建引领，在精治共治法治上下足绣花功夫，破解超大城市治理难题，构建完善的基层治理制度体系，全面提升乡镇（街道）和城乡社区治理体系和治理能力，不断增强人民群众的获得感、幸福感、安全感，形成超大城市基层治理现代化的"首都样板"。

基层治理是一个复杂的系统工程，作为超大城市和首都的北京，在基层治理现代化方面更具复杂性，其实现路径应当更具系统性。结合基层社会治理的一般规律和北京超大城市治理的特殊需要，以及当前北京基层治理中还存在的不足，本课题组从乡镇（街道）和城乡社区两个层面着手，对完善北京基层治理现代化的实践路径，建议如下。

（一）基层治理现代化在乡镇（街道）层面的实现路径

基层治理现代化必须强化乡镇（街道）的治理能力，尤其是强化乡镇（街道）对城乡社区治理的统筹、引领、支撑作用。北京基层治理现代化进程中，乡镇（街道）治理更为重要，无论是乡镇（街道）自身的治理体系和治理能力提升，还是在城乡社区治理方面，通过政治引领、资源统筹、经费支持、部门协同、人才培养、路径设计等方面，促进和保障城乡社区治理现代化也是极为重要的。在提升乡镇（街道）层面基层治理现代化能力的路径方面，建议强化如下三个方面。

第一，融通治理：提升乡镇（街道）治理中的协同效能。根据《北京市街道办事处条例》规定，街道办事处要"以党建引领基层治理创新，充分发挥党组织总揽全局、协调各方、服务群众的作用，立足基层服务管理，深化街道管理体制改革，构建党建引领、区域统筹、条块协同、上下联动、共建共享的街道工作新格局，建设新时代文明街道、活力街道、宜居街道和平安街道"。另据《北京市乡镇职责规定》，由乡镇"领导本乡镇的基层治理，加强社会主义民主法治建设和精神文明建设，加强社会治安综合治理，做好生态环保、美丽乡村建设、民生保障、乡村振兴、民族宗教等工作"。由上述规定可见，乡镇（街道）是基层治理的统领者，需要由乡镇（街道）发挥总揽全局、协调各方、条块协同、上下联动的职能。但是，在现实调研中发现，由于乡镇（街道）的机构设置、科室的职能分工，存在诸多难以将基层治理作为一个系统的生态系统进行统筹的隔阂，这就需要强化"融通治理理念"。在基层治理方面，尽量破除科室之间、条块之间的职权隔阂，尤其是在针对一个基层治理单元方面，增加乡镇（街道）科室之间自身的协同融通，这样就可以发挥资金、人力、资源等方面的集成效用，大大提高基层治理的协同效能。

第二，全域治理：发挥乡镇（街道）在基层治理中的系统效能。目前基层治理中，城乡社区是最基本的治理单元，因此，在基层治理实践中，社区往往作为一个独立的治理单元加以各种考量，但是，在北京，社区资源禀赋往往受制于各种区域固有的限制，在治理方面具有很大的差异性，教育资源、养老资源、停车资源、医疗资源、文化资源、休闲资源等，往往需要在一个更大的区域内进行资源整合，提升在基层治理中解决居民"七有""五性"需求，这就需要强化乡镇（街道）的"全域治理理念"，从更高的层面，更加全方位的视野，谋划乡镇（街道）全域范围内基层治理的顶层设计，破解单一社区在基层治理中无法破解的难题。同时，在社区治理考核方面，也避免"一刀切"，真正实现因地制宜，并通过全域治理，整合资源，为社区赋能，提升辖区范围内基层治理的整体水平，发挥基层治理的系统效能。

第三，下沉治理：增强乡镇（街道）对社区治理的支撑效能。"浦江经验"的主要内容是"变群众上访为领导下访，深入基层，联系群众，真下真访民情，实心实意办事"，这是基层治理实践中一个非常重要的治理经验和实践路径。尽管中央和北京市各种文件精神，强调要把各种资源、力量下沉到社区，但是，在调研中发现，乡镇（街道）层面的行政化与城乡社区、基层群众对于"力量下沉"的期待还有一定的差距。北京基层治理现代化，经过多年的发展，常态化的工作已经取得了很好的成效，在基层治理现代化的未来进程中，需要破解的往往是更加难啃的"骨头"。因此，还需要强化乡镇（街道）的"下沉治理理念"，真正让更多的干部能够扑下身子，走进社区、走进楼院、走近群众，用眼睛去观察，用耳朵去聆听，与基层群众和社区工作者去讨论，在此基础上，形成更加合理的资源、力量下沉方案，把好钢用在刀刃上，更好地发挥乡镇（街道）对社区治理的支撑效能。

（二）基层治理现代化在城乡社区层面的实现路径

城乡社区是基层治理的最基本单元，基层治理现代化的实现程度，最根本的要看城乡社区治理现代化的实现程度。北京基层治理现代化的实现路径，需要在多年来基层治理探索的经验的基础上，进一步加强基层党组织建设，提升党建引领效能，加强社会组织建设，强化社区文化建设，丰富德治内涵，通过社区营造，提升社区环境，深化基层民主，提高社区居民参与治理，提升科技支撑，拓展社区资源，增强社区造血功能。

第一，党建立社：全面建强基层治理的战斗堡垒和先锋力量。基层党组织在城乡社区治理中发挥领导核心作用。根据《中华人民共和国村民委员会组织法》第四条规定："中国共产党在农村的基层组织，按照中国共产党章程进行工作，发挥领导核心作用，领导和支持村民委员会行使职权；依照宪法和法律，支持和保障村民开展自治活动、直接行使民主权利。"另据《中国共产党支部工作条例（试行）》的相关规定，村党支部全面领导隶属本村的各类组织和各项工作，领导村级治理；社区党支部全面领导隶属本社区的各类组织和各项工作，领导基层社会治理，组织整合辖区资源，服务社区群众、维护和谐稳定、建设美好家园。基层治理现代化，需要进一步加强基层党组织建设，真正发挥基层党组织在基层治理现代化中的领导核心作用，提升基层党组织的领导能力和领导社区治理能力，破除在基层党建引领方面的"形式主义"，真正在政治方向、治理目标上发挥"指引"作用，在具体治理办法、解决难题、带动群众、发挥党员模范带头作用等方面，发挥"领头雁"作用，从而带动社区居民、社会组织、辖区单位等共同参与社区治理，真正发挥基层党组织在基层治理中的战斗堡垒和先锋力量作用。

第二，组织强社：加强社会组织的专业性和社工队伍的职业化。长期基层治理实践已经充分证实，专业社会组织、社区社会组织和社工队伍是城乡社区治理极为重要和不可或缺的力量。在实际调研中可见，但凡社区治理比较好的社区，基本上都有专业社会组织提供了有效的专业支持，社区社会组织得到了有效的孵化和激活，专业社工队伍提供了勤勉到位的服务。北京基层治理现代化需要提升现有的治理水平，迫切需要总结北京市多年来在社会组织孵化、枢纽型社会组织建设、社工队伍培养和发展方面的成功经验，进一步加大支持和推广力度，通过扩大政府购买服务力度，让更加专业的社会组织更加深入地服务首都城乡社区治理各个专业领域。把各个社区的居民通过广泛孵化和培育的"社区社会组织"有效动员和组织起来，形成更加广泛的自治参与者、社区自我管理者、自我监督者，扩大社区幸福家园的共建者。无论是专业社会组织，还是社区社会组织，都是社区治理的有效组织载体，是在社区党组织的引领下，社区治理的积极组织力量和链接平台，北京基层治理现代化，必须持续加强社会组织的专业性和社区社会组织的多样化建设。同时，在现有社工队伍相关政策的基础上，在北京探索社工队伍的职业化也是确保基层治理队伍稳定、基层治理可持续提升的重要保障。

第三，文化润社：深化社区文化建设丰富基层治理"德治"内涵。在自治、法治、德治三治融合的基层治理体系中，"德治"是要发挥最深层次的价值引领和德润人心作用，要丰富基层治理的"德治"内涵，就需要不断深化社区文化建设，塑造社区文化价值认同，树立具有社区特色、能够引进居民共鸣的"社会文化品牌"，推动社区楼门文化、楼院文化、乡村博物院、社区博物馆等文化场景建设，开展社区合唱、舞蹈、曲艺、诗歌、社区春晚等丰富的社区文化活动，深入开展文明家风、家教活动等，形成"以文化人"的浓厚社区文化氛围，提升社区文明，增强社区德治效能。

第四，共治兴社：丰富多元参与共治机制壮大社区治理共同体。北京基层治理现代化，需要进一步发展基层民主，创新基层民主协商机制，增加基层民主活力，搭建各种便利的多元协商议事平台，广泛动员社区居民、辖区单位积极参与社区治理，共同破解社区治理难题，共同描绘和践行社区美好愿景，在共治中形成"共建合力"，在共治中提升"自治效能"，增强社区居民的家园意识，构建邻里守望的新型熟人社会，不断壮大社区治理共同体。在增强基层治理社会力量方面，要着力构建社会企业参与治理机制，不断增强社区造血功能，提升社区"自转"能力。尤其是应该总结回天治理中社会企业的参与机制，出台更加系统的社会企业认定、参与、评价机制，让更加多元的社会企业，在服务社区过程中参与社区治理，促进社会企业与基层社会治理共同提升。亦可以借鉴成都等地经验，探索建立社区企业、社区基金等组织形式，发挥社区自身的创造力和造血功能，为社区治理提供有效社会力量，提升社区自治能力。

第五，营造美社：加强社区营造，提升社会环境，增强社区舒适度。社区治理的是一个系统的生态系统，其中，社区环境营造是社区治理生态的重要组成部分。在北京基层治理实践中，有的社区在社区营造方面进行了有益的尝试，取得了非常积极的效果。常言道："环境育人。"社区环境是社区治理的基础物理载体，同时，又承载着丰富的精神价值。无论麦子店农展南里二号院的"立体四合院"塑造，还是海淀区阜四小院的环境营造，又或是学院路街道石油大院的社区营造，都在环境提质中丰富了社区的精神价值，不仅仅是将传统的破败加以有效的环境提升改进和美化，更重要的是在社区居民、社区社工、辖区等相关单位在参与社区营造过程中，提升了共同治理的"人际环境"，增强了社区美感和社区舒适度，提升了社区凝聚力和吸引力，成为基层治理的一种有力抓手。目前，社区营造还没有被城乡社区治理实践广泛重视，在未来北京基层治理现代化进程中，需要进一步加大宣传力度。

第六，科技助社：持续推动科技赋能基层治理，提升智慧化水平。随着信息化智能化的不断发展，科技赋能基层社会治理已经成为不可或缺的科技支撑力量。北京基层治理实践中，虽然已经有诸如回天地区霍家营社区的"智慧社区"、西城区的"西城家园"、通州区张家湾"湾事通"小程序等有效的应用实践，但是，在调研中发现，很多基层治理的科技支撑，大多还停留在"数据演示"的层面，还没有真正达到有效有用，尤其是打通"最后一公里"，让数据直达社区，打通"最后一米"，让数字化智能化方便居民的办事和进行信息反馈。因此，北京基层治理现代化，需要在科技赋能基层治理方面加大力度，在更加广泛的层面，打通数据壁垒，打通各部门程序之间的隔阂，进行数据共享，发挥在基层底数管理方面的"底数清晰"，实现居民办事方面"让数据跑路"，减少重复的"材料核验"，提升服务居民的效能。在这方面，通州区政务服务管理局的"云平台"在横向数据融通，纵向贯通乡镇社区服务居民方面已经有了成功的探索，未来需要在现有探索经验的基础上，加强社区治理的科技支撑，持续推动科技赋能基层治理提升智慧化水平。

综上，基层治理现代化是一个复杂的系统工程，基层治理是一个有机的生态系统，北京基层治理现代化需要更加注重系统思维和全局意识，始终坚持以习近平总书记有关推进中国式现代化和加强基层治理的一系列重要论述为科学指引，认真学习《习近平关于基层治理论述摘编》，牢牢把握首都基层治理的政治性、人民性、安全性要求，始终以"让人民生活幸福"为出发点和落脚点，坚持首善标准，稳中求进，不断创新，做实做细，精益求精，在基层治理现代化方面率先示范，为全国起到表率作用，形成超大城市基层治理的"首都样板"。

聚焦基层治理赋能增效
打造团结花开幸福春城

周红斌
昆明市委常委、市委统战部部长、
市委社会工委书记

昆明是云南省的省会，年平均气温15℃左右，2022年末，昆明市常住人口860万人，是云南省唯一的特大城市，下辖3个自治县、4个民族乡、343个少数民族聚居行政村，现有9个世居少数民族、54种民族成分、169.97万少数民族人口，在全国省会城市中辖民族自治地方最多、世居民族成分最多、少数民族人口总数位居第二。昆明14个县（市）区中有9个县（区）曾担负脱贫攻坚任务，曾是全国为数不多的有3个以上国家扶贫开发工作重点县的省会城市。近年来，国家"一带一路"建设、长江经济带建设、新时代西部大开发、国家综合立体交通网建设等重大战略和政策效应在昆明叠加，特别是按照云南省委、省政府部署，昆明市从2022年5月正式托管西双版纳傣族自治州磨憨镇共同建设国际口岸城市后，昆明成为全国唯一一个拥有"边境线"和边境口岸的省会城市，自贸试验区昆明片区、经开区、综合保税区、磨憨—磨丁经济合作区"四区"联动的发展潜力不断释放，昆明正从交通末梢转变为交通枢纽、从市场边缘转变为市场中心、从开放末端转变为开放前沿，城市聚集效应和辐射效应不断扩大，社会创造力竞相迸发。

党的十八大以来，习近平总书记两次考察云南，作出"一个跨越""三个定位""不断增强边疆民族地区治理能力"等一系列重要指示。昆明市始终牢记殷殷嘱托，强化省会担当，主动服务和融入国家发展战略，把推进边疆民族地区治理现代化作为一项重要政治任务，从组织体系、政策体系、评价体系、动员体系、保障体系等方面全面发力，抓细抓实抓牢基层社会治理，逐步走出一条具有云南元素、昆明特色的社会治理新路子，人民群众的获得感、幸福感、安全感不断提升。近年来，昆明连续三年上榜"中国十大美好生活城市"，成功创建为"全国民族团结进步示范市"、第六届"全国文明城市"、"国家公交都市建设示范城市"，荣获"2022年中国年度最佳促进就业城市"、"2022十大公园城市"；在2022年COP15第七届全球地方政府和城市峰会上入选首届"生物多样性魅力城市"和"自然城市"平台，向世界展示了习近平生态文明思想在昆明的生动实践。

一、由"九龙治水"到"攥指成拳"，在健全工作链条中凝聚治理合力

社会治理的核心是人，重心在基层，关键是体制机制。针对一段时期以来社会治理存在的"九龙治水"和"碎片化"问题，昆明市着力加强顶层设计，以前所未有的工作力度推动社会治理

从分散发力向一体推进转变，从简单粗放向精准发力转变，逐步形成完整高效的组织体系。

（一）完善全市社会治理纵横融合组织体系，提升系统集成能力

为最大程度凝聚治理合力，昆明市立足全局整体谋划，从转变特大城市发展治理方式着手，重构条块关系，把分散在30多个党政职能部门的社会治理职能、资源、政策、服务等统筹聚合起来，形成一套纵横融合的组织架构体系，有效破解了"一个部门抓不了、多个部门抓不好"的治理难题。第一，强化领导机构建设。成立由市委书记、市长任双组长的"市委社会建设工作领导小组"，负责全市社会治理工作的总体布局、发展规划、统筹协调、整体推进、督促落实，协调解决跨部门、跨区域的重大事项，高位统筹推进全市社会治理工作。争取省委、省政府支持，成立"中共昆明市委社会工作委员会"作为市委工作机关，加挂"市社会建设办公室"牌子，具体负责研究制定全市社会治理总体规划、重大方案和政策措施，统筹协调和督促检查全市社会治理重点任务落实。

第二，强化横向协同融合。在"市委社会建设工作领导小组"下设党建引领、政策制度体系、公共服务体系、社会动员体系、市域社会治理、基层社会治理、城市社会文明建设7个专项组，推动30多个市级部门加强协同配合，形成强大工作合力。同时，明确市委组织部、市委宣传部、市委政法委、市委党校分管领导及市民政局、市农业农村局、团市委主要领导兼任市委社

会工委副书记,强化市委社会工委的组织协调功能。

第三,强化纵向联动贯通。以市委、县(市)区委、乡镇(街道)党(工)委、村(社区)党组织、居民小区(楼栋)为一条纵向主轴,构建上下联动贯通的"五级治理"组织体系。强化市委社会工委对县区的督促指导,在县(市)区,由副书记兼任县(市)区委社会工委书记,并在县(市)区委办成立工作专班;在乡镇(街道),由党(工)委副书记具体负责辖区基层社会治理工作;在村(社区),积极引导居民群众依法实行自我教育、自我管理、自我服务,推动自治、法治、德治"三治"融合;在居民小区,由党组织引领小区治理,推动居民群众从"幕后"走到"台前",基层社会治理呈现新气象、取得新成效。

(二)提升"末梢治理"的组织化程度,打造共建共治共享新格局

针对基层社会治理尤其是村(社区)治理长期存在治理主体单一化、治理资源"碎片化"的问题,昆明市不断完善社会治理体制机制,逐步形成以乡镇(街道)、村(社区)党组织为核心,企事业单位、社会组织、市场主体等多元主体共同参与、共同治理、共促发展的社会治理新格局。

第一,发挥基层党组织引领作用。强化乡镇(街道)、村(社区)党组织"轴心"功能,把基层党组织的政治优势、组织优势和资源聚集优势转化为治理优势,科学整合辖区各类资源,动员多元主体参与"末梢治理"。比如,在全市78个街道建立街道"党建联盟"、551个社区建立社区"大党委",跨行业跨层级

整合5310家成员单位工作力量和资源要素。深入开展"吹哨报到""双报到双服务双报告""春城党建新力量"活动，推动机关、企事业单位、学校、公立医院、群团组织、"两新"组织融入城市党建，主动认领"需求清单"，集思广益解决难题。2022年，全市2000余个党组织和8万余名在职党员到村（社区）报到24万余次，累计服务时长90万余小时；乡镇（街道）、村（社区）共召开党建联席会议6085次、吹哨2849次，完成2.7万余个共建共治项目，解决基层社会治理问题3万余个。

第二，做实做活网格治理。推行"1+5+X"网格化工作模式，建立市级大循环、区级中循环、乡镇（街道）小循环和村（社区）自循环的四级闭环分类处置机制，并进一步向小区、家庭延伸，推动基层治理有人巡查、有人报告、有人负责、有人解决、有人督查，实现需求在网格发现、资源在网格整合、问题在网格解决，形成上下贯通、全面覆盖的治理网格体系。比如，按照"五员入网"原则，将网格监督员、城管执法人员、社区工作人员、环卫保洁人员、社区民警五类人员纳入网格，同时将基层党建、治安巡逻、疫情防控等重点工作全方位下沉网格，着力加强资源配置和力量配备。截至2022年底，全市共划分各级网格6.96万个，配置网格长3.61万名，网格员9.64万名。

第三，打通基层社会治理的"神经末梢"。辖区内每个社区配备6～15名专职社区工作人员，城市社区服务人口2万～10万人，每名城市社区工作人员平均服务1500人，多的达5000人以上，面临较大的工作压力。昆明市充分调动居民群众的积极性、主动性，既让居民群众在参与村（社区）事务中增强归属感、认同感、荣誉感和获得感，也有效延伸了基层社会治理触角，打通了基层社会治理的"神经末梢"。比如，出台《昆明市加强社区"楼栋长"、乡村"十户长"队伍建设的实施意见》，按照30~200户社区居民中选用1名"楼栋长"、10~50户农村居民中选用1名"十户长"的原则，共选用"楼栋长"2.4万名、"十户长"3.1万名，实现村（社区）100%覆盖。"楼栋长""十户长"化身邻里宣传员、信息报送员、活动组织员、平安巡查员、文明监督员，从以往的"问题找上楼"转变为如今的"上楼找问题"，让为民服务触角延伸到千家万户，有效促进基层社会治理精准化、精细化。

二、由"单向治理"到"多维共进"，在解决现实问题中彰显治理智慧

面对社会快速发展，需求多样性以及互联网时代带来的不确定性，"黑天鹅""灰犀牛"事件随时可能发生。昆明市通过强化政府统筹推动、多元主体参与、科技赋能提速，有效解决制约全市经济社会发展、社会稳定繁荣的社会问题，让城市既充满活力又和谐有序。

（一）突出主责主业，推动各级部门解决一批重点问题

一直以来，昆明市经济总量在云南省占比较高，但同时也面临着经济增长贡献率逐年降低、科技创新能力不足、教育医疗资源不均衡等问题。面对人民群众对美好生活向往的现实考验，昆

明市始终坚持强化党委、政府在社会治理中的责任，完善联动融合、集约高效的体制机制，破解社会现实问题。

第一，行业主管部门解决一批。聚焦产业发展、营商环境、创新开放、城市建设、服务群众、转变作风六个方面工作，2022年在全市深入开展"当好排头兵"大讨论大竞赛活动，细化量化具体指标，逐项分解到相关部门，每季度开展竞赛成绩排名，推动全市进的力度不断加大、稳的基础持续加强、好的势头迅速集聚、干的氛围加快形成。比如，在营商环境建设方面，职能部门从营商环境进位争先、新开工项目行政审批服务到位率、市场主体倍增三个方面，分别按照30％、30％、40％的权重，对19个县（市）区、开发（度假）园区及市级相关部门进行全面考评，实现以考促改、以评促优。"昆明市一网四中心"案例获评全国"党政信息化最佳实践案例"，"24小时全天候政务服务'不打烊'"经验做法受到2022年国务院第九次大督查肯定并在《人民日报》刊载推广，昆明市提升歇业备案便利制度被国家市场监督管理总局点名向全国推广，"营商环境观察站"模式被全省推广，上榜"2021最具投资吸引力城市"。

第二，部门协调联动解决一批。社会普遍关注和人民群众期待的重大民生问题，往往错综复杂，靠单一部门的力量很难有效解决。昆明市聚焦重点领域，完善上下级部门、平行级部门、关联部门协调联动机制，形成共治共管的强大合力。比如，新冠疫情发生后，昆明市第一时间启动应急响应，制定全国首个新冠疫情防控领域地方标准，整合卫健、公安、交运、商务等行业主管部门资源力量，压实属地、部门、单位和个人"四方责任"，因时因势优化完善疫情防控措施，建立健全及时发现、快速处置、精准管控、有效救治的常态化防控机制，实现平稳有序转段。昆明上榜《2020城市应急能力报告》A级城市，是全国少数几个没有全城封控、没有全员核酸筛查的省会城市之一，最大程度保护了人民生命安全和身体健康，最大限度减少了疫情对经济社会发展的影响。

（二）突出协同共治，推动多元主体解决一批热点问题

随着社会的发展，人民群众表达个人意愿，参与社会事务的热情凸显。昆明市把正确引导和鼓励社会力量有序参与社会治理作为重要课题，推动政府转变"全能保姆"角色，尊重和理顺政府、社会、群众之间的关系，把适合社会和群众做的事情，通过多维赋权方式交给社会和群众，构建社会治理"共治圈"。

第一，深化民主协商解决一批。完善党政群共商共治机制，强化党代表、人大代表、政协委员、驻村（社区）律师、民警、专业社会工作者和其他利益相关者参与协商，注重吸纳威望高、办事公道的老党员、老干部、群众代表参与协商，最大限度收集各方意见，实现共建共治。比如，市政协创建"协商在基层·春城面对面"特色履职品牌，引导专委会和民主党派界别把调研协商活动放到基层、放到一线，围绕对外贸易惠企政策、义务教育"双减"政策落实等议题，与界别群众面对面协商，推动问题有效解决。2022年，全市打造18个工作示范点，各级政协委员1578人次、相关部门及组织人员1286人次，专家、乡贤人士684人，基层群众2638人次参与协商议事活动，解决党政关

注、群众关切的实际问题671个，28条建议转化为政策规定。

第二，购买社会服务解决一批。发挥社会组织、公益机构等社会力量的协同作用，有效填补政府部门的"公益真空"地带。比如，出台《关于通过政府购买服务支持社会组织培育发展的实施办法》《优化政府购买社会组织服务的意见》《昆明市承接社区服务的社会组织指导目录》，明确政府新增公共服务支出中通过政府购买服务安排的部分，向社会组织购买的比例原则上不低于30%，重点支持民生保障、社会治理、行业管理、公益慈善等领域社会组织的培育发展。又如，官渡区探索建立"1+1+1+N"（社区＋社会组织＋项目社工＋社区参与力量）的政府购买服务项目联合申报模式，累计投入资金8200余万元，向社会组织购买社区营造等各类项目600余个，推动全区社会治理社会化水平不断提升。

第三，动员人民群众解决一批。聚焦物业管理闹心、噪声扰民烦心、邻里纠纷乱心等群众不时"吐槽"的"小事、急事、难事"，发挥"能人"示范效应，有效解决一批政府"看得见管不了"的民生问题。比如，西山区针对全市面积最大、人流量最大的全天候开放的碧鸡广场噪声扰民问题，从近100个在广场活动的文体团队中选取有威望、办事公道的负责人作为"共治"代表，与居民代表、文体团队负责人等160余人共商共议，将广场划分为50个活动区域，并推出活动"预约制"，在广场活动的各方从"要我遵守"变为"我要遵守"，广场噪声治理彻底走出"整治—反弹—再整治—再反弹"的恶性循环。

（三）突出数字治理，推动科技赋能解决一批难点问题

数字治理是有效解决因生产方式、消费方式、工作方式、生活方式等变化带来的治理新问题的"智能钥匙"。昆明市锚定辐射南亚东南亚的区域性国际智慧城市建设目标，不断完善数字基础设施、整合数据共享资源，促进物理空间和信息空间深度融合，激发社会治理的创新创造活力。

第一，畅通信息共享渠道，打通数据孤岛。随着信息化运用不断深入和拓展，数据运用孤立、信息资源浪费等现象成为制约治理效能的"痛点"。昆明市将社会治理数字化建设纳入《昆明市智慧城市总体规划》《昆明市"十四五"信息化发展规划》等中长期规划，鼓励推广运用新一代信息技术提升社会治理水平和能力。比如，出台《昆明市政务信息资源共享管理办法》，制定《昆明市政务信息资源共享管理办法实施细则（试行）》等9个标准规范，建成昆明市政务云中心，实现全市政务部门间跨地区、跨层级的信息共享与业务协同应用。截至2022年底，全市非涉密信息系统在政务云中心建设和运行比例达90%以上，主要政务信息数据集中率达80%以上，社会治理和公共服务事项基本实现信息化。

第二，搭建多网合一平台，打破时空壁垒。治理力量分散、治理职能交叉等问题，伴随社会治理向纵深推进而来，成为制约治理效能的"堵点"。昆明市按照"一网统管""多网合一"的思路，架构全市综治视联网视频会议系统、公共安全视频监控系统为一体的调度网络，横向上构建公安、司法、民政等部门融合的

联动治理体系，纵向上形成市、县、乡三级综治中心"一张屏"指挥调度体系，科技赋能社会治理成效明显。比如，COP15大会第一阶段会议期间，昆明市在市综治中心成立市总指挥中心，接入公安、交通运输等部门系统，联通酒店、会议中心等重点部位分指挥中心和各县（市）区视频（会议）调度中心，实现"一张屏"指挥调度各项保障工作。会议期间，全市接报刑事警情、治安警情同比分别下降40.65%、8.59%，会场、现场、驻地、线路警戒控制区域实现接触性违法犯罪"零警情"。

第三，推进数字政府建设，完善便民利民举措。随着城乡一体化不断发展和人民群众生活品质不断改善，交通出行、环境保护等民生问题成为制约治理效能的"难点"。昆明市加快推进各行业重点智慧化应用，将数字政府建设取得的阶段性成果与优化公共服务、增进民生福祉高度融合，智治支撑的成效不断彰显，2021年昆明市公共服务质量满意度在全国110个监测城市中从2018年的第64位跃升至第4位。比如，推进智慧交通建设，建成智慧交管、智慧出行、智慧停车等重点项目，实现全市主要路口700余个交通信号灯联网控制，汇集城市公路、民航、铁路等11项交通数据，推动主城区2.1万个路内泊位和59万个经营性停车泊位接入智慧停车平台，有效缓解了交通拥堵和停车难问题。

三、由"要我参与"到"我要参与"，在发挥主体作用中感受"春城"温度

在社会治理实践中，人民群众既是最广泛的参与者，也是最

大的受益者、最终的评判者。昆明市始终坚持以人民为中心的发展思想，充分尊重基层和群众的首创精神，不断完善群众参与社会治理的组织形式和参与渠道，践行全过程人民民主，在社会治理中汇聚民智、凝聚民心、服务民生。

（一）突出实践主体地位，提高人民群众的参与感

实践证明，只有最大程度组织发动群众广泛参与，治理措施才能得到最广泛认可，治理动能方可源源不竭。昆明市注重运用互联网思维，最大限度把群众"网"在一起，构建共治"同心圆"、打造群众"自治圈"。

第一，丰富群众参与社会治理的组织形式。建成全市社会动员信息化平台，发挥村民（居民）委员会、集体经济合作社、红白理事会等基层自治组织、经济组织、社会组织、群团组织的作用，动员引导群众通过业主大会、居民议事会、志愿服务等方式，围绕村（社区）公共事务一起来想、一起来干，不断拓展群众参与社会治理的广度和深度。比如，五华区由社区党组织牵头，组织党建协调议事会、居民议事会，"两代表一委员"轮番"进场"，联动业委会、物业公司等多方主体，对老旧小区电梯加装开展议事协商，研究提出最大"同心圆"的对策方案。目前审批通过计划加装的111部电梯已安装64部，居民群众支持率达90%以上。

第二，支持群众"民事民提"并参与问题解决。围绕小区停车难、公共活动空间不足等居民群众身边和家门口的"小事"，鼓励居民群众自己提出问题，并遵循共商共议、共建共享的原则

参与问题解决。比如，在市级层面出台《关于全面实施"民生小实事"项目提高群众幸福感满意度的实施意见》，聚焦保障公共服务、改善居住条件、方便交通出行等9类"民生小实事"，按照村（社区）广泛征集民生实事、项目发起人（或社会组织）开展民主协商、乡镇（街道）确定项目并整合资源、群众自愿成立项目小组实施项目、组织群众开展项目评审五个步骤开展工作。2022年，全市重点实施的118件"民生小实事"项目累计投入资金5200余万元，其中，财政资金占58%、社会资金占34.4%、群众众筹资金占7.6%，群众满意率均达90%以上，群众"有认同、愿参与、真受益"正蔚然成风。

第三，完善激励机制激发群众参与积极性。完善举报奖励、公益反哺、以奖代补等激励机制，深入开展"昆明好人""十佳社会工作者""十佳社会组织""十佳治理能人"等推荐评选活动，营造群众参与社会治理的浓厚氛围，激发广大人民群众参与的积极性。比如，盘龙区青云街道金沙社区探索推行志愿服务"金豆积分制"，成立"金豆基金"，建成"金豆超市"。志愿者根据个人特长参加志愿服务获得的"金豆积分"，既可以兑换实物，也可以转赠帮扶群众、捐赠基金池，还可由银行纳入个人诚信信用评估。目前，在金沙社区志愿者平台上注册的志愿者达2万余名，社区从之前的"脏、乱、差、案件高发"蝶变为美丽和谐宜居的"明星社区"。

（二）突出价值主体地位，提高人民群众的获得感

从解决温饱到全面小康，人民群众对物质文化生活有了更高

层次的需求，也对民主、法治、公平、正义等有了更高的期盼。昆明市坚持发展为了人民、发展依靠人民、发展成果由人民共享，让春城昆明更有温度、群众幸福更有质感。

第一，促进各民族交往交流交融。坚持"民族团结一家亲"理念，全域推动民族团结进步示范创建工作，将创建工作列入全市国民经济和社会发展规划，制定《关于加强和改进新形势下民族工作的实施意见》《昆明市建设民族团结进步示范区规划（2021—2025年）》等政策措施，每年各级财政统筹投入民族专项资金1亿余元，着力构建各民族共有精神家园，推进民族事务治理体系和治理能力现代化。截至目前，昆明市在省会城市中率先创建为"全国民族团结进步示范市"，寻甸县、禄劝县、石林县、五华区、富民县成功创建为"全国民族团结进步创建示范县"，石林县被命名为"海峡两岸少数民族交流与合作基地"，全市创建全国民族团结进步示范单位17个、全省民族团结进步示范单位163个，各级命名示范创建单位2596个。

第二，接续推进乡村振兴。把促进脱贫人口持续增收作为巩固拓展脱贫攻坚成果的主题主线，聚焦"守底线、抓发展、促振兴"，制定《昆明市乡村振兴战略规划（2018—2022）》《昆明市脱贫人口持续增收三年行动方案（2022—2024年）》等制度文件，全力推动从"脱贫"走向"振兴"。东川区、禄劝县、寻甸县3个摘帽县（区）农村常住居民人均可支配收入增速均高于同期国家平均水平，安宁市艾家营村、嵩明县大村子社区入选"全国'一村一品'示范村镇"，石林县和摩站村入选"中国美丽休闲乡村"。比如，位于石林彝族自治县的小箐村，是一个有158

户566人的彝族聚居村落，围绕打造平安、和谐、幸福的"锦绣小箐"目标，依托石林风景名胜区资源发展特色民宿和餐饮，村集体固定资产达5608万元，村集体经济收入达181万元。增收致富的同时，推出《乡村振兴积分制管理办法》，将村内治理工作细化成积分细则，以户为单位每月进行考核，然后利用集体经济分红兑现考核成绩，实现经济发展与基层治理同频共振。

第三，妥善化解邻里矛盾纠纷。俗话说"远亲不如近邻"，和睦的邻里关系对于社会和谐有着重要作用。昆明市坚持和发展新时代"枫桥经验"，强化诉源调解，提高社会治理的预见性、主动性和协同性，将矛盾在萌芽阶段提前化解，防止纠纷成讼。比如，禄劝彝族苗族自治县转龙镇多挪村是一个彝汉杂居的小村落，500多人的村子40年没有发生过一起法律诉讼案件，被称为"无诉讼村"，其秘诀在于一直坚持"长老制"调解，大事小事都由村里德高望重的"长老"（族长乡贤）们共同议定，做到"小事不出村、大事不上交"。现如今，多挪村结合形势的发展变化，又在"长老制"调解基础上，形成了村组长+"长老"、村组长+村委、村委+司法3种调解模式，定人、定岗、定责，构建起集调解与矛盾纠纷排查于一体的多元化调解模式和风险防控模式。

（三）突出监督主体地位，提高人民群众的认同感

在社会治理实践中，群众监督无"盲区""零死角"，是共建共治共享的题中之义。昆明市坚持"开门抓治理"，让群众在监督中增强对社会治理的认识和对党委、政府治理效能的认可。

第一,拓宽群众监督渠道。严格落实重大决策听证、重要事项公示、重点工作通报、政务信息查询4项制度,针对环境保护、物业管理、交通拥堵、上学就医等人民群众普遍关心的现实问题,创新监督方式,拓宽监督渠道,使监督更加聚焦、更加精准、更加有力。比如,通过广泛动员、公开征集等方式,先后聘任5批"市民河长"志愿参与全市35条滇池流域河道巡查及滇池保护工作。5000余人次每月至少开展1次集中巡查,日常不定期开展河道巡查,有效激发了全市广大群众、民间力量爱滇池、护河道的积极性和主动性。

第二,提升群众监督质效。坚持"民有所呼、我有所应,民有所盼、我有所为",推进"接诉即办"与"吹哨报到"机制相融合,将群众拨打"12345"市长热线的诉求类问题作为"吹哨报到"的"哨源"之一,制定《昆明市城市网格化管理"接诉即办"诉求类型、办理时限和办理标准》和《昆明市公共服务"接诉即办"诉求类型、办理时限和办理标准》,细化49类城市网格化管理"接诉即办"诉求和13类公共服务"接诉即办"诉求,分别明确了1~2小时的响应时间和1~30天的处置时间。比如,针对群众反映强烈的烂尾楼问题,昆明市成立府院联动领导小组,按照法治化、市场化的原则,实行"一楼一策",通过引入共益债复工续建、货币补偿、异地处置、商业资产价值置换等方式,着力解决整治工作的难点、堵点,保障回迁户、购房人的权益。截至2022年底,纳入全省烂尾楼化解清单的112个项目全部复工复产并销号。

四、由"一域盆景"到"全域风景",在鼓励先行先试中固化创新成果

在社会利益多元、思想观念多变、民众期望值增高的新形势下创新社会治理,没有现成模式可循,唯有立足实际进行实践探索。昆明市鼓励基层加强和创新社会治理,及时总结提炼好的经验和做法,不断固化为具有全局性、稳定性、长期性的政策制度和工作机制,形成了一批对外有影响力、对内有作用力的社会治理品牌。

(一)构建"1+7+N"规划政策体系,释放社会治理强大动能

抓好社会治理的关键之一,就是要不断强化政策设计和制度创新,以高效能社会治理推动高质量发展。近年来,昆明市坚持问题导向和系统观念,逐步完善社会治理"1+7+N"规划政策体系,推动社会治理由"条线探索"向"系统推进"转变,不断释放社会治理强大动能。

第一,编制1个中长期规划,引领社会治理发展方向。党的十九大前夕,市委成立专项调研小组,先后赴北京市、上海市及省内相关地区调研学习,编制了《关于创新社会治理加强基层建设规划纲要(2018—2035年)》,明确了昆明市社会治理"三步走"的总体目标,为推进社会治理体系和治理能力现代化描绘发展蓝图、提出行动纲领、引领政策制定导向。按照党的十九大

和党的十九届四中全会关于加强和创新社会治理的新部署、新要求，系统梳理市级各部门出台的政策制度，锚定全国市域社会治理现代化试点合格城市创建，在全省首次发布《昆明市"十四五"时期社会建设规划》，着力实施社会治理"六大工程"和195个具体项目。

第二，制定7个基础性文件，构建社会治理"四梁八柱"。围绕"党委领导、政府负责、民主协商、社会协同、公众参与、法治保障、科技支撑"的具体要求，发挥市委社会建设工作领导小组下设的7个专项组作用，制定和完善了《关于全面加强城市基层党建工作的意见》《关于提升基层社会治理精细化水平的意见》《关于加强社会主义协商民主建设的实施意见》等7个基础性文件，为加强和创新社会治理提供坚实的制度保障。

第三，出台N个配套文件，推动社会治理精细化。聚焦社会治理中的重大事项、突出问题和明显短板，出台了《关于加强基层治理体系和治理能力现代化建设的实施意见》《昆明市城乡社区设置的指导意见》《关于全面开展机关党组织和在职党员进社区"双报到双报告"工作的意见（试行）》《昆明市百佳示范小区创建工作方案》《关于加强社会工作专业人才队伍建设的实施意见（试行）》等50余个配套文件，精准破解各领域社会治理难题，不断推动各方面制度完善和发展。

（二）建立综合评价指标体系，提高社会治理标准化水平

针对社会治理痛点不可量化、进度无法掌握、成效难以评估

的问题，昆明探索以改善和保障民生为导向，针对社会治理不同区域、领域和环节，建立综合评价指标体系，系统推进区域社会治理现代化标准化。

第一，率先建立"昆明市社会治理现代化指数"。在五华区、盘龙区等地建立10个社会治理观测点，通过规范、持续的调查跟踪和数据分析，客观、真实地反映昆明市村（社区）治理状况。在此基础上，提出"昆明市域社会治理指数""昆明县域社会治理指数"，从社会活力、社会服务、社会环境"三大维度"，构建起昆明社会治理现代化综合评价指标体系，使之成为昆明市社会治理工作的"晴雨表""刻度尺"，让社会治理变得可量化、可统计、可衡量。

第二，科学评估昆明市社会治理水平。按年度编制《昆明社会治理现代化指数报告》，由中国社会科学出版社出版发行。对纳入"昆明市域社会治理指数"的46项核心指标，纵向分析昆明连续三年指标数据变化，横向与全国平均水平、27个省会城市及西南片区省会城市3年数据对比，按指标权重计算昆明市社会治理近3年综合指数，科学评估昆明市社会治理现代化的水平，找准找实自身的定位与地位，努力做到找差距、补短板、固优势、强弱项。以"昆明县域社会治理指数"21项具体指标为基础，科学研判各县（市）区、开发（度假）园区社会治理的水平层次、发展趋势，促进各县（市）区、开发（度假）园区社会治理工作均衡发展，从整体上提高昆明市社会治理水平。

第三，全面开展综合测评。编制"昆明市创建'全国市域社会治理现代化试点合格城市'测评体系""昆明市城乡社区治理创新测评体系",采取实地调查、网上评估、部门审核、问卷评估等方式,对市、县、乡、村四级的治理能力、服务效果等进行综合测评,并及时通报测评结果,鼓励先进奋力前行、鞭策后进迎头赶超,为创建市域社会治理现代化试点合格城市打牢基础。

(三)高质量推进地方立法工作,助力社会治理现代化

围绕"适用、好用、管用"的标准,加强重点领域、新兴领域立法,及时对已失效的地方性法规、政府规章进行修订和废止,直指改革发展"靶心"、点中民生问题"穴位"、抓住社会治理"堵点",以良法促进发展、保障善治。

第一,聚焦改革发展重点领域立法。紧盯改革发展的"问题清单",以事关经济社会基础性、关键性、全局性的"头等大事"为突破口,精准发力,破解改革发展难题。比如,出台《昆明市建设区域性国际中心城市促进条例》《昆明市优化营商环境办法》,推进中国(云南)自由贸易试验区昆明片区管理、昆明市托管磨憨镇等重点改革领域立法,为昆明高质量发展提供有力保障。

第二,聚焦民生热点问题立法。立足昆明城市化进程中面临的新情况、新问题,及时出台或修订相关法规,回应群众关切,进一步加强精细化治理。比如,针对城市化发展步伐加快,汽车上路量持续增加,社会智能停车场原有停车资源与市民对停车位需求供需矛盾的问题,及时对《昆明市机动车停车场管理办法》进行修订,在修订后的办法中增加智慧停车场、电动汽车充电桩建设等方面的规定,有效化解广大市民出行"心结"。

第三，聚焦群众身边的关键堵点立法。以关乎百姓民生的烦心事、闹心事、揪心事等"关键堵点"为切入点，不断推动人民群众对美好生活的向往驶入法治建设"快车道"。比如，针对物业服务领域矛盾易发的问题，出台《昆明市物业管理条例》，于2022年6月1日起正式施行，以立法的形式将物业管理纳入社会治理体系，规范物业管理行业发展、统筹解决物业管理难题、促进居住区规范有序。

当前，世界百年未有之大变局加速演进，中华民族伟大复兴进入关键时期，昆明作为云南省的省会，对内是"标杆""龙头"，对外是"边疆""窗口"，在确保团结稳定基础上，加快经济社会发展步伐、逐步缩小区域间差距，重在抓好基层社会治理，抓牢经济社会发展的基础工程、细胞工程。昆明市将立足边疆民族地区实际，精准对标党的二十大精神，聚焦云南省"3815"战略发展目标，围绕昆明市"六个春城"（实力春城、温馨春城、开放春城、绿美春城、幸福春城、效能春城）建设，抓基层、打基础、建机制、搭平台、强队伍，一件事情接着一件事情办，一年接着一年干，着力解决人民群众最关心最直接最现实的利益问题，努力走出一条符合特大城市特点和发展规律的社会治理新路子，打造边疆民族地区社会治理昆明样板，确保到2025年基本形成社会建设现代化体系框架，到2030年社会治理体系和治理能力现代化基本实现，到2035年成为全省社会治理的"首善之城"、国家多民族地区社会治理的"典范城市"和我国面向南亚东南亚和社会治理模式的展示、示范窗口。

党建引领住宅小区信义治理的成都实践

江维
成都市城乡社区发展治理委员会
副主任

  研究发现，在社区领域有非常多需要信义治理的逻辑来推动进行社区治理。小区治理，从物业矛盾入手，我们拓展了非常多的信义治理的场景。在社区场域，以及生活中非常多的场域，不仅仅有物业矛盾这一个方面，还有很多的矛盾，我们需要一个基本的底层逻辑，就是建立信义关系承担信义义务的治理逻辑。

  成都在住宅小区开展信义治理之前，做了多年的社区营造，也就是用五社联动的机制激发社区活力促进善治秩序。党的十九届四中全会提出要坚持和完善共建共治共享的社会治理制度，建设人人有责、人人尽责、人人享有的社会治理共同体。这样的人人有责、人人尽责、人人享有的社会治理共同体，首先是居民和村民要承担起自治的责任。每个人参与公共事务都是有动机的。不管他以什么样的动机参与公共事务，有一个基本逻辑，就是通过在地力量的集体行动合作解决在地的问题、增进共同体福祉，这个逻辑就是社区营造。

成都市的都江堰已建成两千多年，都江堰治水没有修三峡那样高大巍峨的大坝，仅仅靠三个道法自然的水利工程，一个鱼嘴、一个飞沙堰、一个宝瓶口，这三大工程联动，实现了道生一、一生二、二生三、三生万物，保证了这两千多年来岷江的水源源不断流入需要灌溉的田里，造就了天府之国。这是尊重了治水的规律。

在社会治理领域的规律也一样要道法自然。道法自然是要把群众的自我管理、自我服务、自我教育和自我监督的意识和能力用自组织、自治理、自发展的这套逻辑激发出来，让人们能够组织起来，团结起来，相互信任，相互帮助，推动共同行动，积极行动，无论是化解矛盾纠纷还是提供本社区居民所需公共产品，在党的领导下、政府支持下，更多依靠社会的力量、社区的力量去推动解决，而不是事无巨细打12345指望政府去解决，这样才能真正形成人人有责、人人尽责、人人享有的社会生活共同体。

社区营造有三个要素，一是在社区激发居民组成一个个小的共同体，不管是做社区花园、小区治理，还是解决物业矛盾，任何兴趣、爱好、矛盾、纠纷、需求，我们都需要若干自组织，大家通过充分协商形成共识，建立若干共同体规范也就是集体行动的规则来合作生产我们小区和社区的公共产品，这就是成都社区营造的三个要素。

简单来讲，在美好社区愿景的驱动下，一群又一群人在共识规约下开展解决社区真问题的集体行动过程。也是一群又一群有情有义的人，一起做一件又一件利人利己的事情。社区营造，造的是居民的主体性，人的社会性，最为重要的是公共性，也就是人的公共精神。社区营造增加的是社会资本。十多年来，成都通过社区营造，每个社区都有几十个小小的自组织，一起做着各种各样利人利己的事情。

不仅仅在城市社区，还有乡村社区，我们广泛激发、发动社区骨干，让他们走出来、行动起来，建设我们自己的家园。社区花园好多是在城市起来的，在乡村还有一些比社区花园还要更加迫切的公共事务需要大家一起来解决。像我们蒲江县箭塔村这样的完全不需要靠政府出钱，就是自己出工出力、投工投劳，众筹满足自己家园的建设和服务需求。

100多年前的晏阳初、梁漱溟、陶行知、卢作孚等一大批乡村建设者，在那个年代到乡村去解决乡村的愚、贫、弱、私四大问题，他们进行文艺、卫生、生计、公民四大教育，以养成有知识、有生产力、有公德心的人。时间演进到了当下，有知识、有生产力这两个问题基本解决，比较稀缺的是公德心。培养公德心，需要提升维度，除了要继续进行社区营造以外，还要讲信义，通过信义治理重建社会信任。

2021年中央有一个文件，推进基层治理的现代化，提出基层治理要实现社会化、法治化、智能化和专业化，实现四个现代化的路径是通过自治、法治、德治的共建共治共享。成都在探索制度化实现基层治理现代化方面，通过党建引领，开展信义治理，从社区营造行动到信义的制度化安排，使业委会和物业公司在做物业服务、参与小区治理的时候都要遵循这样一个制度安排。

2021年中央全面深化改革委员会第十九次会议强调，不能让良心行业变成逐利的产业。什么是逐利的产业？产业当然要以营利为目的，但是如果是以损害消费者的合法利益为前提去挣钱，就会变成逐利的产业。这应该是全社会的共同良知，信义治理就是把这样的全社会的共同良知推广到所有的良心行业，使其成为常识。良心行业指教育、医疗、养老、托幼、食品、物业服务等行业，凡是作为服务供给的一方，具有专业技术的优势，或者具有知识信息的优势，抑或具有财产管理的优势，等等。提供服务的这一方因为具有各种优势，在提供服务的时候如果去欺负弱小的消费者，这就叫恃强凌弱。良心行业就是要摒弃这样的行为。摒弃不是一句话，而是我们要用一个制度去规范。

弱者对强者托以信任后，强者对弱者必须报以信义。我们把孩子送到学校接受教育，就是把孩子托给学校了；我们到医院看病，就是把生命交付给医院了；我们请物业公司为我们进行物业管理服务，我们交付了我们的财产。交付之后，强者对弱者要报以信义。什么是信义？拆文解字，首先讲"信"，人言为信，就是说到做到，这是诚信。但是光做到诚信还不够，还要讲义，义者，宜也，也就是事情应当应分凭良心就该这样做。怎么做才是义呢？利他为义，扶弱为义，公众行利他之事越多，社会的文明程度就会越高。

全国有很多城市都在要求三五年达到业委会全覆盖。好像一个小区选出业委会后，业委会会自动维护居民的合法权益一样。但实际上，如果整个小区的公共收益和物业费不能公开透明，业委会也未必会维护业主的合法权益，有可能是跟物业公司沆瀣一气，侵占小区业主的权利。谁来监督业委会？我们创设了很多机构，一个机构监督另外一个机构，这个机构变质了我们再创设更多的机构监督这个机构，一个又一个创设下去，何时是一个头呢？

解决物业矛盾纠纷这个问题，居民有强烈的诉求。2019年成都从武侯区开始试点，现在全市已经有200多个小区开展了信义治理。在小区治理体系中，党建引领利益相关的各方，通过在物业、业委会和业主之间建立信义关系，秉持信义精神、遵守信义义务，这样一个合作的过程，就成为住宅小区信义治理。

具体来讲，信义治理三句话可以解释：一是公开透明。二是开放参与。三是信义为本。最为关键的就是信义为本。

信义为本就是受托人要尽信义义务。什么叫信义义务？信义义务在信托法是一个法定义务，同时也是道德义务。根据《中华人民共和国信托法》第25条规定，受托人，提供服务的这一方不仅仅是人言为信，说到做到，还要为受益人的最大利益服务。这是义的一个方面。信义义务有两个核心义务，一个是忠实义务，一个是善管义务。

忠实义务就是忠诚、干净。善管义务就是受托人运用自身的信息、知识、技术等优势为受益人最大利益服务。受托人不仅按照跟受益人签订的合同条款完全做到，而且为了受益人的利益最大化，在这个合同条款规定的言不及义处，受托人还要尽最大努力，为服务对象的最大利益服务，这就是信义的忠实义务。不管是交的物业费还是公共的收益，忠实义务首先是财产独立，将这笔财产存入信托账户，跟物业公司的利益冲突相隔绝，修起一道保护资金的防火墙。物业费加公共收益合在一起，其中的一部分给物业公司作为信义义务报酬，剩下的全部归小区里公开透明的服务，禁止不当利益的取得，禁止利益冲突。忠实义务最关键的一点就是禁止利益冲突。所谓利益冲突，就是把受托人置于与受益人你多我就少，我多你就少的利益冲突的位置上。我们通过信托制把利益冲突在制度上进行屏蔽，通过制度的规范来约束受托人必须尽到信义义务。

善管义务就是受托人要像管理自己的财产一样谨慎和专业。诚实信用义务和信义义务的区别是什么？就是要求信义义务的义务人在信义关系中为另一方当事人的最大利益服务，就是"全心全意为人民服务"。就是要求我们的物业公司、我们的医生、我们的老师、我们的食品生产者在提供服务的时候，一定要以为另一方当事人的最大利益行事。没有经过权利人同意，不得利用自己进行服务、进行管理的优势角色为自己谋取利益。

信托制物业，把信托制一分为二。一部分给物业服务人合理、有尊严的信义报酬，另外一部分公开透明给全体小区业主知晓。

除了信托制物业以外，在成都还有非常多的拓展应用场景。大家可能都有预付费消费的经验，当你交付预付费后，商家一旦破产或者卷款潜逃了，你的钱就没了。如果也是用信托制，用一个独立的财产账户把这个钱隔离保护起来，商家每进行一次服务，就由信托财产的管理方给商家划拨一次服务费用，即便这个商家没有服务完就破产了，钱还在。

社区基金会是我们在社区治理领域的一个公益慈善和社区

发展治理的引擎，社区基金会作为大型基金会的受托人，作为在地捐赠人的受托人，必须履行信义义务，对所有的服务对象、资助人，捐赠人都必须公开透明自律接受各方的监督。信义治理一个特别重要的应用场景就是我们每一个人不仅仅是知情人、参与人，同时我们每一个人都拥有对这个服务格局的监督权。

当每一个服务接受人、受益人都拥有知情权、参与权、监督权的时候，我们就不用创设组织进行监督，而是把最终的监督权还给每一个业主、居民，让他们都承担起人人有责、人人尽责、人人享有的这样一个治理格局之中应尽的义务，也享受应得的权利。当每一个受托人都在这样一个信托制的制度化格局之下，自觉自愿地履行信义义务的时候，我们每一次交易、每一次互动、每一次治理，人和人之间的信任就基于这样的制度不断从讲信用到守信义，得信任，不断积累社会运行的社会资本，直到在每一次互动中获得社会信任，获得比黄金还可贵的可持续发展的信心。我们希望信义治理从成都走到更多的城市，从住宅小区信义治理拓展到更多的信义治理场景。

坚持党建引领构筑社会治理共同体 全力打造县域社会治理的"双示范"样板

江海洋

浙江省嘉兴市委常委、嘉善县委书记

县域治理是国家治理的基础所在,也是推进国家治理体系和治理能力现代化的重要组成部分。县域社会治理体系建设作为一项系统工程,从横向上涉及经济、政治、文化、社会、生态文明等不同领域,几乎涵盖国家治理的各个方面;从纵向上涉及中央和地方各个层级,连接国家治理的末梢神经,上承政令、下接村镇,是国家治理最具体的操作环节。

一、县域社会治理的时代内涵

在历史发展、战略推进和制度变迁的进程中,县域始终是国家治理的权力"接点"、战略"接点"和政策"接点"。

（一）县域治理是国家治理的权力"接点"

习近平总书记在中共中央党校县委书记研修班学员座谈会上的讲话中指出："在我们党的组织结构和国家政权结构中，县一级处在承上启下的关键环节，是发展经济、保障民生、维护稳定、促进国家长治久安的重要基础。"[①]县治则国安，县富则国强，县一级的工作做好了，党执政兴国的基础就稳固，整个国家治理也就有了广泛而坚实的基础。如果县域治理能力不足，国家治理就是空中楼阁，中国式现代化道路将失去根本土壤。因此，县域治理现代化是国家治理现代化的权力"接点"，更是固基之石，为国家治理现代化奠定了重要基础。

（二）县域治理是国家治理的战略"接点"

在改革发展的过程中，各个地方结合地域特色摸索出了许多地方性的经验，这些地方性治理经验为党和国家的决策部署提供了参考，也是中国特色社会主义在地方的生动实践。县一级是改革发展的排头兵，是中央各项决策部署在基层的具体执行者，是国家治理水平的重要体现力量。在实现现代化的过程中，县一级在改革发展中面对的问题，在县域治理现代化过程中形成的经验，都将为国家治理提供重要的信息、要素和思路。这些具有地方特色的县域治理经验、县域治理成绩，将成为国家治理的战略"接点"。系统总结各个地方的县域治理经验，及时将成熟的地

---

① 《习近平著作选读》第1卷，人民出版社2023年版，第333页。

域治理经验上升为国家层面的治理制度和机制，是国家治理现代化的重要内容之一。因此，只有不断在推动县域治理现代化的过程中进行改革创新，才能为国家治理现代化不断地注入新的活力和动力，探索出一条具有中国特色的国家治理现代化之路。

（三）县域治理是国家治理的政策"接点"

如何把中央的顶层设计落到实处，如何使全面深化改革的任务达到"全面""深化"的效果，最终落点在县域、在基层。县域治理最大的特点是既"接天线"又"接地气"，在国家治理体系中起着"稳定器"和"平衡器"的作用。中央的各项部署都需要县一级政权具体推动至广阔的城乡社会，县一级对中央各项决策部署的理解和执行能力，直接决定了国家的各项政策能否在基层真正落地生根。在县域治理过程中，是否能够真正贯彻中央的精神和思路，将直接影响国家治理的效果和水平。在全面深化改革的进程中，没有县域治理的现代化，国家的各项改革就无法真正落到实处，各项政策措施就不可能真正得到有效执行，国家治理现代化也无法全面深入推进。因此，国家治理体系和治理能力现代化，离不开县域治理现代化的有效推进，只有通过县域治理现代化，把国家治理在基层的根牢牢扎住，才能形成系统的国家治理现代化制度体系，推动国家现代化建设。

二、嘉善县域社会治理的主要做法

嘉善是习近平总书记曾经的基层联系点，是全国唯一的县域科学发展示范点和长三角生态绿色一体化发展示范区的重要组成部分。近年来，嘉善以打造全国最具安全感县域、党群干群关系最融洽城市、"嘉域善治"的县域社会治理体系示范样板为目标，坚持服务发展，防范化解风险，破解治理难题，积极在县域社会治理方面努力探索，形成了党建引领、网格智治、法治保障、多元协同、以民为本、区域共建的社会治理"六位一体"治理格局，2020年获评中国社会治理百佳示范县市第22位，同时平安建设实现"十五连冠"、被授予"一星平安金鼎"；2021年获评中国最具安全感百佳县市第47位；2022年获评全国投资潜力百强县市第23位。主要从六个方面进行探索实践。

（一）坚持党建引领，增强县域治理的核心动能

党政军民学，东西南北中，党是领导一切的。近年来，嘉善县将党领导的制度优势、组织优势和党员先锋引领作用贯穿于县域社会治理的各个方面和全过程，走出了一条具有嘉善特色的党建引领社会治理、促社会和谐稳定之路，为推进县域社会治理提供了坚强保证。

第一，坚持党的领导核心作用。积极树立社会治理的新理念，突出党委在社会治理中的主导地位，把党委角色从"划桨人"转变为"掌舵者"，将社会治理工作纳入党委总体工作进行统一领导、统一规划，打破部门分割、力量分散问题。按照党委"总揽全局、协调各方"的原则，组建由县委书记和县长担任组长、县委副书记任常务副组长的工作领导小组，落实党委、政府主要领导听取社会治理工作汇报和调研机制，形成了主要领导亲

江海洋 ▶ 坚持党建引领构筑社会治理共同体　全力打造县域社会治理的"双示范"样板

自抓、分管领导具体抓、班子成员协助抓、县镇村三级联动抓的"上下贯通、一体推进"的社会治理工作格局。

第二，推动基层党组织覆盖。按照简便灵活、高效务实的原则，以"党建统领，网格智治"为抓手，狠抓基层党组织建设，将党组织建到基层网格、党员家门口、群众身边。坚持支部建在网格上，进一步推进网格架构与基层组织体系深度融合。在各镇（街道）全面推行网格长与网格支部书记"一肩挑"，着力强化网格党组织政治功能和作用发挥，调动激活网格内的部门（单位）、社会组织等资源力量，不断强大组织优势聚合治理优势。同时，以社区党组织为核心，推动区域内的党政机关、企事业单位和两新组织党组织与社区党组织结对共建，吸收共建单位中管理协调能力强、热心社区事业的党员负责人兼任社区党委副书记或党委委员，建立社区公约、社区协商议事机制，共同推进社会协同治理。

第三，深化"放管服"机制改革。不断强化政府社会治理职能，特别是以基层需求为导向，以"县乡一体、条抓块统"集成改革为契机，深化"大综合一体化"行政执法改革试点工作，先后落实10余项县综合执法指导办出台的改革方案、推出100余项改革任务、完成862项行政处罚权下沉。

（二）织密网格管理，夯实县域治理的基层底板

党的二十大报告中，习近平总书记对"完善社会治理体系，完善网格化管理、精细化服务、信息化支撑的基层治理平台"等作了系统和精准谋划部署，这与总书记在浙江工作时经常说的

"天下大事，必作于细"，是一以贯之、一脉相承的。构建社会治理共同体，不可忽视"社区"这个社会治理共同体建构的基本单元。基于此，嘉善因势利导、因地制宜，以"党建统领网格智治"为抓手，构建县域网格治理的全新底座。

第一，强体系，实现从"挂在心上"到"抓在手上"的转变。坚持党建统领基层社会治理一张网建设，完善"县—镇街—村社—网格—微网格"治理体系。一方面，推动力量在网格集结。细化818个基层网格，全面配齐配强专职网格员，加快"警格+网格"融合，进一步发挥平安书记（主任）、网格辅警作用，协助村（社区）开展新居民管理服务、矛盾调处等工作。打造"专职要加强、兼职要规范、包联要到位"专兼联"三位一体"治理团队，按照"1+3+N"模式配备网格力量8772人，基层治理能力持续提升。另一方面，推动制度在网格落实。抓好专职网格员、平安书记（主任）、网格长等相关制度落地见效，全面落实网格治理村（社区）月会制、网格周会制，研究网格工作任务，研究解决矛盾纠纷、信访维稳、消防安全等事项。

第二，优服务，实现从"一呼百应"到"未呼先应"的转变。完善"服务进在网格、问题解在网格、矛盾化在网格"的"三在"工作机制，实现"人在网中走、事在格中办"。一是走亲连心问民情。常态化开展连心走访，全面收集企情民情，为企业、群众排忧解难。坚持线上线下联动，全面使用"浙里网格连心"应用，用好连心走访、战时集结、红哨组团等功能，每月确保连心走访覆盖率、问题办结率、群众需求完成率等走在全市前列，推动实战实效。二是汇集资源优服务。深化"镇街吹哨、部门报

江海洋 ▶ 坚持党建引领构筑社会治理共同体 全力打造县域社会治理的"双示范"样板

到"、社区"大党委"等机制，紧盯群众"急难愁盼"，用好居民点单、社区派单、委员接单、群众评单"四单"机制，解决好网格内收集的群众诉求，提升居民群众的获得感、幸福感。特别是针对为老服务，做深做实"浙里康养"，推动城乡一体"颐养智享"应用，做好"颐养券"数字津贴等工作。同时，进一步加强工作网格建设，依托工业社区党群服务中心，深化驻企服务。三是聚焦重点破难题。重点推动融合型大社区大单元智治破难、新居民集聚地党建等工作。实现新居民党组织应建尽建，结合"阳丽平党代表工作室""小方微网格长工作室"等现有品牌载体，进一步挖掘一批优秀的新居民党员群众担任网格员、微网格长或网格党支部书记，推动"以新为新"。深化新居民党员"初心讲堂""小哥夜校"等工作，开展新居民创业引导、就业指导、失业帮助工作，帮助新居民安居乐业。

第三，明责任，实现从"要我做事"到"我要干事"的转变。高度重视网格治理这一县域治理的基础性工程，进一步强化工作责任，筑强最小治理单元，守牢"除险保安"第一道防线。一是狠抓责任落实。坚持把党建统领网格智治作为重大任务来抓，全面加强组织领导，把网格建设和做好基层社会治理"四平台"更好贯通起来，形成一级抓一级、层层抓落实的网格治理良好氛围。二是推动点上出彩。积极挖掘并宣传好网格内服务"一老一小一新"等群体的先进典型，每年打造一批最佳实践案例，在全县营造浓厚舆论氛围，纵深推进党建统领网格智治工作。2022年11月，嘉善县首次开展星级网格员评定工作，对首批190名星级网格员进行表彰，取得了积极社会反响。三是落实督促指导。加强对工作落实的督导检查，结合"除险保安"行动，县级层面组建"9+2"督查组（9个驻点督查组和2个综合督查组），对网格工作落实情况进行驻点式督查和常态化巡查，严格实行每周晾晒、反馈、整改、验收的问题闭环机制。对走形式、走过场、敷衍了事的，视情况予以通报批评、挂牌整治，确保网格真正发挥实效作用。

（三）坚持法治保障，理顺县域治理的基本秩序

法治是国家治理现代化的基本条件，也是各级政府治理能力现代化的根本标志。习近平总书记指出，依法治国的根基在基层。县委书记要做学法尊法守法用法的模范，善于运用法治思维谋划县域治理。近年来，嘉善县牢固树立依法治理理念，在县域治理过程中大力推进"法治嘉善"建设，着力提高政府依法行政、公民依法行事、社会依法运行的意识和能力。

第一，始终坚持依法行政。注重增强各级干部法治思维，建立县委县政府法律顾问、县委常委会、政府常务会议会前学法、领导干部述法等制度，全面实施领导干部法治意识提升工程，严格落实领导干部宪法宣誓制度，每年开展领导干部法律素质抽选测试，被浙江省政府列入全省法制机构和法律顾问履职能力建设"最佳实践"专项培育计划。全面推行民主决策、专家咨询和民生事项公众听证等制度，建立重大决策社会稳定风险评估制度，确保重大公共政策、重大管理措施、重大改革措施、重大工程项目、重大群体性活动等重大事项做到应评尽评，防止决策不当引发社会矛盾。切实强化责任督察，建立并严格实施法治建设责任

督察制度，依法治理任务得到全面落实、责任得到有力压实、效果得到有效抓实。

第二，全面发展基层民主法治。坚持普法教育与法治实践有机结合，提升全社会的法治观念和法治素养。全面推进民主法治示范村（社区）等基层法治创建，打造"美丽乡村　有法更美"等基层民主法治建设品牌，成功创建国家级民主法治示范村（社区）3家，省级民主法治示范村（社区）50家，市级以上民主法治村（社区）占比83.5%。全面推广"一村（社区）一法律顾问"制度，加快构建基层法律公共服务平台，174个村（社区）全部聘请律师担任法律顾问，常态化开展村务"法律体检"、选举公证、法治宣传、依法化解矛盾等。组建法律服务巡诊团、村（社区）法律法规讲师团、民情工作室，建成各类基层人民调解组织208个，深化基层法治宣传，依法依规处理乡村民事纠纷和各类事务，让法律在基层"看得见、听得到、摸得着"，引导公民自觉守法、办事依法、遇事找法、解决问题用法、化解矛盾靠法。

第三，创新机制提升治理效率。着眼编织城乡一体的社会治理网络，整合20个部门政务热线和17个部门执法指挥职能，实行"12345"一号对外、集中受理、分类处置、统一协调、各方联动，服务范围延伸到农村，村民办事咨询"最多问一次"，有效解决基层治理中的"关键小事"。实施综合行政执法改革和"全科网格"省级试点，整合行政资源，搭建基层综治工作、市场监管、综合执法、便民服务"四个平台"，重构执法工作流程，实现综合执法"最多查一次"，通过高效行政来确保社会治理精准延伸到每个角落，有效解决镇村看得见管不着、县里管得着看不见的问题。嘉善县基层治理四平台"两化同步"改革项目在全省法制办主任会议上作经验交流。2021年，四平台共执法办案1779件，同比增加11.41%，网格员共采集各类信息19.2万条，办结率达99.4%，其中98.8%的事件在镇一级得到有效解决，"四平台一网格"在基层社会治理中作用日益显现。

（四）坚持多元协同，提升县域治理的内在效能

县域治理是一篇大文章、一道大命题，必须有大格局和大视野，以多元协同、融合提升治理效能。近年来，嘉善坚决打破就事论事的传统思维，充分用好源头治理、综合治理、科技治理，全面提升社会治理科学化、精细化、智能化水平。

第一，突出源头防范。坚持抓早抓小、工作在前、预防为主，创新信访工作机制，进一步压实信访工作责任，从源头防范和化解矛盾风险隐患，狠抓初信初访化解和信访积案攻坚，全面推进信访超市和信访代办建设，依法及时就地解决群众合理合法诉求，全县信访生态不断好转，各级集体访登记批次和人次都呈现大幅度的下降。深入实施"一体两翼三基四联"模式，系统构建以"防火""灭火""治理"机制为三角支撑的"一体两翼三基四联"基层维稳工作体系，进一步把责任压实在一线，把力量充实在一线，把矛盾化解在一线。比如，嘉善县大云镇建立每周信访隐患化解工作例会制度，牵头领导、包案领导组织召集，每次安排2个村（社区）及相关条线部门，由村书记逐一介绍案情及调处难点，条线部门给予指导意见，共同拟订化解方案加以

江海洋 ▶ 坚持党建引领构筑社会治理共同体　全力打造县域社会治理的"双示范"样板

化解，实现了"小事不出村、大事不出镇"。坚持把非诉讼纠纷解决机制挺在前面，深入推进诉源治理，开展"无讼村（社区）"创建，从源头上减少诉讼增量，扭转疲于"灭火"的被动局面，2021年民商事收案同比下降12.4%。积极探索推进"自治、法治、德治、智治"相结合的"四治融合"建设，通过理念引领、载体创新、资源整合，有效提升基层社会治理能力和实效，目前已成功"四治融合"示范村51家，推动琐事不出村、矛盾不上交。比如，嘉善县天凝镇洪溪村就是一个典型的"三治融合"示范村，通过"问政于民+还政于民"，让民做主，提升自治水平，"法律体检+道德名片"，厚植"同心合力"土壤的方式，将矛盾化解在基层，让人心凝聚在乡村。该村的典型经验在2019年1月3日央视《新闻联播》作了报道，并荣获中国最美村镇"治理有效奖"，实现了小乡村的大振兴。

第二，突出综合治理。近年来，嘉善以推进社会治理领域"最多跑一次"改革为目标，在全市率先建立县级矛盾纠纷调处化解中心，实现信访、仲裁、诉讼等20个部门56名人员成建制进驻、无差别受理，建立"五事会诊"专班与"群体事急诊"专班，提供"访、调、仲、诉、引、育"全链式服务，实现群众矛盾纠纷化解"最多跑一地"，全县民商事案件下降12.4%，群众办事满意率达99.8%，按时办结率98.51%，该做法得到了时任浙江省委常委、政法委书记王昌荣和嘉兴市委书记张兵点赞。同时，积极引导社会力量共同参与社会治理，建立由90个县级部门、118个村、127个企业、36个城市社区组成的"四方红色联盟"，每年确定一批共建项目清单，合力推进城乡环境整治、矛盾纠纷排查、普法宣传等基层治理工作。加快推进"三社"互动发展，在党组织领导下建立村务协商议事会、党群议事会等协调组织，统筹协调村委会、经济合作社、村务监督委员会、调解委员会、群团组织等各类组织，共同参与基层治理。

第三，突出智能支撑。着眼社会治理智能化趋势，在全省率先全域建成"智安小区"，同步推进智安街道建设，人过留影、车过留牌，实现街区全程智慧化，全县210个"智安小区"刑事警情同比下降近一半，该经验做法已向全国推广。特别是在疫情防控中，嘉善县"健康码+智安小区"做法作用显著，被时任浙江省省长袁家军称为"精密智控"的社区版。2019年，嘉善县在实现292个"智安小区"县域全覆盖的基础上，启动"智安街道"建设，推动精密智控由小区向街道升级，构建县域安防的整体智治生态。同时，立足街面应急案事件处置快速反应，建立9个城区联勤警务站，构建形成PTU、无人机、出警车、摩巡、步巡、犬巡以及动态视频全覆盖的网格化、立体化、智能化多警种联勤巡控勤务新模式，出警平均到达时间由30分钟缩短至5分钟以内，周边地区侵财案件发案同比下降36%。

（五）坚持以民为本，筑牢县域治理的公众基础

为了人民、依靠人民是我们党一切工作的生命线，只有主动适应社会主要矛盾的历史性变化，更好地了解民情、集中民智、维护民利、凝聚民心，才能使社会治理的成效深深扎根于人民群众之中。近年来，嘉善县坚持把人民利益放在最高位置，着力解决当前群众最关心、迫切的问题，确保县域社会治理过程人民参

江海洋 ▶ 坚持党建引领构筑社会治理共同体　全力打造县域社会治理的"双示范"样板

与、成效人民评判、成果人民共享。

第一，注重实现零距离互动。实现县域治理现代化，核心是推动问题解决，关键是突出群众主体，根本是确保群众满意，让群众成为最大受益者、最广参与者、最终评判者。我们大力开展"三服务"活动，统筹推进"百名领导干部蹲点调研、百个村（社区）减负增能、百个民生项目领办攻坚、百个机关部门简政提效、千家企业重点帮扶、千个基层党组织结对帮扶"六大专项行动，全力实施"基层出题、机关答题，领导点题、部门破题"四题式命题破难行动，创新"民生小事"双通道交办、双限时办理，2021年以来共解决各类难点堵点问题6075个，群众满意率达98.62%。与此同时，深化新时代"网格连心、组团服务"，推动干部"往下跑"，嘉善县10094个微网格落实10134名党员干部担任微网格长，做到农村一长联十户、城市一长联一楼、园区一长管一企，并依托"微嘉园"深化"微治理"，通过亮身份、亮承诺、亮服务，做到人在格中走、事在格中办，以"微网格"撬动"大治理"，成为平安嘉善的坚实屏障。

第二，注重改善民生事业。我们坚持把满足人民群众美好生活新需要作为推进县域社会治理现代化建设的出发点和落脚点。近几年，政府财政用于民生支出始终保持在80%左右。围绕"美丽嘉善"建设，实施"三改一拆"、小城镇环境综合整治、农村人居环境整治百日攻坚、垃圾分类等专项行动，生态环境面貌持续改善，生态环境公众满意度实现十连升。用心办好民生实事，新建县图书馆、博物馆新馆，已成为市民"网红打卡地"，加快推进浙师大附属嘉善实验学校、嘉善二院、文化礼堂、城市智慧书房等一批民生项目。同时，为更好方便群众，全面开启"医后付"新型医疗费用结算模式，在全省率先出台深化养老服务综合改革推进养老服务业高质量发展的意见，启用全省首个公建民营失智老人照护专区，人民群众的幸福感、获得感持续提升。

第三，注重坚持文化引导。嘉善因"民风淳朴、地嘉人善"而得名，有着"善"的地域人文特质。近年来，嘉善充分挖掘"地嘉人善"的历史传统文化和地域人文，打造"善文化"区域道德品牌，让"善文化"进村入户、进校入企，融入农村百姓日常生活，为基层治理注入善的基因，推动基层向善从善。大力推进基层文化阵地建设，建成了遍布城乡的文化礼堂、文化活动中心、书场书屋，以文化礼堂为平台，加载村民会议、文艺演出、体育活动、法律咨询、社区服务等功能，建成群众的精神家园和基层公共服务综合体，以文化人，以服务凝聚人。2021年，全县农村文化礼堂开展各类活动2900场次，近16万人次参与，促进农村和谐文明。结合创建全国文明城市，聚焦党员干部、学生、企业职工、市民群众、新居民等5类重点群体，开展思想道德主题活动600余场次，大力弘扬社会主义核心价值观，提升公民思想道德素质。大力开展文明村镇、文明家庭等创建，开展"善美文明家庭""新乡贤""道德模范"等评选，涌现出陈阿条等6位中国好人、20多位浙江好人、各级道德模范、"最美教师""最美家庭"等500多例，形成"身边最美人物"的榜样力量。

（六）坚持一体赋能，共绘县域治理的协作蓝图

2018年，长三角一体化发展上升为国家战略。2019年11

江海洋 ▶ 坚持党建引领构筑社会治理共同体　全力打造县域社会治理的"双示范"样板

月，示范区正式揭牌出征，嘉善既是示范区建设的受益者，更是示范区建设的参与者，我们牢固树立"一体化"意识和"一盘棋"思想，不断深化改革创新，特别是在社会治理领域，全面加强跨区域协作。2020年8月，青浦、吴江、嘉善三地签订合作框架协议，携手共建"C位长安"工作品牌，助力推进高质量平安建设、法治建设一体化发展，努力建设更加安定有序、更有城市韧性的示范区，服务保障国家战略。目前，三地通过智慧联建、案件联办、矛盾联调、普法联心"四联机制"，累计形成了96项创新合作项目。

第一，智安联建，织密平安护航颗粒度。一方面，在示范区积极推广嘉善"智安小区""智安街道"建设，三地联合举办20余次交流对接活动，共同研究部署智慧安防建设，努力构建青吴嘉全域智慧安防新生态。三地公安机关率先实现了数据和视频的共享，近两年来，联合打击跨省犯罪团伙64个。另一方面，联合青浦、吴江创新推出"一点两检"查控模式（即一处卡口、两地公安联合检查），共享信息化系统数据，共同派驻警力开展双向查控工作，合力保障疫情防控和重要时间节点的平安稳定。2022年，嘉善县牵头建立水上"一点四检"联合查控模式，全面推进示范区水域治安防控体系立体化、信息化、智能化水平。

第二，案件联办，扎牢生态绿色防护网。针对"三难管"地带，联合青浦、吴江出台"共护绿水青山"28项措施，创新警长、河长、检察长"三长联动"机制，47个跨界河湖等得到有效治理。针对"执行难"问题，牵头建立"长三角示范区执行在线"，在全国首创跨省域执行数字协同，三地累计发起协作事项

296项，办结224项。该创新成果被最高人民法院写入《人民法院服务和保障长三角一体化发展司法报告》，入选2021全国社会治理创新案例、示范区政法协同十大经典案例。针对"请假难"困扰，在全国率先破难，建立一体化协作机制，统一请销假标准，先后保障示范区287人次的社区矫正人员因生产经营等需求请假外出，获最高人民检察院的充分肯定。

第三，矛盾联调，夯实跨域治理基础桩。成立联调委员会，构建三地联调专家库，33名调解员、律师、行业专家入库，通过线上、线下联动，定期会商难点问题，2022年以来，联合排查、调处矛盾纠纷22次。设立跨省域"共享法庭"12家，累计开展网上立案、调解指导、在线诉讼等服务120余次。完善平安边界"十联"机制，织密边界综合治理网络体系，联合开展联治联防等行动110余次，破解边界社会治理难点21个。

第四，普法联心，擦亮宣传教育新品牌。实施法治文化联展，牵头打造三地法治文化VR互览平台，通过网上联展等形式，促进示范区法治宣传共进、法治文化共享。如，2021年，嘉善县承办浙江省优秀政法书画摄影作品评展活动，同时邀请青浦、吴江政法部门共同参与，对100件优秀作品进行展出，促进了政法文化和品牌互相交融。开展学习教育联办，结合教育整顿工作，建立三地政法英模库，开展线上线下巡回宣讲活动，累计开展各类宣讲45次，受教育人员3200余人次。推进普法维权联动，举办"家暴零容忍，幸福共守护"反家暴实务视频研讨，三地签订反家暴合作协议，利用线上线下资源创新开展普法宣传、讲好维权故事，合力预防化解婚姻家庭纠纷，2022年以来累计接到家暴警情1107起，发放家暴告诫书301份，持续跟踪33件。

三、对未来的工作展望

近年来，嘉善全县上下高度重视社会基层治理，努力构建全域协同多元参与的县域社会治理体系，在探索与实践过程中，发现存在不少固有顽疾和改革的梗阻。比如，多元协作机制还无法适应经济社会深刻变革带来的挑战，公共服务供给水平还无法全面满足民生多样化、个性化需求，同时县域人口结构日益复杂、社会风险隐患不断叠加也对基层社会治理提出更高的要求，带来更大的挑战，需要我们在今后的工作中继续坚持全域协同多元参与的理念，积极探索新方法、新路径，不断完善县域社会治理体系、提升县域社会治理水平。

（一）构建平安共同体

深化"大平安"工作格局，组织各镇（街道）、各部门单位开展"平安细胞工程"，在纵向打造平安镇街、平安村社、平安网格、星级平安小区、平安家庭为主要线条的平安"合纵体"，在横向打造平安校园、平安医院、平安交通、平安企业、平安市场等各行各业为主要单元的平安"连横体"，不断细化平安颗粒度，打造横向到边、纵向到底的平安和社会治理共同体，不断夯实基层基础，守护人民平安幸福的第一道关口。

（二）架好善治同心圆

进一步健全党领导下的社会治理多元参与体系，深化新时代"枫桥经验"和"四治融合"等工作机制，进而完善社区治理架构、建立多方联动机制、扩大社区居民参与、整合社区资源并注重多元主体参与和协作，构建共建共治共享社会治理格局。对于嘉善来说，要用好"善"文化这张金名片，以善为本源，培育打造更多的社会组织共同参与社会治理，培养发掘更多的"嘉善好人"踊跃投身社会服务，团结凝聚广大社会组织、人民群众心往一处使、劲往一处用，不断激活基层社会活力，为"四治融合"注入嘉善元素。

（三）激活治理神经元

深入推进社会治理"五基"建设三年行动，打好固本强基持久战，不断提升神经末梢灵敏度、中枢神经反应处置能力、智慧大脑指挥功能。特别要深化党建统领网格智治，进一步推动网格精细化管理，系统优化"1+3+N"网格力量的工作职责，完善"报办分离""吹哨报到"制度，紧盯事关人民群众生命财产安全的各类重点事项，加强网格走访排查，切实提高办事质量；规范提升"警格+网格"双网融合，配齐配强民（辅）警，与网格员形成优势互补，推动"快响快处"；发动志愿者、乡贤、社工、新居民等力量参与网格治理，不断夯实基层底座，全面提升神经末梢的灵敏度。

（四）扩大共治朋友圈

紧扣"一体化""高质量"这两个关键词，与青浦、吴江、嘉善携手深耕一体化制度创新"试验田"，在社会治理领域，深入推进"C位长安"品牌建设，完善"1+5+N"跨域协商机制，聚焦示范区民生现实需求，围绕跨区域的矛盾纠纷调处化解、治安联防、案件办理、法律服务、民生保障等重点领域、重点问题，继续加强创新探索，努力在长三角乃至全国率先破解跨省域的社会治理难题，提供可推广、可复制的先进经验，吸引更多的兄弟城市共同参与，推动长三角共建共治共享。

党建引领走出基层治理新路径

曹智
邳州市委书记

治国安邦，重在基层；管党治党，重在基础。党的二十大报告指出，要坚持大抓基层的鲜明导向，推进以党建引领基层治理。2022年以来，邳州坚持以习近平新时代中国特色社会主义思想为指导，主动应对城市化进程加快、群众需求多元化等新形势，积极探索党建引领基层治理新路径，不断将基层党组织的政治优势、组织优势转化为治理效能。

一、夯实基层基础，将党的建设贯穿基层治理全过程

习近平总书记指出，要把加强基层党的建设、巩固党的执政基础作为贯穿社会治理和基层建设的一条红线。邳州以列入全国党建引领乡村治理试点为契机，构建党组织领导下的全区域统筹、各领域融合、多层面联动的基层治理新格局。

（一）以践行"三问四有"为主题

通过深化"争当三问公仆、争做四有典型"主题实践，引导党员干部坚守为民初心，坚持以人民为中心的发展思想，常态化开展"大走访、大排查、大化解、大提升"专项行动，自觉问需于民、问计于民、问效于民，推动基层治理由"单向管理"向"共同治理"转变；砥砺使命担当，做到有定力、有血性、有本领、有品行，在服务发展、服务群众、服务稳定一线发挥先锋模范作用，筑牢战斗堡垒，提升基层治理水平。

（二）以"FENG系列"品牌为主线

结合邳州实践探索，创新实施基层党建"FENG系列"品牌，激发基层治理活力。"锋聚"突出先锋集聚、赋能社区。开展"旗帜引领""亮牌示范""案例评选""榜样选树"等行动，引导党员"到社区报到、为群众服务"，129个先锋志愿服务队常态化融入社区，9965名党员前往社区报到，精准入网联户，激活城市基层治理动能。持续深化"金牌行动"，评选"金牌工匠""金牌党务""金牌服务员"，在发展一线培树先锋模范。"丰创"突出村强民丰、创新创业。通过支部带领、党员带头、能人带动，抓党建促进乡村振兴。深化公共空间治理，盘活村集体资源，增加集体收入。建立跨区域跨领域乡村振兴党建联盟43个，开展村书记亮"项"话振兴活动，比学赶超氛围日益浓厚。"烽领"突出烽火淬炼、雁阵领航。提升干部能力素质，为基层治理插翅赋能。举办村书记后备人选示范培训，建立村（社区）书记后备百人库，颁发五星村（社区）书记奖牌。实施村级党组织组织力提升工程，按照3∶6∶1比例划分先进、较好、后进三个格次，分别悬挂"红橙黄"榜。全面推开村书记专业化管理，严格落实村（社区）干部报酬，开展村（社区）党组织书记队伍专项整顿。"蜂享"突出暖蜂聚蜂、共建共享。织密新业态新就业群体服务网格，推动组织赋新、赋能领新、关爱暖新、治理融新，打造基层党建品牌矩阵。实施"十百千"工程，建设10个蜂享中心，打造100个服务驿站，挂牌1000家"暖蜂商家"，构建新业态新就业群体"五分钟服务圈"。成立新业态新就业群体党建联盟，推出30余项专属政策礼包，推动基层党建接地气、得人心。

（三）以"基层党建书记项目"为抓手

坚持"书记抓、抓书记"，抓住"关键少数"，压实党建责任，建立闭环体系，督促各级党组织书记履职尽责，营造"大抓党建、大抓基层"的浓厚氛围。聚焦破解基层党建工作的难题，开展市委常委会集体调研，实施99个基层党建书记项目，与中心工作相结合开展党群活动，推动党建工作走深走实。同时，推行机关企事业单位与镇（街道）、村（社区）党组织联建共建，开展"机关党员两下沉，惠企为民当先锋"实践活动，组织机关党员干部自觉下沉到产业项目一线、下沉到村居社区一线，摸实情、解难题、抓推进、促发展，组建先锋服务队，通过开展主题性集中服务、订单式日常服务、组团式专业服务、补位型应急服务，激活城市基层社会治理新动能。

二、打造红色物业，让党的旗帜在城市小区高高飘扬

基层社会治理涉及面广、情况复杂，而物业是其中与多方紧密联系的关键一环，是群众关注的热点、基层治理的难点。据统计，邳州城区有各类住宅小区518个，人口约50.6万；另外，近三年新建农村新型社区28个，人口约2万，居民小区日益成为基层社会治理的重心。同时，小区物业矛盾问题多发频发，2021年，"民声通"平台收到物业服务类相关诉求，占到总诉求量的16.52%。2022年以来，我们强化党建引领，以小区治理为切入点，创新打造"红色物业"，有效破解了社会难点堵点，提升了基层治理效能。

（一）强化组织引领，建强红色队伍

加强基层组织建设。成立市物业服务行业党委和4个街道物业行业党总支，推进社区组织进小区，把党支部建在居民小区、建在物业企业，把党小组建在楼道，全市成立物业企业党支部19家、小区党支部121家、楼栋党小组367个，对暂不具备条件的物业企业，选派党建工作指导员，深入物业企业一线开展党的工作，"红色物业"覆盖小区345家，小区党建应建尽建率达100%。壮大基层组织队伍。依托街道党委、社区党总支、楼道党小组、党员中心户组织体系，积极培养社区先锋队伍，尤其注重对物业企业骨干和优秀业委会委员的培养，符合条件的优先发

展为党员，打造出"红色管家"队伍。依托系统党组织架构，规范和支撑业主委员会的组建和工作流程，让社区居委会、业主委员会和物业服务企业步调一致，增强社区基层组织向心力。放大基层组织作用。充分发挥基层党组织的战斗堡垒作用，推进社区党组织和物业服务企业党组织、业委会之间"双向进入、交叉任职"，培养吸纳76名物业企业、业主委员会党员担任社区党组织的兼职委员，92名社区党员在业主委员会（物业管理委员会）兼职委员，或担任物业企业指导员监督员，打破原本物业与社区党组织分而治之的局面，建立"三位一体"运作模式，实现组织和服务全面融合，让社区治理中的分工更加明确、职责更清晰、沟通更高效。

（二）开展共建活动，营造红色氛围

开展全方位宣传引导活动。结合党史学习教育，发挥银杏融媒、新时代文明实践中心等平台优势，在各小区设立"红色宣传栏"，多形式宣传党的政策决策、"红色物业示范点"先进做法等，帮助物业企业和小区居民算好政治账、经济账、社会账，营造共建共治共享的良好氛围。开展全过程培训指导活动。发挥物业行业党委统筹协调作用，加强对物业服务企业党组织工作指导。由政法、民政、住建等部门组建专家团，围绕网络诈骗、矛盾调解、违法搭建等课题为小区物业管理提供业务指导。规范业委会成立流程，加大业务培训力度，持续提升业主委员会履职能力。开展全领域巡查整治活动。针对人民群众反映强烈的物业管理突出问题，重点围绕小区物业收费、服务标准规范、公共用房清理等方面，深入推进专项整治，开展物业领域扫黑除恶，严厉打击"黑业委会""黑物业"和侵占小区公共资产行为，截至目前，全市共清理移交物业用房、社区用房、养老用房近12万平方米，收回小区配套幼儿园62个。开展全社会文明共建活动。结合全国文明典范城市创建、选树"最美邳州人"等先进典型，大力推进文明行业、文明单位、文明小区、文明家庭等评比活动，小区环境品质明显提升，400多个老旧小区得到整治提升，20多个小区获评徐州市级以上示范物业项目和宜居示范居住区，汇龙花园等5家单位获评徐州市级以上党建引领红色物业示范点。

（三）加强制度建设，构筑红色保障

健全多方联动机制。推动建立社区党总支领导下的小区党支部、物业服务企业党支部和业主委员会"三方联动"机制，构建小区共建、要事共商、问题共解的管理模式。整合资规、市场、公安、城管等25家单位执法力量，成立联合执法大队，开展"联合检查""联合执法"，全面整治飞线充电、毁绿种菜、乱搭乱建等小区乱象。深化协商议事机制。建设"红色议事堂""议事点"等协商议事平台，发挥党员、人大代表和政协委员的带头作用，引导小区居民积极参与公共事务，形成"大家事大家办、困难事商量办、商定事坚决办"的协商议事模式。2022年以来，社区召开居民协商议事298场次，第一时间解决了停车难、广场舞扰民等居民身边小事。完善考核评价机制。对70家住宅小区物业开展服务质量考核，加大文明创建、垃圾分类、志愿服务、

居民满意度、物业投诉率等指标权重，设立物业"红黄黑榜"，实行末位淘汰制，依法解聘综合排名后5%的物业，引领物业服务市场不断优化。

（四）发挥党员作用，凝聚红色力量

培树党员"中心户"。深入推进党员"双报到"，引导党员在小区主动亮出身份。推广"党员中心户""党员联户"等做法，鼓励党员业主成立志愿服务队，建设"红色驿站""红色阅读小站""四点半课堂"等平台，为小区居民提供理发、缝纫、维修等各类便民服务和快递、采购、家政等红色代办服务，助推邻里之间互帮互助，健全360°志愿服务体系。推进"社工进社区"。坚持以志愿服务"小切口"做好民生服务"大文章"，东湖街道开展"红心点亮民心、党心温暖人心"工程，350名党员干部下沉小区，零距离服务社区居民，成为感知风险的第一触角、化解矛盾的第一阵地、守护平安的第一防线、服务群众的第一窗口，将邻里关系越拧越紧，让党心民心心心相印。争当社区"网格员"。动员党员志愿者、退休干部等担任小区兼职网格员，零距离服务社区居民。引领全民参与反电诈宣传、护学岗、交通安全、群防群治等网格化治理，推进精细化管理服务。运河街道创新打造"红物业+微网格+议事点"三位一体的社会治理模式，成立"红色物业联盟"，形成党员身份亮起来、协商机制建起来、红色平台搭起来的物管新格局和"红色引领、一网三融"的善治运河工作品牌，在群众的评价中将红色物业的成色不断提升。

三、盘活公共空间，以集体经济壮大助力乡村全面振兴

围绕做好公共空间治理"后半篇文章"，探索实施数字赋能图码管控新路径，坚持数字化梳理、法治化清理、常态化管理、多元化治理，基层治理工作在徐州领先，乡村公共空间治理写入省委一号文件。

（一）坚持数字化梳理，摸清资源家底

绘制一张清单。建立"码、库、图、资源"一体化治理清单，实施市镇村三级包挂，先行在岔河、议堂两镇试点，通过遥感影像、实地测绘等，对村集体土地、四旁地和空闲地等集体资源登记赋码、摸清底数。制定一个标准。出台《邳州市数字赋能公共空间治理实施意见》和城、乡、园区公共空间治理系列规范，明确治理范围和工作制度。建立一个平台。开发农村资源管理平台，建设乡村公共空间基础数据库，推动所有镇村完成测绘成图，明晰产权、盘活存量，实现集体资源"一张图"管理。初步统计，全市可利用集体资源24.27万亩，扣除水面4.5万亩，约占全市耕地面积13.1%，需清理126749亩。

（二）坚持法治化清理，彰显公平正义

强化干部带头。将公共空间治理作为"一把手"工程，市镇村三级书记一齐抓，形成主要领导亲自督导、班子成员和包村

干部沉在一线、村组干部冲在一线的推进机制，始终保持滚动销号、压茬推进的工作态势，核验集体资源做到"村村过、块块到"，厘清了许多陈旧的"糊涂账"。加强党员带头自身清、群众参与全面清、遗留问题组织班子清。如，四户镇顾桥村签订"自身清"承诺书带头清理，带动亲友腾出侵占集体资源。强化依法推进。对不平等合同分别进行劝导收回、协议收回和依法收回，全市摸排出非法侵占集体资源3950宗、低价发包合同2100份。岔河、赵墩等镇借力纪委、公安、法院、资规等条线力量，收回一些建设用地，稳妥化解了一批历史遗留的疑难杂症，工作统筹、业务素养、风险研判等能力显著提升。强化阳光操作。落实农村产权交易规定，深入推进"两进一公开"机制，通过网上公开、村务公开栏等方式，所有赋码地块全部比对核查后公示，所有合同在平台公开规范发包，所有账目及治理增收使用情况及时在村内公开，让群众感受到全过程、全方位的公平正义。车辐山等镇将信访户纳入公共空间治理监督小组，甩开膀子、直面问题，充分赢得工作主动权。

（三）坚持系统化处理，加快强村富民

坚持因地制宜。针对难以整合利用的零散地块，碾庄、议堂等镇创新发展黄骨鱼养殖、柳编等庭院经济；八义集、燕子埠等镇推动设施农业上山，有效解决贫瘠山荒地收益低问题；占城镇山上村、戴庄镇营子村等利用清理土地种植油菜，种出了风景，绿水青山成了"幸福靠山"。整合连片开发。统筹清理资源和流转土地，推动建设用地集中化利用、农业用地连片化经营，全市

新增集体自营地8158亩。推行"集体经济组织+龙头企业+农户"等模式，通过带动就业、土地入股等形式，促进农民和集体"双增收"。新河镇陈滩村、八义集仙庄村等许多村居持之以恒发展村集体经济；港上镇十房村、邹庄镇韩家村、邢楼镇耿庄村、岔河镇良壁村等强力推进低效用地清理盘活，招引落户富民产业项目，推动了集体增收。发展特色产业。依托两个国家级特色产业集群、两个国家级农业园区，因地制宜推进大蒜、生态养殖等产业发展。新河镇陈滩村将清理收回资源建设益客未来牧场，燕子埠黑山村村企合作引入智能肉鸭养殖。官湖镇新华三村利用收回土地建设原木交易市场；宿羊山镇利用殷庄村收回的集体用地建设蒜客服务基地，极大缓解蒜收季节镇区蒜客人流量过大的压力。建设美丽乡村。围绕农房改善、特色田园乡村创建等，利用增收资金、零散地块完善公共服务设施。铁富镇涧沟村、议堂镇潘庄村、八路镇祠堂村等将公共空间治理与农村厕所革命、市场化保洁、农房建设、美丽乡村、特色田园乡村建设等工作有机结合，新建了一批绿地广场、节点游园、景观小品、公厕路灯等公共设施，有效提升了便民服务功能和农村人居环境，加快了农村由"一处美"到"处处美"、"外在美"到"内在美"、"当前美"到"长远美"的进程。

（四）坚持常态化治理，构建善治格局

发挥"马扎议事"、村民议事堂作用，引导群众积极主动参与村级事务，对权属存疑、历史遗留等难点问题进行评议，监督治理工作依法依规开展；结合新时代文明实践活动，丰富文化生

活，维护公序良俗；激励支部、党员、群众在乡村振兴中沉下身子、担当作为。四户镇以地兜底，将收回集体土地以公益价格发包给困难群众，巩固了脱贫攻坚成果。广大群众自治意识、法治意识、德治意识进一步提升，形成了公私界限分明、干群责任明晰、基层治理规范、集体经济壮大、社会共建共治共享的善治格局。

四、创新基层治理，用"大数据+微网格+大巡防"打通服务群众"最后一步路"

以党的建设贯穿基层治理、保障基层治理、引领基层治理，持续深化"大数据+网格化+铁脚板"治理模式，形成全时段、全方位、全要素的全域治理格局。

（一）打通"数据链"，推动全时域治理

依托各类云、网、平台资源，加快构建城市大脑，统筹推进智慧党建和智慧治理。推进市域一网统管。以市域治理现代化指挥中心为中枢，横向接入党建网系统、综合考核管理系统等相关信息系统平台，整合网格化服务管理中心、大数据管理中心、"民声通"、12345政府热线等机构和职能，采集流动党员、行政处罚、涉农资金项目等相关数据3000余万条，同步谋划舆情处置、秸秆禁烧、抗旱排涝等特色应用场景，全面满足社会治理智能化需要，做到风险隐患实时感知、突发事件快速响应、工作指令精准落地，实现治理时间无盲区、全覆盖。强化镇级一键指

挥。建立镇级社会治理综合指挥中心，搭建数据分析研判系统，涵盖即时调度、数据汇总等模块，实时接受群众求助、投诉，在线调度人员解决问题，每周召开例会研判疑难，每月进行点评复盘工作，真正做到基层的事在基层解决。截至目前，仅东湖街道就依托社会治理综合指挥中心，在线解决群众矛盾近万条。优化镇村干部一端服务。将在职党员信息录入到社会治理信息化系统，按照片区成立党员报到群196个，实现4个街道、47个社区全覆盖。同时，创新开发"圩您办"App，内置办公数据、会务平台和实时情况上传汇总等功能，结合App为每个网格配发二维码，实现群众随时"点单"、社区即时"派单"、党员在线"接单"、群众事后"评单"的"四单制"闭环服务模式，"圩您办"App月平均收集处理各类群众诉求900余件，为民服务更加智能高效，党群干群保持连线联动。

（二）织密"微网格"，推动全领域治理

精细化管理服务是基层治理的重要环节，跨部门跨领域统筹力量、织密网格是其中关键一步。按照50~100户为基数，对原有网格进行细分，全市共成立微网格5262个，形成"村（社区）—网格—微网格—户"工作体系。实施"多网合一"整合力量。针对人员配备问题，推行扁平化管理和分布式办公，制定服务导视图，跨部门跨领域统筹防疫、环保、安全等工作力量，推动人社协理员、新时代文明实践联络员、村级后备干部等3000名在职党员干部下沉微网格，走到服务发展一线、服务群众一线、服务稳定一线，由原来粗放的"走街串巷"转变为精准的

"入网联户"，每人联系10户居民，确保每个微网格都有在职党员，每户家庭都有在职党员联系和服务。如运河街道整合防疫、环保、信访、安全、消防等工作力量，按照50~100户为基数，把原网格细分出1099个微网格，街道社区党员干部、聘用人员、条线人员、小区物业等担任微网格员，提升了基层治理的精准度。明确"一岗多责"融合功能。建立以一套工作机制、一张责任清单、一组工作流程图、一个信息化平台为主要内容的"四个一"扁平化基层社会治理架构，每名网格员承担多项职能，统筹开展政策宣传、治安防范、矛盾调处、民生服务等多项工作。推进"多元共建"汇聚力量。设立"网格服务公示牌"、发放"便民联系卡"，开发"我当网格员"小程序，提高群众对网格工作的知晓率和参与度。支持网格员招募志愿者，构建精细化快速响应和协调推进机制，引领全民参与反电诈宣传、护学岗、交通安全等网格化治理。当前，全市1342个志愿服务组织、67万名志愿者，常态化活跃在志愿服务一线。

（三）深化"大巡防"，推动全地域治理

整合各方面力量，建设"大巡防"体系，构建党全面领导下的社会治理共同体，让"铁脚板"打通服务群众"最后一步路"，实现治理区域无盲区、全覆盖。常态化开展"大走访、大排查、大化解、大提升"专项行动。四套班子成员每周至少到包挂镇街走访1次，镇街干部每周至少到包挂村（社区）走访3次，村（社区）"两委"人员每天都要走访入户，推动问题在一线发现、矛盾在一线化解、诉求在一线解决，统筹抓好特殊困难群体的救助

帮扶，加强动态管理，守牢民生保障底线。向内挖潜建强社工队伍。总结提升"周联百户、月访千人、日行万步"经验方法，健全完善社区、社工、社会组织"三社联动"机制，广泛传递党的声音、一线推进社区工作、现场解决百姓"小事"。东湖街道充分整合镇街、村居人员下沉一线，建立社工在一线解决、社区解决、街道解决等层次会办机制，"民声通"群众诉求量、派出所接警量同比下降42%和30.3%。向外拓展做强"巡防联盟"。创新"1名网格长+1名社区民警+1名警务辅助人员+N名网格员+N名微网格员"警网融合联动机制，吸纳小区物业、医院、学校、企业及金融网点等602家单位的党员志愿者、保安共计2599人，构建"巡防联盟"，成立临时党支部，凝聚各个岗位上的党员，加强晚间和节日期间巡查，提升应急处置能力，助推了问题在网格内解决，在救助走失人员、清除占道车辆、处置突发事件等方面取得显著成效，让"铁脚板"切实提升群众安全感。

五、实施"积分制"，引导党群共建共治共享

群众是社会治理的主体。邳州充分发挥基层党组织的引领作用，完善责任、考核、奖惩体系，全面激发党员群众的主体意识，构建共建共治共享新格局。

（一）强化典型带动

先行确定152个村进行试点，其中邢楼镇、碾庄镇、议堂镇3个镇为全域推进。各村（社区）围绕创建文明城市、公共空间

治理、人居环境整治等重点工作，结合本村（社区）实际，创造性地推动积分制在本地落地生根、开花结果。市委组织部根据各村在探索实践中涌现出的先进典型和生动实践，编印了《向上向善　积分积聚——基层善治微积分》案例，生动展现了党员群众助力乡村振兴和社区治理的凡人善举和实际成效，如：相互观望后的破局、早出晚归的"三轮车"、一呼百应的"老姊妹"、这个冬天不再寒冷等。在"银杏融媒"开通积分制专栏，对岔河镇、宿羊山镇等积分制工作情况进行报道，全面加强示范引导。

（二）强化互促联动

一是聚焦共建共享，党员和群众实现互动。如，岔河镇通过实施"六个一"工作法，不断完善"党委抓支部、支部管党员、党员带群众"的"抓管带"机制；官湖镇采用1名党员带动1个家庭，1个家庭带动左邻右舍2个家庭的"112"特色做法，真正"积"活村民的参与热情；赵墩镇开展"村、组、巷、户"四级联评，村民以户为单位进行积分，以村、组、巷为单位进行集体积分，全面激发党员群众参与乡村振兴的热情。二是聚焦智汇赋能，线上和线下实现互动。如，戴圩街道以实施积分制为抓手，对"圩您办"App收集到的部分群众诉求，发挥党群共建力量及时办结，矛盾纠纷同比下降42.5%；宿羊山镇开发"宿事速办"积分制专用App，手机客户端上传活动内容和图片，后台一键审核，自动生成积分和排名，线上积分登记、公示、兑现，更加公平高效；炮车街道建立"积分制管理+网格化管理+智慧联动"平台，实行一网联动，提倡党员正能量、群众主能量，制定

"4+N"的管理制度。三是聚焦互利共赢，村居和商家实现互动。如，运河街道拉动小区附近理发、洗车、餐饮商家入驻积分兑现平台，村居给予一定补贴，商家给予部分让利，党员群众得到实惠，实现多方共赢；东湖街道与大润发、华联欢乐买超市签订积分制合同，社工锋工及党员群众可凭积分卡线下兑换实物，也可在线上积分商城选购下单，同时与各小区周边生活服务类商家合作，社区给予补贴，带动实体业绩，实现互利共赢。宿羊山镇利用大蒜馆设立镇级积分兑换超市，设置本镇产品区、义卖区、二手物品售卖区，拓宽积分兑换范围，将积分兑换超市打造为新型服务综合体。

（三）强化制度引领

探索民主设分、量化赋分、公开评分流程，细化基础分、任务分、附加分构成，统筹线上线下兑换、精神物质奖励，激发群众主体意识，构建共建共治共享新格局。出台《关于在乡村振兴和社区治理中实施积分制的指导意见》，引导各镇（街道）紧紧围绕中心工作和阶段性重点工作，根据自身实际情况，分别制定了积分制实施细则，印制了积分卡。实施积分管理、星级评定等鼓励激励机制，将积分情况作为党员干部晋职晋级、年度考核、表彰奖励的重要依据。同时，推广参与机制，25个镇（区、街道）及497个村（社区）全部设立议事堂，在广场游园、车间田间等设立议事点，引导群众积极参与公共事务，构建人人参与、人人享有的社会治理共同体，如，运河街道以社区为单位推行积分兑换，引导党员和群众参与公益服务，激活了社区治理"细胞"。岔河镇马庄村村民参与乡风家风、人居环境等方面活动取得的积分，作为评定文明家庭的标准，激发了党群内生动力，全村吹起了一股清新"文明风"。

认真总结近年来的基层治理实践，我们有这样几条启示：一是加强组织领导，是上下顺畅贯通、执行坚定有力的必然选择。基层社会治理工作面广、任务重、矛盾多、难度大，尤其需要党政负责同志有科学决策的思维与智慧，领导班子有承担阵痛的勇气与担当，建立市镇村三级书记齐抓共管的治理体系，为加强和创新基层治理锚定方向、压实责任。二是坚持系统观念，是前瞻谋划布局、精准施策发力的现实需要。社会治理面临的矛盾问题大多是交织叠加的，尤其要用系统化思维谋划推动工作，结合上级部署要求，强化先进理念、现代理论等支撑，统筹高质量发展、高品质生活和高效能治理，将治理工作与集体增收、人居环境、低效用地清理等工作有机结合，选准破题切口，取得一子落而满盘活的综合效益。三是践行群众路线，是赢得百姓信赖、汲取不竭动力的重要法宝。"人民永远是我们最坚实的依托、最强大的底气。"始终把群众观点贯穿治理工作全过程，坚持问需于民、问计于民、问效于民，强化群众参与理念、健全群众参与机制，基层治理从党和政府的"我治理"转变为全民参与的"我们治理"，广泛凝聚共建共治共享的强大合力。

县域社会治理：现实挑战、工作实践与路径思考

毕绍刚
滇中新区党工委委员、中共安宁市委书记

安宁市是云南省会昆明市下辖县级市，距昆明主城28公里，面积1301平方公里，辖9个街道办事处、102个社区（村）委会，常住人口48.6万人，主城建成区面积37.39平方公里，城镇化率83.4%，先后荣获全国文明城市、国家卫生城市、国家森林城市等荣誉称号。近年来，安宁市紧紧围绕坚持和完善共建共治共享的社会治理制度总要求，对县域社会治理进行系统思考和实践探索，取得了一些实践经验，产生了一些治理路径思考。

一、安宁市县域社会治理面临的现实挑战

（一）传统重工业城市转型升级带来的挑战

1939年，中国第一家电力制钢厂在安宁诞生，标志着安宁开启近代工业化进程，但长期以来国有资源的注入式发展，构成

了国有经济与县属经济二元结构，在根本上形成了以职工群体为主的独立小社会，"国企人"与"安宁人"代表着在安宁共同生活的"两种群体"。近年来，随着国企改革的推进，在推动剥离国有企业办社会职能工作中，给安宁社会治理带来巨大的现实挑战。一是职工诉求和分离移交带来的"思想冲突"。在分离和移交后，身份从"国企人"向"安宁人"转变，长期的社会分化，企业职工对安宁的认同感低，造成部分职工情绪不稳定。二是社区改造和资源供给造成的"移交难点"。改革后，原有供电、供水、供热以及物业管理都实行市场化，产生了费用由企业承担转变为个人承担的问题，触及职工的经济利益。此外，在社会保障和困难救助方面，昆钢退休人员达4500名，还有特困弱势群体近400人、伤残人员200多人、精神异常人员15人，这些人的保障和救助给财政带来较大压力。三是资产界定和核销交付面临的"现实堵点"。国有企业职工住宿区分割范围和确权问题复杂，部分职工小区无物管的问题突出。

（二）产业发展、城市开发建设带来的挑战

伴随着产业发展和城市化进程加快，在项目落地、城市开发进程中，产生的矛盾、纠纷也影响了社会治理。一是征地拆迁等引发的社会矛盾和不稳定问题。征迁对象对征地拆迁补偿过高的期望值、失地后生活保障和社会保障衔接、征地产生的违规建筑等问题，容易造成社会矛盾。二是产业发展造成的生态和安全问题，大工业项目落地过程中，特别是20世纪80年代末的一批资源消耗型项目、化工项目落地，带来的环境治理难题和安全问

题，影响群众安全感、满意度。三是基础设施建设滞后带来的社会管理问题，特别是近年来，停车难、烂尾楼、学位紧张等，成为群众关心的热点、难点问题。

（三）经济社会加速发展中城乡居民收入差距带来的挑战

改革开放让一部分人先富裕起来，通过先富带后富，实现共同富裕。从县域角度看，在实现共同富裕之前，城乡居民收入差距客观上将长期存在。从农村角度看，大量劳动力流入城市，容易出现留守儿童、留守老人等问题，在农村公共服务保障还不充足的情况下，给农村社会治理和农村永续发展带来挑战。从城市角度看，大量人口的流入，带来城市管理成本不断增加，公共服务基础设施建设赶不上居民需求增长，社会保障任务更加繁重。从流动人口角度看，流入城市的农村人口，面临高房价、高物价，同等享受城市公共服务可及性不强，产生"有家的地方没有工作、有工作的地方没有家"的矛盾，容易出现新的社会问题。

（四）基层"大包大揽"，社会协同程度和社会凝聚力低带来的挑战

目前，在基层普遍存在政社不分、包揽过多的问题。一是行政化思维突出。治理压力层层传导，基层社区（村）被迫"大包大揽"，承接大量公共服务和社会治理工作，行政化倾向抬头，成为无所不能的"最后一百米"。二是群众参与度低。"多一事不如少一事"的世俗思想，让大部分群众习惯于被动地参与一些社

会活动，主动参与社会组织、参加社会组织活动的意愿不强烈，加之参与渠道不畅通，制约了群众参与的积极性。三是过度"保姆式"服务弱化群众自治能力。群众"有问题、找社区"理念根深蒂固，过度期盼社区"保姆式"服务，导致群众自治能力弱化、社会群体参与度低等问题。

（五）体制机制不健全、社会组织发育不成熟、发展不规范带来的挑战

社会治理需要多元主体参与，但限于一些制度性、市场化等因素，影响了基层治理体系和治理能力现代化。一是社会治理体制机制设计相对滞后。安宁作为西部地区县级市，社会治理理念、体制机制等落后于东部沿海发达地区，重大社会治理问题调查研究、理论研讨、政策制定、工作路径等顶层设计深度不够。二是社会组织规范化专业化程度不高。专业的社会组织培育机制不健全，支持社会组织发展的良好环境尚未形成，社会组织数量和质量都有待提升，特别是一些社会组织管理不规范、自主性不强、影响力不足、话语权较弱。三是参与基层社会治理的多元主体联结机制不健全。社会治理活动组织开展缺少统一规范模式，个人、家庭、企业想参与但找不到平台的情况依然存在。

（六）科技赋能不足、治理技术落后带来的挑战

一是信息平台的多方建设造成资源冗余。随着"互联网+"和大数据技术的发展进步，承担社会治理的职能部门纷纷上马智慧平台建设项目，由于缺乏对接协调，造成信息平台重复建

设，对社会治理的支撑作用难以发挥。二是数据挖掘利用不畅造成的效率损失。基于保密等因素，职能部门间数据信息共享程度不高，形成信息孤岛。同时，由于数据挖掘专业性不强，终端应用开发不足，海量数据难以得到有效利用，特殊场景下无法使用，需要靠人工手段、传统手段。三是数智赋能参与社会治理不深入。基于信息化支撑的社区网格化管理服务尚未大规模推广，仅在少数社区进行试点实施，距离"全域智治"的目标差距还很大。

二、县域社会治理的安宁实践和经验

近年来，安宁市坚持问题导向，立足优势，把握关键，突出重点，积极探索全域协同多元赋能的社会治理路径，市域社会治理取得了一些进展、积累了一些经验。

（一）在"统筹治理"上聚力，构建"一核引领、全域协同"的社会治理工作格局

一是理顺架构。强化党对社会治理工作的领导，明确市委、市委政法委、街道、社区（村）社会治理职能定位：市委全面领导社会治理工作，定期听取社会治理工作情况、研究解决重大问题；市委政法委牵头抓总，统筹协调解决疑难问题，督办落实工作推进情况；街道党工委负责协调解决辖区公共事务和公共问题，推动矛盾化解在基层；社区（村）负责落细落实、优化服务，化解矛盾，及时报送相关情况等，在社区（村）建立"社

区（村）—小区（小组）—楼栋（农户）"三级党组织，把党的领导落实到基层治理一线。在此基础上，将社会治理体系建设纳入全市改革发展的重大课题，列为各级党组织重大工作任务，进一步明确目标方向，凝聚力量、整合资源，构建"问题联治、工作联动、平安联创"的工作格局。二是完善体系。结合安宁实际，建立"3+3+6+N"社会治理工作体系。"3"即：在市、街道、社区（村）三级成立领导小组，形成全市"一盘棋"抓社会治理的工作格局；"3"即：在市、街道、社区（村）三级建立社会治安维稳综合治理中心，实行工作指挥调度、综治维稳巡防、执法管理协同一体化办公；"6"即：聚焦社会治理重点任务，建立社会治理创新、社会公共服务、基层社区（村）治理、社会风险防范、社会事业建设、社会组织培育"六大平台"；"N"即：在全市建立1180个社会治理网格和若干个"微网格"，把党的建设、社会保障、综合治理等工作责任下放到网格，实现"小事一格解决、大事全网联动"的格局。

（二）在"协同治理"上施策，建立"齐抓共建、融合共享"的社会治理工作机制

一是建立市委书记抓统筹、街道党工委书记抓推进、社区（村）党组织书记抓落实的"三级书记"抓社会治理工作责任制。近三年，实施书记领航社会治理创新项目55个，培育出26个党建引领社会治理示范点。二是建立社会治理工作统筹协调机制，推动纪检监察、组织、宣传、统战、政法、群团与社会治理"六大平台"互融共促，形成党建和社会治理双向赋能闭环模式。三

是建立"街道吹哨、部门报到"联动机制和网格化管理运行机制，推动市级四大班子、市级部门、街道、社区（村）四级联动赋能基层治理。四是建立社会组织培育机制，支持社会组织、志愿者参与基层治理，共培育各类社会组织252个，组建社会工作站9个，培育志愿服务队1312支、志愿者9.7万人。

（三）在"创新治理"上用力，提升"共建共治、协同高效"的社会治理工作效能

坚持问题导向，创新工作思路，积极破解社会治理遇到的困难和挑战。一是强化组织动员促"联动"。将提升组织动员能力作为凝聚各方力量参与社会治理的重要抓手。如，以"大综治"模式破解土地征迁矛盾。通过部门联动解难题，统筹信访、税务、司法等多个部门，介入拆迁工作全周期，第一时间掌握群众诉求、回应群众期盼，让群众安心搬迁。通过"现身说法"排隐患，组成"攻坚小分队"，充分动员老党员、老干部、老军人、拆迁户，进门入户宣传政策，"现身说法"纾解群众疑虑，引导群众主动、有序搬迁。通过前置服务解民忧，做好群众就业、住房、生活、教育、养老等保障工作。同时与招商引资企业达成协议，优先安排失地群众就近就业，让群众搬得出来、富得起来。又如，建立"社区（村）党总支—社区（村）大党委—网格党支部—楼栋（农户）党员"网格综合体，明确辖区各联盟单位工作职责和服务范围，依托社区（村）服务一体机+线上"便民服务"系统+线下"15分钟便民圈"，提供"你需我供，我需你有"的优质服务，2022年共办理各类便民惠民事项25738件，社会治

理从单兵作战转变为各网格点、各责任单位和职能部门的协同作战。二是尊重基层首创促"共治"。围绕满足人民群众美好生活需要，充分尊重基层首创精神，形成个性化、特色化治理。如，安宁市八街街道凤仪村以"积分制管理模式"，引领党群协力共建美丽乡村。该村党总支制定了《凤仪村党总支党员积分制管理考核办法》《凤仪村民委员会乡村治理运用积分评分细则》，探索"积分制管理+正能量超市"乡村治理新模式，有效调动了村民参与乡村治理的积极性，进一步增强村民自治组织能力，促进乡村社会治理和谐有序、充满活力。该村2021年村民人均纯收入达21427元，成功创建为云南省"民主法治示范村（社区）""云南省美丽乡村"。三是支持社会力量嵌入促"融合"。为承接昆钢集团社会化管理职能移交，安宁市成立新村社区，并探索"嵌入式合作"社区治理模式。长期在昆钢办公室工作并获"云岭楷模"称号的陈桂仙在新村社区成立后，被选为社区党委书记。在她的带领下，社区充分发挥党组织战斗堡垒作用，昆钢、街道及社区人员开展"嵌入式合作"，从抓党建工作入手，将公司管理模式与社会治理模式紧密结合，坚持抓基础、促规范、变思路、强服务，社区党组织凝聚力、战斗力、创造力不断增强。成立社区"大党委"，把党委建在社区、党支部建在楼宇、党小组建在楼栋，充分发挥国有企业退休职工文化高、觉悟高、积极性高的"三高"优势，开展关爱老年人、爱心帮扶、文明城市创建等28项志愿服务活动，用国企退休职工的余热温暖了社区的每个家园，打造"民族团结""阳光司法示范点""有事找陈姐"等品牌，该社区先后获得12项国家级荣誉、17项省级荣誉、45项昆明市级荣誉。四是引导多元参与促"协同"。千方百计引导多元力量参与社会治理，提升治理效能。如，安宁市在南部地区实施"借脑引智"行动，建立专家工作站，聘请中国农业大学李小云教授及团队指导乡村振兴；实施"群雁回乡"行动，建立昆明首家"乡村振兴学堂"，引入驻村第一书记、致富能手、驻村企业等代表参与决策议事，让村民全面参与重大事项的决策；实施"治理创新"行动，探索"党支部＋合作社＋公司"运营治理模式，建立"乡村CEO"，统一运营村资产、资源，引导"新村民"与原有"老村民"积极参与村庄治理工作。此外，探索成立了多元解纷专业人大代表工作站，省内各级一批法律专业能力较强的代表，先后到工作站参与群众矛盾纠纷调解，成立3个月，就成功调解各类纠纷24件。

（四）在"智慧治理"上突破，形成"线上线下、互联互通"的社会治理工作模式

安宁市积极推进社会治理智慧化工程，群众安全感满意度连续三年位列昆明市第一。一是实施建网行动，夯实"智治"基础。依托"雪亮工程"等系统，在全市9个街道102个社区（村）设置112个整合共享中心，接入5674路前端图像采集设备，实现全域覆盖、全网共享、全时可用、全程可控的目标，提升了智慧治理能力。二是打破数字壁垒，提升"智治"效能。将智慧交通、"雪亮工程"、城市管理、食品安全监管等系统整合，推动信息共享，实现了"一张网、一个平台、一张图"的大集成、大共享，助推基层治理更加精准高效。三是强化"智""管"融合，共

享"智治"福利。加快推进"智慧禄脿"等一批基层智慧治理的试点，形成了以"一面党旗引领治理、一张网格精细覆盖、一个平台指挥调度、三支队伍齐抓共管"的典型经验，实施试点半年来，通过"线上线下""互联互通"帮助群众解决问题13631件次。

三、新形势下全域协同多元参与赋能县域社会治理现代化的路径思考

当前，我国发展进入战略机遇和风险挑战并存、不确定难预料因素增多的时期，我国经济恢复的基础尚不牢固，需求收缩、供给冲击、预期转弱三重压力仍然较大，外部环境动荡不安，给我国经济带来的影响加深，各种"黑天鹅""灰犀牛"事件随时可能发生。新形势下，县域社会治理呈现以下特征。

第一，社会治理对象和治理内容多样化。社会结构发生的巨大变化，推动职业选择和劳动就业市场化，陌生人社区逐渐取代了原有熟人社区、单位大院社区，出现了一些城乡接合部的杂居社区。大量人员的流入和流动，导致治理对象因成长环境、个性需求等不同而变得多样。同时，群众对社会治理的需求从做好社会稳定单一工作，扩展到公共服务、公共管理、公共安全多样化服务。

第二，社会治理环境和社会问题复杂化。经济社会的开放和发展，促使社会治理不仅承受着外部带来的复杂化压力，也经受着社会自身不断派生出来的复杂性，对社会结构、社会流动、社会诉求、意识形态等方面形成冲击，导致社会治理边界日益模糊，各种社会矛盾、利益、问题交织，给社会治理系统建设带来

更多挑战。

第三，社会治理手段和治理工具智能化。随着网络社会的兴起，人们的生活步入实时、交互、快捷的"微时代"，各种热点、焦点信息的快速扩面传播，使社会治理面临新问题和新考验。目前，在社会治理实践中，诸如健康码、人才码、数据驾驶舱、城市大脑等数字技术及其应用已经展现出独特的优势和效应。未来，随着数字技术的发展以及数字技术与公共服务的深度融合，数字赋能公共服务的积极效应将会得到进一步释放和彰显。

第四，群众价值观念和发展诉求多元化。纵向上，政府与社会关系打破了传统的大一统格局，基层的自治要求、社会组织的发展各自有着不尽相同的价值追求和目标。横向上，基层社区（村）的居（村）民个体、不同利益群体、驻社区（村）的各单位、各类基层社会组织等，也有着差异性的各种需要和利益诉求。

基于上述形势，结合安宁近年来的实践经验，我们认为县域应探索推进构建"党建引领、一核多元、全域协同、智慧赋能"的基层治理工作模式。

（一）坚持把党建引领作为提升县域社会治理能力的首要前提

党建引领社会治理创新是中国智慧和中国道路的重要组成部分，也是中国式现代化新道路的应有之义。党中央强调，要把党的领导贯穿基层治理全过程、各方面。党建引领就是要高位建立统一领导、协调各方、有序推进的机制，通过各级党组织把政策、决策和服务民众的需求等聚焦于社会治理中，保证治理始终以人民为中心，妥善解决好人民群众的合理诉求，实现基层党建、社会治理、服务供给的有效衔接。从县域角度看，一是必须加快推进基层组织全覆盖。创新基层党组织政治引领、组织引领、机制引领的途径和载体，构建"大党建"格局，建立健全街道（乡镇）"大工委"、社区（村）"大党委"组织架构，推行由县（市）区委常委担任街道"大工委"书记、由街道（乡镇）党工委领导班子成员担任社区"大党委"书记，强化街道（乡镇）社区（村）统筹协调功能。强化街道（乡镇）"党建联盟"带动作用，将党的组织覆盖到小区（小组）、楼栋（农户），把支部建在治理网格每个节点上。二是逐步提升基层党组织引领社会治理水平。坚持党建带群建，加快构建街道（乡镇）党组织统领、工青妇组织参与、其他群众性组织为补充的党建带群建工作格局，实施党群活动阵地"一体化"建设、活动"一体化"开展，实现党群组织阵地共建、活动共办、资源共享、信息共通，形成"规范引导、以强带弱、结对共建"的治理氛围。推行社会治理"党建+"模式，抓好"智慧党建""红色物业""街道吹哨、部门报到""网格党建""楼宇党建""好支书"等社会治理党建品牌创建，通过以点带面方式提升社会治理水平。三是坚决压实党建引领社会治理工作责任。坚持高位统筹，成立由县（市）区主要领导任组长的城市基层党建和基层治理工作领导小组，负责整个县域的党建工作规划和建设，在直管系统、行业设立党工委，由县（市）区委常委或副县（市）区长兼任党工委书记，压实社会治理工作责任。坚持把党建引领与基层治理深度融合，为每名党员干部划分"责任田""责任区"，统筹推进文明城市创建、综治维稳、民生服务等各项工作，全方位构建"党建引领共建共治共享城市基层治理"工作格局。

（二）坚持把一核多元作为提升县域社会治理能力的核心要义

新形势下，只有推动县域治理由党委政府一元主体"单打独斗"转变为多元主体"多元协同"，构建"一核多元"协同治理格局，通过多方配合、相互协调，共同发挥协同治理的优势，才能不断提升社会治理能力的现代化。在多元共治的模式下，每"一元"彰显各自特色，在分工的基础上开展合作，以协同思维克服单打独斗、各自为战的弊端，通过各种方式，进而实现社会治理的主动性、广泛性、持久性。在县域视野下，"一核多元"协同治理格局的构建，需从六个维度同向发力。一是充分发挥党组织核心作用。坚持以党组织为核心主体，推行"基层党建+"社会治理工作模式，统筹信访、公安、司法、民政、人社、自然资源、生态环境、住建、农业农村等职能部门，联合社会组织、党建联盟、基层民主协商、党群服务中心等多元主体，充分整合资源力量，形成问题联治、工作联动、平安联创的工作机制，把党组织的服务管理触角延伸到社会治理每个末梢，实现社会治理方式从单向管理向互动治理转变。二是着力强化社区居民主体自治。全力转变社区（村）行政化倾向，推动群众积极参与居（村）民会议、议事协商、民主听证等决策，主动监督居（村）务公开、民主评议内容，强化群众自治自觉。全面加强楼委会、院委会、网格议事会、楼宇自治理事会建设，建立社区（村）人大代表、政协委员见面日和居（村）民代表定期入户等机制，广泛运用居（村）民论坛、网上论坛、民情恳谈、社区（村）对话等形式，推动实现民事民议、民事民办、民事民管的共治格局。三是加快培育壮大社会组织。坚持围绕服务大局，聚焦文明城市创建、乡村振兴、疫情应对，养老、助残、儿童福利和未成年人保护等各领域各方面，支持社会组织在创新社会治理、化解社会矛盾、维护社会秩序、促进社会和谐等方面发挥作用。建立社会组织参与基层社区（村）治理服务清单，明确服务方向，细化服务内容，以条目式的方式清楚列明，统筹各类社会资源，引导社会组织开展服务，满足居（村）民在文化、娱乐、体育等多个领域不同层次的需求。四是强化行业协会商会自律。坚持政府主导，统筹建立企业社会责任评估指标体系，指导行业协会健全完善社会责任制度，明确企业履行社会责任的指导标准，通过采取制定行业企业社会责任公约、发布倡议书等形式，引导行业协会加快推进行业诚信自律、社会责任履行。强化行业协会的社会责任意识，建立健全企业参与驻地社会建设长效机制，完善企业动员员工参与社区（村）公益和志愿服务机制，鼓励和引导企业向社区（村）居民开放内部服务设施和文体活动场地，支持公益设施建设。五是注重发挥家庭家教家风作用。坚持将家庭建设纳入到基层社会治理，创新开展文明（最美）家庭评比、好家风好家训征集、家教典范评选活动，将家庭文明纳入精神文明建设总体规划和基层社会治理评价考核内容，构建政府引导、部门联动、家庭尽责、社会参与的工作格局。建立家庭参与社会治理的积分机制，将个人、家庭在社区（村）的表现用积分进行记录，与享受社区（村）权益相融合，与推选人民代表、政协委员、各类先进相挂钩，引导家庭参与社会治理，弘扬社会好风尚。六是促进驻地单位协同参与社会治理。坚持共建共治共享，引导辖地单位结合自身行业特色、组织优势，积极参与辖区建设、辖区治理，积极构建地区街道（乡镇）+企业+社区（村）党建联盟、社会治理联盟。建立定期协商机制，围绕辖区建设、社会治理、安全生产、生态环境等，建立问题反馈、协商解决的共商共治、共建共享长效机制，引导推动单位及职工主动参与社会治理，融入社区发展，自觉履行社会责任。

（三）坚持把全域协同作为提升县域社会治理能力的根本追求

新形势下，如何在县域的组织架构下，把各类社会主体有效地统筹起来，建设社会治理共同体，不仅仅是推动实现县域全域治理的重要抓手，也是提升县域社会治理能力的目标之一。一是构建高效运转的组织体系。坚持强化顶层制度设计，建立县（市）区委—街道（乡镇）党委—社区（村）—（村）小组—楼栋长五级社会治理体系，从制度层面提升社会治理系统集成能力。推动全面深化街道（乡镇）社会治理赋权扩能，不断健全社区（村）社会治理责任制，完善社区（村）党组织领导社区（村）级议事决策工作机制，推动资源向一线倾斜、平台在一线集成。二是构建更高水平的公共服务体系。建立覆盖全民、普惠共享的公共服务供给体系，不断完善政府保障基本、社会积极参与、全民共建共享的公共服务格局，让人民群众的获得感、幸福感、安全感显著增强。坚持从群众需求出发，聚焦基层基础设施、公共交通、环境治理、民生保障、教育医疗、文化建设、群众就业等领域，从全市层面统一规划、统一建设，提升城乡一体化的质量。三是构建专业化的社会服务体系。建立以政府为主导、社会组织全面参与的社会服务机制体系，形成社会组织参与社会治理的服务指导目录，健全以政府购买服务为牵引、以社区（村）为平台、以社会组织为载体、以社会工作人才为支撑、以满足居民对美好生活的需求为导向的机制，为基层提供专业化、职业化服务。四是构建群防群控体系。坚持综合治理，全覆盖组建县（市）区街道（乡镇）综合治理中心，围绕社会矛盾纠纷、风险化解、宗教建设、信访维稳等重点内容，统筹在公共安全、疫情防控、抗洪抢险、护林防火等方面群防群治。深入学习和弘扬"枫桥经验"，推广"小事不出村、大事不出街道（乡镇）、矛盾不上交"等做法，打造一批"有事我帮你""村民说一说"等矛盾化解特色项目。五是构建激励保障体系。建立鼓励参与社会治理的激励机制，通过探索设立社区（村）公益微基金、建立专职社区（村）工作者岗位与等级相结合的职业体系等方式，推动社会治理规范化、制度化、协同化。坚持把社会治理资金保障列入政府工作计划，积极争取各级各类财政补助专项资金，设立政府引导基金，促进社会治理相关产业发展。

（四）坚持把智慧赋能作为提升县域社会治理能力的关键支撑

构建基层智慧治理体系是解决县域社会治理任务重、头绪多、难点多的有效方式。建好基层智慧治理体系，应坚持以系统思维打造县域社会治理智治的"最强大脑"，形成基层社会服务"零距离"、基层社会治理"全覆盖"、村民群众诉求"快响应"的格局。一是建立集成式的基层治理综合系统。树立系统思维、全局观念，全面整合现有信息系统，统一打造智慧社区平台，实现"人、屋、车、场、网"等的管理立体化、可视化和可控化。完善网格化服务管理工作规范标准，实体化运行网格化管理，建立"全覆盖+全要素"的服务模式，构建规范高效、常态运行的网格化服务管理体系。二是构建政府管理服务体系。坚持不断优化和再造政府监管和服务流程，促进政府数据实时无缝流动，推动跨部门、跨区域业务协同联动，加快构建数字化、网络化、智能化的政府经济社会治理网络系统集成大平台，实现基层社会服务零距离、基层社会治理全覆盖、居（村）民群众诉求响应快。三是充分利用外部数据强化政府决策支撑。不断创新工作思路，邀请社会治理领域专家学者建言献策，成立县域社会治理智库和社会治理合作"特约研究员"智慧团，建设由政府指导、高校合作、社会参与的社会治理研究院，为推进社会治理工作提供智慧支撑。构建政府决策数据服务体系，推动和加快社会数据集中和共享，提高对经济运行、社会发展、民生服务、社会管理等领域的深度分析能力，为县域政府提供决策参考。四是加快网络安全保障制度建设。坚持统筹发展与安全，整体布局网络空间建设，强化风险防控，依法打击网络诈骗、侵犯公民个人信息等违法犯罪，坚决维护网络安全。健全完善工作机制，建立联席会议、联合检查通报、会商决策咨询、应急处置和重大活动保障等系列制度规范，推动依法管网、依法上网。加强网络专业化能力培训，提高系统访问、技术应用、复杂网络、运维人员、数据流动等方面的安全管理能力。

构建"党建引领、一核多元、全域协同、智慧赋能"的社会治理格局，建成"有健全完善的工作联动体系、有扁平高效的治理工作体制、有条块联动的协调共建载体、有专业稳定的社会组织队伍、有功能齐备的党群活动服务中心、有互联互通的信息通信平台、有保障到位的治理工作经费、有群众满意的社会治理成效"的"八有"社会治理体系，推动全方位打造"人人参与、人人共享"的基层社会治理共同体，能够不断提升县域治理体系和治理能力现代化水平，更好满足人民对美好生活的需要，是县域社会治理值得尝试的具体实践。

党的二十大对社会治理提出更高、更明确的要求。随着经济社会发展和群众诉求的不断变化，社会治理面临的形势更加复杂、多元，多元主体全员全域协同参与治理的发展趋向更加明显，随之而来的系统化的、智慧化的、敏捷灵活的、多维的治理体系建设更加重要和紧迫。作为基层党委，我们将持续探索推进社会治理工作实践，建设更加全面系统的治理体系、更加科学规范的治理机制、更具活力的社会组织、更加敏捷灵活的参与方式，构建多方共治、全面覆盖、上下联动、纵横协调的多领域综合协同共治体系，让市民群众生活更加幸福、更加安全。

探索"美德信用社区"新模式
持续提升基层社会治理现代化水平

徐明
威海市副市长、荣成市委书记

习近平总书记指出,"社会治理的重心必须落到社区,社区服务和管理能力强了,社会治理的基础就实了",而且特别强调,"社区工作是一门学问,要积极探索创新,通过多种形式延伸管理链条,提高服务水平,让千家万户切身感受到党和政府的温暖"。自2012年启动社会信用体系建设以来,荣成市持续放大信用建设先发优势,创新建立"志愿+信用""网格+信用"等机制,积极引导各方主体参与社区服务和管理,推动政府治理与社会调节、居民自治联动融合,有效凝聚了基层社会治理工作合力,在矛盾化解、安全稳定、文明创建等方面发挥了积极作用。荣成市先后入选全国文明城市、全国首批社会信用体系建设示范城市、中国最具幸福感城市百佳县市、社会治理百佳示范县市,在山东省群众满意度调查中连续位居136个县市区前列。

一、完善顶层设计，政策引航美德信用

嘉量既成，兹器维则。2012年，荣成市启动社会信用体系建设，对好人好事、干事创业等77项行为进行加分，对不履行信用承诺、拒不履行法定义务等185项行为进行扣分，积分等级高的市场主体和个人，可以享受到贷款免担保、免费乘公交车等210项信用激励政策。随后的11年间，荣成市持续深化社会信用体系建设，将信用管理融入社会治理的方方面面，特别是围绕提升社区管理和服务效能，从机构整合、制度规范、运转保障等方面下功夫，构建起互联互通、全域覆盖的社区信用管理体系。在机构整合上，在县一级，整合组织、政法、民政、社会治理中心等部门职能，成立社区管理服务中心，专门负责社区建设、管理等工作。在社区层面，实施居委会、社区工作站"居站分离"改革，居委会以社区专职工作者为主体、居民代表为补充，完全剥离行政性工作，只承担基层自治组织职能；社区工作站采取"主管部门下派+社区专职工作者补充"的方式配备工作力量，主要承担民政、社保、司法等政务服务。在制度规范上，修订完善包含10个信用主体、340项生活领域激励指标的《城市社区信用管理办法》，全面推行"契约化+美德信用"管理，将"信用承诺"嵌入社区党建、社区治理等全过程。以社区党组织为实施主体，将驻区单位、"红色物业"等4类党组织以及党员、楼长等6类重点人群作为契约对象，对党组织及个人建立履约信用档案，设立5个信用等级，明确了激励和惩戒措施，设立全市统一的"社区

信用指数",实行积分动态管理。在运转保障上,配套开发荣成智慧社区App,上线"信用榜""公益足迹"等功能板块,赋予社区党组织评价权力,建立"日采集、周汇总、月评价"工作闭环,全程线上记录工作开展情况,实时记录积分并公开全市、社区、网格、楼宇四级排名。

二、深化党建引领,生产生活双圈共融

通过信用社区制度体系支撑、智慧平台集成式赋能,荣成市将全市机关、国企、非公企业在职员工在社区治理过程中的表现情况纳入个人信用建设,实行一体化管理。从生产圈到生活圈,明确了社区信用积分在本行业的奖惩应用,带动278家机关和企业党组织、7094名党员到社区报到,帮助解决1263项难题。同时市级配套推出涵盖"医食住行"等110余款激励产品,街道、社区定期开展实物兑换等激励活动。搭建场景上,组织"百个共建项目"签约活动,91个驻区党组织、167个"红色物业"项目、6个新业态新就业群体党组织分别与社区签订契约化党建联建协议。从生活圈到生产圈,将共建单位年度"社区信用指数"不少于20分、在职机关企事业单位工作人员年度"社区信用指数"不少于5分,作为单位目标责任制考核、个人年终考核、干部选拔任用、职称评定、评先选优重要参考,每月归集辖区干部职工社区信用积分、协助社区解决重大问题以及违反规定拒不整改等特殊守信失信行为,集中推送给各部门单位,激发各群体参与基层治理的积极性,打通居民生产圈、生活圈的信用壁垒,逐步形

成双向激励、双向约束的信用融合机制。

三、注重文化建设，仁爱之风吹遍小城

荣成市大力倡导"家·社区"文化理念，打造城市社区"邻里会客厅"。围绕增进邻里感情，线下，优化社区党群中心、新时代文明实践站（所）、网格驿站、户外长廊、楼宇小院、物业等空间资源，营造323处社区"邻里会客厅"。线上，梳理规范"社区—网格—楼宇"三级微信群，打造7766个"线上会客厅"，开展"家园献策""书记约茶""荣归故里下午茶""红色物业大家谈"等各类活动700余场次，带动8万多名居民回归社区，协商解决各类问题1700余件次，切实用好线上线下"邻里会客厅"，推动邻里关系融洽。围绕凝聚思想共识，荣成市定期邀请专家学者、企业、居民代表等走进会客厅、演播室，倡树社区治理新理念、解读"五位一体"社区治理共同体建设新蓝图、解析"社区居民自治样板案例"，让居民认同共建共治共享理念，形成治理合力。截至目前，已播出《社区大家谈》《我家住在幸福里》《精致幸福里》专栏节目70期。围绕强化示范引领，市级每年组织开展多领域、多层次的美德信用宣传月活动，通过信用表彰、信用培训、信用激励、信用承诺、信用修复等方式，大力宣传正能量、弘扬主旋律。社区每周通过微信公众号、微信群等阵地，将社区居民协商自治情况、楼长单元长履职情况进行公示表扬，累计挖掘信用典型案例468个，推介典型人物60余人次，实现以个体守信激励带动楼宇邻里信用认同。

四、丰富应用场景，信用惠民人人共享

古语云"德不孤，必有邻"。荣成市以"招募城市社区合伙人""信用大集"等主题活动为载体，结合"信益贷、信益购、信益医"等服务项目，不断丰富拓展实物兑换、就餐优惠、打折服务等惠民应用场景，促进信用成果全民共享。聚焦提升居民参与热情，依托"邻里会客厅"，开展"我爱我家"家庭共约活动、"信用社区""信用网格""信用楼道"三级联创活动等，实行"2+12+20"信用激励模式，即每年至少举办2场大型信用表彰活动，每年至少举办12次信用兑换活动，吸纳不少于20家商企商圈参与，稳步扩大信用治理影响力。同时将居民日常主动扫雪、提醒关车窗车灯、帮助邻里取收快递等"小微善举"行为纳入社区信用加分范畴，个人信用得分实时轨迹以信用"生长树"的形式终端全景式呈现，年底评选信用星级的居民，可统筹市级信用分数，实现社区、市级信用积分的转化互融，提升居民参与感、获得感、满足感。目前，全市居民累计参与信用活动35万人次、同比增长5.3%。聚焦提升社区服务质效，荣成市社区管理服务中心指导组建幸福社区治理发展中心（民非），设立市、镇街、社区三级（信用）发展基金，将社区治理需求项目化，重点面向国有企业、社会企业、商户招募"社区合伙人"，企业以提供资金、资源等方式参与认领项目，社区以项目冠名等形式为"社区合伙人"扩大广告效应，通过社企联建，互惠互利，在增强社区"自我造血"功能的同时，提升商家流量。截至目前，社

区（信用）发展基金已募集资金207万元，拓展建立16个智库，发展1000余家"社区合伙人"，签订168万元党建共建项目，实施"社区会客厅改造、夏日送清凉"等37个社区发展帮扶类项目，搭建129个信用应用场景。比如，荣成市崖头街道华侨社区，通过"公益+市场"运营模式，与市供销社、农商银行等单位合作，成立了首家社区社会企业——青阳服务社，通过参与认领各类项目，实现了社企互利共赢、融合发展，有效提升了社区服务水平。

五、推进"信用+治理"，文明理念深入人心

围绕提升社区治理效能，荣成市依托社区网格建设，积极探索"信用+治理"发展模式，广泛发动群众参与社区治理，推动实现共建共治共享。抓"信用+矛盾调解"，设置美德信用岗位，将邻里互助、公共秩序维护等一批治理需求转化为志愿服务岗位，吸纳楼（单元）长、小巷管家（社区通）、物业服务人员、退休老干部等参与信息收集和信用评价，立足自身优势，发挥其在邻里纠纷调解、安全源头巡查、政策宣传解读等方面的作用，将矛盾化解在社区网格里。抓"信用+议事协商"，开展"组团式服务"，月内每个网格发动组织楼长、单元长等开展不少于8场次平安夜巡、邻里院落议事、"红色物业"大家谈等活动，引导群众积极参与社区事务管理，推动形成"自己的事自己办，大家的事商量办"的浓厚氛围。此外，荣成市通过开设美德信用集市、信用超市，以喜报、表彰信、实物发放等方式，强化美德

信用激励，持续提升社区居民群众参与社区治理的热情和积极性。截至目前，全市城市社区实名注册志愿者12.6万人，占社区总人口数的35%以上，收录信用信息183.1万余条，志愿者累计志愿服务时长超过336.7万小时。

党委统筹高位推动　全面提升市域社会治理效能

崔大平
邢台市委常委、政法委书记

习近平总书记在党的二十大报告中强调"健全共建共治共享的社会治理制度，提升社会治理效能""加快推进市域社会治理现代化，提高市域社会治理能力"。邢台市坚持以习近平新时代中国特色社会主义思想为指导，深入学习贯彻落实党的二十大精神，作为全国第一期市域社会治理现代化试点城市，在河北省委政法委有力指导和邢台市委坚强领导下，充分发挥党委总揽全局、协调各方作用，积极构建上下联动、纵横贯通的指挥架构，坚持以更高的标准、创新的举措，全力推进试点各项工作开展。

工作中我们感到，推进市域社会治理现代化，必须从总体思路、根本保证、活力源泉、价值基石、实践路径五个维度，完善党委领导、政府负责、民主协商、社会协同、公众参与、法治保障、科技支撑的社会治理体系，形成人人有责、人人尽责、人人享有的社会治理共同体。市域社会治理是国家治理在市域范围的具体实施，是国家治理的重要基石，是将风险隐患化解在萌芽、解决在基层的最直接、最有效力的治理层级，是基层社会治理的中心环节。市域社会治理是关乎一个地区经济社会发展、公共服务水平、社会矛盾化解等领域的系统工程，其核心就是解决百姓的内心期盼与现实需求，提升群众的安全感和满意度。

一、在"全面建"方面

党的十九届四中全会作出了"加快推进市域社会治理现代化"的决策部署。2019年底，中央政法委部署启动为期三年的全国第一期市域社会治理现代化试点工作，邢台市位列市域社会治理第一期试点城市名单，按照"全面建、重点创"的要求，在全面做好各项试点工作的基础上，重点开展德治教化和自治强基创新工作。

（一）坚持党委统筹，高位推动试点建设各项任务

试点工作开展以来，邢台市委、市政府高度重视，在市、县两级分别成立党委、政府主要领导任组长和副组长的市域社会治理领导小组和试点工作领导小组，分别由市县政法委书记兼任办公室主任，加强组织协调，全力推动工作开展。

第一，坚持党委统筹牵总。为做好试点工作，市委全面深化改革委员会第七次会议审议通过了《关于推进市域社会治理现代化的实施意见（试行）》和《邢台市市域社会治理现代化试点工作方案（试行）》，明确了市域社会治理现代化试点工作的时间表、路线图和任务书。将市域社会治理现代化试点工作作为市委

重点工作，发挥党委统筹牵总作用，系统推进工作开展。2021年3月，市委主要领导亲自谋划部署，创新建立重点工作推进机制，将市域社会治理试点工作纳入重点工作内容，每月召开全市推进会，听取市直牵头部门汇报，单项工作排名第一的县（市、区）和倒数第一的县（市、区），由地方党委一把手在会上分别做经验介绍和表态发言，有力促进了工作落实。

第二，建立"434"考评机制。"4"，即4级考核对象：市直部门、县市区、乡镇、村居；"3"，即3类考核指标：结果考核、过程考核、群众评议；"4"，即4种考评结果运用方式：公开通报、评先评优、绩效奖励、擂台比赛。实行"一月一考核、一月一通报"，对每个县（市、区）当月工作弱项提出整改意见，跟踪督办，定期反馈，形成奖优罚劣、严格落实的浓厚氛围。

第三，坚持重点督导推进。建立政法委机关处级干部包联县（市、区）工作机制，深入基层督导调研，帮助基层协调解决问题。市工作专班先后组织40余次专题调研督导，深入推动提升总结社会治理现代化工作。组织召开8次全市专门会议，对试点建设工作进行重点调度督导。特别是2021年11月，组织召开全市市域社会治理现代化试点创新暨"德治教化""自治强基"项目培树工作推进会，市委主要领导对试点创新工作进行全面安排部署，督促各级各有关部门全力打造邢台市域社会治理亮点品牌。

（二）坚持系统谋划，全力打造试点项目创新

始终坚持"全面建、重点创"工作思路，全面系统推进试点

项目创新，集中资源力量，加强学习借鉴，打造了一批有邢台特色、在全省领先的亮点品牌。

第一，狠抓系统谋划部署。制定了《邢台市市域社会治理现代化试点工作实施方案》等文件，创新构建"党委领导、政府负责、风险防范、公共安全、矛盾化解、民主协商和社会协同、基层自治、法治保障、德治教化、智治支撑"十大体系路径抓手，由市级领导牵头负责，压实市直参与单位和县（市、区）工作责任。在全省率先成立市级层面试点创新工作领导小组，制定《加强市域社会治理现代化"德治教化""自治强基"创新工作的实施意见》，明确德治教化"十大工程"、自治强基"十项重点工作"，细化52项具体任务，市级领导牵头负责，相关责任单位具体推动落实，为试点建设工作提供有力机制保障。

第二，注重风险隐患排查化解。邢台市委、市政府坚决落实党中央"疫情要防住、经济要稳住、发展要安全"的重要要求，按照河北省委政法委统一部署，以开展风险隐患排查整治专项行动为抓手，坚持排查、化解、打击"三位一体"推进，坚决守牢首都政治"护城河"邢台防线。一是政治安全领域。围绕涉政重点风险问题，持续加大排查管控和打击整治力度，坚决确保政治领域绝对安全。二是社会稳定领域。坚持拉网排查、主动防范，滚动式开展不稳定风险隐患排查化解行动。在化解房地产领域风险方面，实行"一事一议、一项一策"，持续加大攻坚化解力度，2022年以来，妥善化解了一批延期交房、非法集资案件等风险隐患，全市社会大局持续稳定。三是社会治安领域。坚持常态化推进扫黑除恶，深入开展打击整治"村霸""沙霸""矿霸"

等黑恶势力专项行动，持续推进四大行业领域整治工作。全市打掉涉恶团伙1个，抓获犯罪嫌疑人6名，破获敲诈勒索、寻衅滋事案件14起，持续营造严打高压态势。同时，组织公安机关集中化解电信网络诈骗多发、高发风险隐患，精准预警劝阻21万余人次，止付资金达5.14亿元，发案总量、损失金额分别同比显著下降。四是公共安全领域。持续对矿山、危化品、道路交通等重点行业领域开展排查整治，及时消除各类问题隐患。协调应急管理部门，扎实开展安全生产大检查，全市共派出检查组1032组，检查企业2万余家次，发现整改问题隐患23630个，关闭取缔32家。同时，深入开展交通安全排查整治，排查整治隐患风险点位134处，有效防范了重特大事故发生。五是市域社会治理领域。按照"村不漏户、户不漏人"的工作要求，在全市范围内集中开展矛盾纠纷大排查大化解行动，对各类矛盾隐患，全部建立台账，做到底数清、情况明。截至目前，邢台市共排查矛盾纠纷4708件，化解4513件，化解率96%。同时，坚持打防结合，在全市开展各类矛盾纠纷排查化解和命案防控工作，以防为主，打防结合，组织全市公安机关针对刑事命案，做到"即发即破"，2022年命案数较2021年减少28.2%。

第三，突出抓好全方面创新。深入挖掘推广县（市、区）特色亮点工作，及时收集汇总各地各部门好的经验做法，以邢台市市域社会治理现代化工作专刊形式印发全市推广学习，同时召开全市经验交流现场会5次，促进相互学习借鉴。一是在德治教化方面，探索"党建+德治"新模式，实施乡镇（街道）文明实践中心建设全覆盖工程，有力夯实了基层德治基础。南和区作为全省"道德红黑榜"发源地,着力推动"五德共治"德治教化工作新模式(道德红黑榜晒德、道德模范树德、道德讲堂弘德、道德档案载德、道德银行惠德),目前已在全市推广;临西县坚持以见义勇为工作为抓手,发挥牵头作用,联合县内爱心协会等7个公益协会共同发展,发动群众积极参与社会治理,有力促进了德治和自治工作开展;加大诚信体系建设力度,积极打造信都区"诚信商圈",形成商家和消费者良性互动。二是在自治强基方面,创新搭建"百姓议事厅""部门集中办"微信群平台,建成24小时在线、全市域覆盖的线上服务矩阵,为群众解决实际问题9万余件。坚持把选优配强基层"两委"班子作为"自治强基"的重要保障,通过2021年集中换届,村(社区)"两委"班子得到优化,主要工作指标均高于全省目标要求。在全市推广信都区"四方会谈、五步议事"民主协商经验做法。三是在防范风险方面,坚持"防为主、防为上""知隐患、清隐患"理念,积极探索构建防范—应对—处置"全周期"治理体系。创新推行"乡镇书记周六固定接访日"制度,建立接访事项、责任人及期限、办理反馈意见"三联单"机制,在基层叫响"有事儿星期六找书记"的口号,及时化解了一大批初信初访,全市信访量实现大幅下降,群众工作能力和基层治理水平明显提升。创新建立社会稳定研判分析机制和重大风险预警督办机制,每周组织有关部门集中会商研判,预警督办,累计编发研判分析报告137期,预警督办各类风险隐患800余条,全部得到及时处置,做到了早发现、早处置、早化解,有力维护了社会大局持续稳定。创新建立"146"矛盾纠纷多元化解体系("1"即成立由市委常委、政法委书记任组长的矛盾纠纷多元调处工作领导小组;"4"即市县乡村分级分类建设矛盾纠纷多元化解中心;"6"即人民调解、行政调解、司法调解、仲裁调解、复议调解、诉前调解多元衔接机制),研发运行矛盾纠纷多元化解调处信息平台,实现了县、乡、村三级矛盾纠纷多元化解中心全覆盖,一大批矛盾隐患化解在萌芽阶段。

第四,发挥基层首创精神。坚持以"小切口",释放"大成效",积极引导基层从实际出发,发挥传统优势,加大工作创新力度,一大批市域社会治理经验模式受到上级部门肯定和群众好评。一是聚焦基层基础,制定《村(居)民委员会协助工作事项准入管理办法》和《村(居)民委员会工作职责清单》,进一步厘清职责任务,推动自治工作扎实深入开展。创新建立城市社区"六位一体"统筹协调机制(党支部、居委会、业委会、物业、楼院长、综合服务站),实行"六步议事法"(收集议题、确定议题、会议协商、执行决策、监督反馈、居民评价),广泛开展"群众说事、百姓议事"活动,推动村居事务民议、民决、民办,在全省会议上作了典型发言。二是聚焦矛盾化解,邢台市隆尧县探索建立省市县乡四级人大代表接访、包联信访案件,参与市域社会治理工作机制,有力维护了社会和谐稳定;清河县创新开展"鉴调一体"化解矛盾纠纷新模式,积极推动各类人身损害纠纷一站式、透明化、高效化化解。三是聚焦民生实事,邢台市威县探索成立"民情办公室",搭建"民情通办"平台,整合10个社情民意反映渠道,实现群众诉求表达"一码汇总""一键通办",做到"民有所呼、我有所应",着力解决基层问题处理时效慢、周期长、抱怨多、责任压实难等问题，有效提升基层社会治理水平，取得了较好成效。巨鹿县创新搭建"巨好办"综合管理平台，探索"三体系、三渠道、三培树、三办理、三强化"的基层社会治理新模式。平乡县建立"平安E格"平台，充分发挥网格员在社会治理中的积极作用。

第五，创新推进理论研究。2020年12月，依托邢台学院，在全省率先成立市级市域社会治理研究院，在临西县成立了县级社会治理研究院，承担社会治理研究课题，组织宣传评选活动，为市域社会治理提供智力保障，在全市形成了"市级抓统筹、县级负主责、乡村强执行、社会同参与"齐抓共管、共同发力的工作格局。研究院成立以来，先后开展了"最美邢台社会建设百星"评选和市域社会治理创新实践案例评选活动，有效激发基层参与社会治理的积极性和广泛性，形成了《邢台市农村基层治理人才队伍建设现状与政策建议》等一批学术研究成果。2021年11月，成功申报省级重点培育智库（培育时间1—3年），启动省级调研课题"河北省基层社会治理德智案例研究"，并参与国家高端智库重点委托课题研究工作。

二、在"重点创"方面

根据上级安排部署，邢台市重点开展"发挥德治教化作用"和"发挥自治强基作用"两个方面的重点创新任务，我们从实际出发，具体作了以下探索。

（一）构建"五德共治"体系，全面提升德治教化实效

习近平总书记在党的二十大报告中指出："实施公民道德建设工程，弘扬中华传统美德，加强家庭家教家风建设，加强和改进未成年人思想道德建设，推动明大德、守公德、严私德，提高人民道德水准和文明素养。"试点工作开展以来，邢台市从构建德治体系入手，加强领导，强化保障，试点引领，全市推广，在全市开展"树德、晒德、弘德、载德、惠德"等系列活动，创新德治教化新途径，取得了润物细无声的良好社会效果。

第一，道德模范树德，培育德治新标杆。道德模范是一面旗帜，通过积极培树各级道德模范，发挥榜样作用，使之成为"德治教化"的中坚力量。一是注重道德模范培育法治化。将道德模范的评选表彰列入重要议事日程，以地方立法形式出台《邢台市文明行为促进条例》，坚持不懈地实施群众文明素质提升工程，将道德教育与文明城市创建、志愿服务等活动结合起来，内容不断丰富、标准不断提高。二是注重道德模范选树常态化。市级以评选月度"邢台好人"为抓手，把道德模范培育作为长期性工作来抓，已连续开展了六届"道德模范"（邢台楷模）评选；各县市区也广泛开展了"文明家庭""时代好人"等评选活动，逐步构建了区、乡镇、村（社区）三级道德模范选树工作网格系统。三是注重道德模范评选规范化。注重广泛发动基层群众参与道德模范评选，采取分层推选、优中选优，充分发挥各职能部门优势，成立由相关部门组成的评选表彰活动领导组，确保评选表彰活动顺利有序开展。

第二，道德红榜晒德，引领文明新风尚。为充分展示德治效果，在全市各村（社区）显著位置设立"道德红榜"，积极探索建立道德正向激励机制。一是广泛宣传发动。召开市、县（市、区）、乡（镇）、村（社区）四级动员大会，在全市20个县（市、区）171个乡镇5163个村统一设立"道德红榜"。二是规范晾晒内容。"道德红榜"围绕社会公德、家庭美德、个人品德三个方面，对县乡村涌现出来的关心集体、孝敬父母、诚信守法等先进典型和文明风尚，在红榜上进行大力宣传。三是定期张榜公布。每月评榜立榜议榜，对每月评议出的"红榜"内容，利用各级道德"红榜"及时发布，对上榜人员姓名、村组、上榜事由等进行实时公开。全市已累计发布"道德红榜"1477期，宣扬优秀事迹5440人。

第三，道德讲堂弘德，筑牢德育主阵地。坚持"道德讲堂"的常态化运作，切实加强德治教化阵地建设。一是有固定的场所。按照整合提升和新建相结合的方式，依托已有的阵地建设"道德讲堂"，确保"道德讲堂"的阵地固定起来。二是有规范的流程。按照"唱一首歌曲、看一部短片、诵一段经典、学一点礼仪、讲一个故事、作一个承诺、作一番点评、送一份吉祥"等"八个一"流程安排，认真设计每一个环节，确保讲堂流程规范、内容丰富。三是有充足的队伍。整合各类教育资源，建立来自道德模范、行业楷模等群众信得过的宣讲队伍，增强"道德讲堂"的吸引力、感染力。2022年以来，全市组建各级道德讲堂4459个，组建宣讲队伍4683支，轮流宣讲21113场，累计接受宣讲群众达148.7万人次。

第四，道德档案载德，激发公民荣辱感。为充分发挥先进事迹引领和对不良行为人的道德惩戒作用，以户为单位通过建立公民"道德档案"，将公民的日常道德表现纳入规范化发展轨道。一是明确道德档案内容。围绕律己守法、移风易俗、清洁卫生、创业创富、敬老爱亲等方面内容，量化细化具体行为评分细则。将户名、组别、家庭成员、政治面貌等家庭信息，良好表现及突出贡献事迹，违法犯罪、违反村规民约等不良表现登记入档。二是强化管理机构建设。村（社区）成立专门的道德档案管理小组，负责档案日常管理和评议召集工作；村（社区）干部、党员、驻村辅警负责信息发现、收集，并及时上报网格员；网格员具体负责档案信息的收集、整理、归档等工作。三是严格道德档案管理。档案由村委会管理，指定专人长期保存，作为各级各类先进人物评选参考依据。

第五，道德银行惠德，引导群众行善举。为进一步提升群众参与文明实践的热情，让"有德者得实惠"，参照银行储蓄形式，以家庭为单位建立"道德银行"账户，将村民道德行为予以细化量化，对村民的道德行为进行积分管理，存入村民道德银行，凭借道德积分可到"道德银行"超市兑换生活用品。一是量化文明实践内容。围绕"环境卫生、乐于奉献、孝老爱亲、诚实守信"等考评内容，明确赋分标准，将善举美德、好人好事行为量化积分，对村民的道德行为进行积分管理，存入村民"道德银行"存折。二是规范积分管理。成立以"党支部+道德评议会+红白理事会人员"组成的道德积分管理工作领导小组和积分评定监督小组。评定结果季度通报，年度公示，由村积分评议小组建立积分管理台账，核发当年积分卡。三是落实积分兑换。将积分结果与评先选优、惠民政策挂钩，积分实行累积使用，奖励之后不清零、不作废、终身有效，增强积分管理的含金量和吸引力。

（二）发扬诚信美德　创建信用示范城市

习近平总书记在党的二十大报告中指出："弘扬诚信文化，健全诚信建设长效机制。"邢台市坚持发扬中华民族重信守诺的传统美德，坚持高位推动、制度先行，在健全机制办法、深化场景应用、强化结果运用等方面大胆创新，形成了一套科学有效的信用体系建设模式，为新时代经济社会高质量发展提供了有力支撑。截至目前，邢台市在全国261个地级市信用城市监测排名位列第20名，连续15个月保持全省第一。

第一，创新信用制度，夯实信用城市基础。邢台市将推进信用立法、完善信用法律法规体系作为社会信用体系建设的基础工程，探索创建具有地方特色的法规制度。一是推动信用法治化建设。经邢台市政府提出立法议案，市人大常委会三次审议、表决通过，并报请省人大常委会审查批准，《邢台市社会信用促进条例》（以下简称《条例》）于2022年7月1日起施行，这是河北省设区的市中首部规范社会信用关系的地方性法规。《条例》将信用体系建设成果和要求以地方性法规的形式固定下来，为邢台市持续推进社会信用体系建设，着力营造诚实守信社会环境提供了有力法治保障。二是完善信用制度。制定《邢台市禁止燃放烟花爆竹规定》《邢台市物业管理条例》《邢台市评审专家进场评审行为信用评价办法》等规定将个人和企业违法违规行为纳入信用记录。截至目前,全市制定信用建设相关制度3000余件,实现了21个重点领域全覆盖。三是推动信用信息规范化。为解决数据归集方式落后、部门数据沉淀在专网系统、信用数据更新不及时等共性难题,专门建立了信用数据归集协调机制,持续加大个人信用信息归集力度,拓展信用信息覆盖面。截至目前,全市社会信用信息征集入库共计2亿余条,实现了国家33类信用信息重点领域全覆盖。

第二,创新应用机制,激活信用城市生态。着力从平台建设向信用应用转变,突出政务诚信、商务诚信、社会诚信、司法公信等领域,激活信用城市生态,努力把邢台打造成"最可信赖的城市"。一是推行"信易+"应用,发挥信用媒介作用。打造邢台本地"信易+"应用"诚信牛城",开通个人信用画像,在餐饮美食、时尚购物、酒店住宿等17个领域,推出了以良好信用换优惠福利,"信易+购物""信易+餐饮""信易+住宿"等惠民场景全部落地。二是推行"信易贷",激活信用潜在价值。制定《关于深入开展"信易贷"支持中小微企业融资的实施方案》,明确政银企在"信易贷"中的角色和职能,明确工作标准、完成时限和奖惩措施,共同提高"信易贷"工作水平,建设邢台市信用融资服务平台,全市入驻"信易贷"平台金融机构39家、注册企业20439家、促成融资金额68.08亿元。三是推行"承诺制",放大信用比较优势。对76个政务服务事项的131项证明材料实行告知承诺制,只需提交承诺书即可办理相关事项。推进企业投资项目承诺制改革,建立"拿地即承诺,有地即开工"的审批新模式,项目平均开工时间压减30天。积极鼓励企业、个体工商户、重点行业人群进行信用承诺，全市归集信用承诺书118万份。

第三，创新奖惩办法，铸造信用城市品牌。着眼建设"有信走遍天下、无信寸步难行"的信用环境，坚持全流程发力，铸造信用品牌，靓化信用名片。一是严格失信惩戒，坚决打击破坏信用的不良行为。制定针对失信被执行人的联合惩戒措施清单和联合激励目录清单，将信用核查嵌入到各部门工作流程中，并与市一体化政务服务平台做对接，在审批过程中自动对需进行联合奖惩的对象进行拦截。截至目前，累计信用核查超300万次，市县两级在审批和监管工作中共产生联合惩戒案例4万件。二是坚持实事求是，积极引导企业信用修复。对行政处罚失信主体和黑名单主体，通过督促履责、约谈、培训等帮助其及时修复信用、退出黑名单，让黑名单清零，负能量转化。组织开展信用修复行动，建立信用修复全流程网上办理机制，企业在网上即可接受信用教育、修复信用，完成信用修复1.6万余件。三是培育信用理念，形成信用建设的强大合力。各级各部门通过诚信进社区、进学校、进企业、进农村、进家庭等"五进"形式，开展信用宣传活动2800余次，评选诚信企业100家，"诚信邢台"名片逐渐深入人心，知信、守信、用信正在逐渐成为邢台市民的共识，为进一步开展好工作奠定了坚实的群众基础。

（三）搭建"百姓议事厅"零距离服务群众有效提升基层治理水平

习近平总书记在党的二十大报告中指出："完善办事公开制度，拓宽基层各类群体有序参与基层治理渠道，保障人民依法管理基层公共事务和公益事业。"邢台市着力推动社会治理重心下移，探索建立"百姓议事厅"工作平台，最大限度把群众组织动员起来，广泛实行群众自我管理、自我服务，畅通反映问题渠道，有效解决民生诉求，实现从单一治理到共同治理，真正实现共建、共治、共享。

第一，织网搭台聚合力，构筑自治强基"共同体"。着眼"群众诉求无处反映、反映渠道单一"的问题，坚持"群众事群众议"，实现共商共治多元化。一是聚焦基层，为群众搭"平台"。设立贯通市、县、乡、村四级共计8505个群众议事微信群，依托新时代文明实践中心设立线下接待室，建成全域覆盖、线上线下一体、24小时在线的"百姓议事厅"。二是广泛参与，从群众中选"能人"。坚持问计于民、问需于民，将治理触角延伸到每个基层村居（社区），在全市招募9800多名责任心强、素质高、有威望的群众"代言人"作为文明实践联络员，通过议事平台，帮助身边群众反映诉求、化解矛盾。三是议事共商，让群众当"主角"。推行基层治理共商议事机制，聚焦群众关心的村居环境整治、拆迁改造、线上道德评议等重大事项，事前征询群众意见建议、事中主动接受群众监督、事后客观听取群众评价，形成了群众积极参与、大事一起干、小事商量办的基层治理氛围。

第二，高效务实抓运行，实现服务群众"零距离"。针对"群众诉求响应慢、解决慢"的问题，坚持"群众事群众办"，实现自我服务全覆盖。一是"闭环式"模式运行。群众将需求诉求集中反映至"百姓议事厅"，联络员随时关注回应、快速协商处理。对于解决不了的问题，及时上报解决，并第一时间反馈处理结果，形成纵向贯穿、横向覆盖、有机衔接、运转顺畅的工作闭环，确保群众关切有效解决。同时，加大宣传力度，组织市县两级媒体开设《群主的故事》专栏，刊播近400期，讲述发生在"百姓议事厅"里的暖心故事。二是"全方位"服务管理。联络员随时搜集汇总身边的群众信息，重点探索建立"群众点单+志愿服务"新机制，对无法进群的残疾人、老年人等群体，通过"敲门行动"、走访服务等方式，搭建起党和政府"识民情、听民意、解民忧"的纽带，实现服务群众、帮助群众"全方位、零距离"。三是"多维度"触角延伸。拓展组建"家长议事厅""商户议事厅"等多领域、多类别的议事平台，构筑"掌上百事通"矩阵，丰富议事、办事、咨询、听证等多项功能。引导社会力量参与，发动道德模范、身边好人、志愿者等社会力量，主动发挥自身优势，共同当好社会治理监督员、百姓身边信息员和党的政策宣传员。

第三，健全机制强保障，释放基层治理"新能量"。围绕"群众诉求解决不到位、解决不彻底"的问题，坚持"群众事群众评"，实现办理监督一体化。一是领导督办解决。组织全市20个县（市、区）委书记加入"百姓议事厅"和"部门集中办"工作平台，原汁原味听诉求、看结果、盯反馈，及时督促职能部门迅速解决到位，将进展和结果在议事平台公开晾晒，确保问题不解决不放过。二是部门集中办理。组织市、县两级设立"部门集中办"议事平台，及时协商解决乡、村两级重点难点问题，确保各类疑难杂症解决在市域。截至目前，已为全市群众解决实际问题10万余件。三是监督问绩问效。在县乡村三级"百姓议事厅"设置6712名专职监督员，县乡纪委监委负责同志担任同级监督员，人大代表、政协委员、热心群众担任村（社区）监督员，全程监督群众反映问题的解决落实情况，以扎实的基层治理成效，提升市域社会治理现代化水平。

（四）"四方会谈、五步议事"打造基层民主自治新模式

习近平总书记在党的二十大报告中指出："健全基层党组织领导的基层群众自治机制，加强基层组织建设，完善基层直接民主制度体系和工作体系，增强城乡社区群众自我管理、自我服务、自我教育、自我监督的实效。"2021年3月，我们以邢台市信都区羊范镇祁村被民政部确定为"全国村级议事协商创新试验试点单位"为契机，以信都区为试点，在农村推行"四方会谈、五步议事"协商机制，构建起民主决策、民主自治的农村治理体系，大幅提升了人民群众的安全感满意度。目前，已在全市推广。

第一，采取"四方会谈"方式，夯实议事协商基础。为确保村级议事协商的公开性、广泛性和公正性，规范议事组织体系。一是坚持党建引领。印发《在全市推广信都区"四方会谈、五步议事"经验做法的实施方案》，明确工作流程、人员构成、工作职责、保障措施等内容，构建起村党支部领导、各类协商主体共同参与的议事协商机制，实现村级议事协商制度化、程序化、科学化。二是配强人员力量。由村民代表推选出若干名政治觉悟高、作风正派、办事公道的"两委"干部、群众代表、老干部代

表、乡贤代表作为议事会成员，组成议事协商会；议事协商会设主任1名、副主任1名，议事会成员若干名，构成"四方会谈"组织体系，搭建起村"两委"和党员、村民代表之间的协商共治桥梁。三是开展议事协商。每月定期召开议事协商会，"四方"代表民主协商解决村民事务和群众诉求，一般事项议事协商会现场解决，重大事项提交党员、村民代表大会审议通过，实现了民议、民决、民办。

第二，实施"五步议事"机制，化解基层治理难题。为规范议事程序，建立议事过程闭环管理，做到事事有效落实，件件得到反馈。一是创新议事流程。议事协商会下设综合审查组、民生实事组、综治民调组、文明新风组、村庄发展组、环境卫生组等6个小组，根据个人专长，将议事会成员分别编组到6个小组。按照收集意见、确定议题、会议协商、执行结果、监督反馈"五步议事"流程，及时、全面、民主解决村庄发展、民生实事、环境卫生、矛盾调处、公益事业等事项，做到发现问题更全面、解决问题更主动，农村党组织的向心力、战斗力、凝聚力进一步增强。二是全面收集议题。每月上旬，由村"两委"干部、网格员收集需协调解决的问题，上报综合审查组。综合审查组对上报问题进行分类梳理，分派到5个议题小组，由综合审查组和5个议题小组组长共同研究确定上会议题。每月定期在民主议事厅召开议事协商会，协商解决上会议题。三是分组化解问题。对议事协商会决议的问题，由"两委"干部牵头执行落实，5个议题小组分类推动解决，相关议事会成员全程监督，并及时向"两委"会和问题当事人反馈办理结果。2022年以来，全市召开村级议事协商会9830次，收集协商事项11540件，化解群众诉求9344件，群众满意率达98%以上。

第三，实现零距离服务群众，促进农村和谐稳定。通过实行村级"四方会谈、五步议事"协商机制，提升了群众参与热情，拉近了村干部和群众关系，村级重大事项得到及时圆满解决。一是知民懂人心。村级议事协商机制的实行，促使村"两委"干部、网格员更加主动深入群众，察民情、知民意，更好促进了群众对乡村发展、民生实事、社会治安等方面所期所盼事项的落地落实，架起了村干部与广大群众之间的"连心桥"。二是便民得人心。建设综合服务站，方便群众办理劳动保障、卫生健康等业务，群众满意度显著提升。三是帮民暖人心。议事协商会定期组织议事会成员走访慰问群众，帮助群众解决子女就学、生活困难等问题，获得群众一致好评。四是乐民娱人心。建设新时代文明实践站所、村民活动广场、法治公园等场所，方便群众健身、普法、娱乐，陶冶高尚情操，倡导时代新风。五是安民稳人心。议事协商会及时就地解决各类矛盾纠纷和社会治安问题，坚持依法办事，维护群众合法权益，做到"小事不出村、大事不出镇、矛盾不上交"，促进了农村和谐稳定，提升了市域社会治理效能。

两年多的市域社会治理现代化试点工作，我们深感责任重大，始终坚持以习近平新时代中国特色社会主义思想为指导，按照中央政法委和河北省委政法委安排部署，做了大量基础工作和探索创新，取得了一定成效，但仍任重道远。下一步，要深入贯彻落实党的二十大精神，深刻领悟"两个确立"的决定性意义，增强"四个意识"，坚定"四个自信"，坚决做到"两个维护"，持续深入做好市域社会治理现代化工作，不断增强人民群众获得感、幸福感、安全感，切实提高社会治理水平，建设更高水平的平安邢台，坚决当好首都政治"护城河"，为中国式现代化河北场景作出更多邢台贡献。

以问题为导向　深入推进市域社会治理现代化的乐山实践

廖全军
乐山市委常委、政法委书记

新中国成立以来，社会治理经历了"社会管制""社会管理""社会治理"三个不同的历史阶段。党的十八大以来，根据推进国家治理体系和治理能力现代化的总目标和总体部署，党中央在一系列重要文件中用"社会治理"概念取代了"社会管理"概念。习近平总书记指出："治理和管理一字之差，体现的是系统治理、依法治理、源头治理、综合施策。"党的十九届四中全会提出"构建基层社会治理新格局"的战略目标和"加快推进市域社会治理现代化"的行动目标。党的十九届五中全会进一步提出"加强和创新市域社会治理，推进市域社会治理现代化"。党的二十大报告作出"完善社会治理体系"的战略部署，并提出"加快推进市域社会治理现代化，提高市域社会治理能力"，进一步凸显了市域社会治理现代化的重要性和紧迫性。乐山市作为全国第一期市域社会治理现代化试点城市，近年来，在实践中注重把握推进市域社会治理现代化的"六个基本问题"，积极探索具有时代特征、区域特色的治理新路子，试点工作取得明显成效。

一、深刻认识市域社会治理现代化的重大意义，把握"为什么"的问题

（一）推进市域社会治理现代化是发展所需

市域是城市和农村两种社会形态的结合体，市域的管辖范围内聚集了政治、经济、文化、产业、金融、商贸、人流、物流等各类要素，具有完备的党的组织、政府、企业、社区、社会组织等治理主体，市域层面对上承担贯彻落实中央决策部署的重要责任，对下承担指导基层一线的职责，处于国家治理与县域治理及基层治理的中枢承接地位，把市域作为一个完整的治理单元，赋予其治理创新的支撑和动能，能够充分发挥城市的辐射带动作用，有效推进城乡一体化，让社会治理成效更均等地惠及城乡居民。

（二）推进市域社会治理现代化是民心所向

当前，我国的社会主要矛盾已经转化为人民日益增长的美好生活需要和不平衡不充分的发展之间的矛盾。中国特色社会主义进入新时代，人民群众美好生活需要日益广泛，不仅对物质文化生活提出了更高要求，而且对民主、法治、公平、正义、安全、环境等方面的要求日益增长。从社会治理层面来看，人民日益增长的美好生活需要体现在"四个转变"上。一是从实现基本

物质文化需要向同步追求高品位物质文化生活转变，不仅希望吃饱、穿暖、住好，而且期待食品更安全、生态更美好、服务更均等、社会更和谐，盼望过上更加幸福的生活。二是从实现外在物质文化需要向同步追求精神心理满足转变，不仅希望人身权、财产权不受侵犯，而且期待个人尊严、情感得到更多尊重，隐私、名誉、荣誉等人格权得到有效保护。三是从注重现实安全向同步追求长远安宁转变，更加关注改革发展大局、民主法治建设，期待权利有保障、权力受制约、公正可预期的良法善治，对严格执法、公正司法有更高要求，希望对自身发展有更长远的预期和更持久的信心。四是从单纯的个体受益向同步追求参与社会事务转变，更加关注共商共建共治共享，更加重视知情权、参与权、表达权、监督权，对社会事务参与意愿强烈，希望在促进社会发展进步中更好地实现人生价值。

（三）推进市域社会治理现代化是形势所系

市域是观察矛盾风险走向的晴雨表。我国经济社会发展中出现的一些新情况、新问题往往最先在市域内显现，分析掌握市域矛盾风险的规律特点，有利于从总体上把握我国现阶段社会矛盾风险态势，提高防范化解风险的预见性。与省域相比，市域直接面对基层一线、直面基层社会治理各类问题，对群众新需求的感受比省域更直接、更灵敏，又有比县域更充足的资源和手段及时有效回应群众需求，对治理难点及治理隐患能够及时捕获、反应敏捷，因而更利于从微观层面拿出针对性、及时性、有效性更强的治理方案。将重大矛盾风险化解在市域，可以防止单个风险演变为系统风险、局部风险演变为全局风险，利于巩固全国稳定的"基本盘"。

正是在推动高质量发展的现实需求下，在社会主要矛盾发生历史性变化的社会背景下，在顺应安全形势的客观要求下，推进市域社会治理现代化这一崭新课题走上了新时代的舞台。

二、准确领会市域社会治理现代化的丰富内涵，把握"是什么"的问题

一方面，理解市域社会治理现代化这一概念，应该从空间范围、行动主体、治理手段、治理目标四个基本要素来看。从空间范围来看，市域社会治理是国家治理在设区的市域范围内的具体实施。市域作为城市和农村两种社会形态的结合体，既包括行政区域内的城市社区，又包括城镇社区和农村社区，因此，市域社会治理是城市社会治理与农村社会治理的融合体。从行动主体来看，市域社会治理是市域范围内党委、政府、群团组织、经济组织、社会组织、自治组织、公民等多元行动主体，在党委领导、政府负责、民主协商、社会协同、公众参与、法治保障、科技支撑的社会治理体系基础上开展的一种社会行动。从治理手段来看，市域社会治理是市域社会治理主体运用党建、法律、道德、心理、科技、村规民约等多种社会规制手段开展的一种社会行动。从治理目标来看，市域社会治理的直接目标是化解市域社会矛盾、解决市域社会问题。其终极目标是促进市域社会和谐稳定。简而言之，就是要加快城乡要素资源融合、城乡发展一体，

城市发展与市域治理协调。

另一方面，要准确把握市域社会治理与城乡基层治理的辩证关系。从层级看，市域社会治理是国家治理的中观层面，城乡基层治理是国家治理的微观层面，两者是不同层级的治理形态，但都是中国特色国家治理体系的重要内容，两者的治理理念、目标手段等内在逻辑高度契合。从范畴看，市域社会治理的根本着力点在"社会"领域，城乡基层治理的着眼点是基层地区的治理，涵盖经济、政治、文化、社会、生态文明等领域。城乡基层治理重心在基层、治理力量在基层、治理资源倾斜在基层，是推进市域社会治理的基础细胞和实践载体，只有把基层基础工作做实做强，才能打通市域社会治理的"神经末梢"。城乡基层治理的成效直接关系到市域社会治理的成效，市域层面加强对不同层级社会治理的统筹协调也将有助于城乡基层治理成效的更大发挥，两者是相互融合、相互促进的关系。

三、深入践行市域社会治理体制现代化的根本要求，把握"谁来治"的问题

市域社会治理现代化是一项宏大的系统性工程，必须充分发挥社会各方主体的积极性主动性创造性，建设人人有责、人人尽责、人人享有的社会治理共同体。

（一）坚持党委领导

国家治理体系是由众多子系统构成的复杂系统，这个系统的

核心是中国共产党。党委领导的重点是"抓大",主要是"引领指路",通过不断健全党委领导社会治理体制机制,发挥党总揽全局、协调各方的作用,构建上下衔接贯通、左右协调联动的工作体系,推动社会治理融入经济社会发展全过程,推动社会风险防控贯穿规划、决策、执行、监管各领域各环节,真正把党的领导优势转化为社会治理实效。近年来,乐山市始终将党的领导贯穿市域社会治理全过程、各方面,市委常委会、深改委会定期听取市域社会治理现代化试点工作汇报,研究解决重大问题,推进重点任务。健全部门信息互通、资源共享、工作联动机制,成立党政"一把手"为双组长的平安建设领导小组,组建专项组10个、工作专班N个,形成"1+10+N"工作体系,11个县(市、区)均建立平安建设协调机制,为推进市域社会治理现代化进程夯实了组织基础。

(二)坚持政府负责

政府负责的重点是转变角色,做好服务,改变过去对社会事务大包大揽的做法,按照转变职能、理顺关系、优化结构、提高效能的要求,构建职责明确、依法行政的政府治理体系。强化社会治理职能,巩固法治政府创建成果,用好地方立法权,不断完善社会治理的法规政策、营造良好的发展环境。努力建设服务型政府,培育良好的社会服务体系,提供优质高效的公共服务,确保政府在社会治理中既不越位又不缺位。近年来,乐山市在推进市域社会治理现代化工作中,市政府每年明确可量化、可评价的社会治理阶段性目标,强化公共财政和人力物力保障,市县两级政府持续规范乡镇（街道）政务服务、公共服务、公共安全等事项，推动建立乡镇（街道）与县级有关职能部门之间高效协调机制，推广"街乡吹哨、部门报到"和"接诉即办"等经验。公安、交通、卫健等部门大力开展行业系统平安创建，创成一批平安校园、平安小区、平安交通、平安医院等平安建设示范单位。

（三）坚持群团助推

群团组织具有广泛的代表性，涉及社会生活的方方面面，其协作治理的程度直接关系到市域社会治理效用的发挥，必须把适合群团组织承担的一些社会管理服务职能按照法定程序转由群团组织行使，使群团组织重回"群众性"本色，加强政治引领、示范带动、联系服务，精准对接群众需求，实现精准治理。近年来，乐山市健全党建带群建制度机制，加强群团组织阵地建设、项目筹划、资源使用、力量调配等方面整合联动，明确工会、共青团、妇联、法学会等群团组织在维护公共利益、救助困难群众、化解矛盾纠纷、预防违法犯罪等方面的具体任务，拓宽群团组织参与市域社会治理的制度化渠道，充分发挥群团组织"枢纽"作用，群团组织在群众中的影响力、号召力、凝聚力进一步提高。

（四）坚持社会协同

社会组织是社会治理不可或缺的重要力量，在配置社会资源、提供社会服务、维护社会稳定等方面具有积极作用，必须扩大社会组织参与社会治理渠道，加强基层党组织与社会组织密切联系，重视发挥市场机制的作用，规范政府购买服务机制、流程和绩效评估办法，借助其资源、技术、人才等优势，提高社会治理专业化水平。近年来，乐山市健全完善党领导社会组织制度，聚焦健全社会组织培育扶持机制，推进社会组织参与社会治理覆盖工程，大力培育公益性、服务性、互助性社会组织，创新"服务集成"公益项目运作模式，探索"契约化"共建，推动政府与社会组织以"协议+清单"方式提供社会服务，加强综合监管，落实督导检查、社会监督机制，切实发挥社会组织在化解矛盾纠纷、维护社会稳定中的积极作用。

（五）坚持公众参与

现代社会治理，更加强调共同参与、共同主事，倡导共建共治共享。必须尊重人民群众的主体地位和首创精神，真诚拜人民为师，虚心向群众学习，坚持和完善基层群众自治制度，走好网上群众路线，既会"面对面"，又能"键对键"，推动听民声察民情常态化，构建起市域社会治理网上网下同心圆。近年来，乐山市围绕创新完善群众工作机制，打造"积分制"管理模式，自主研发县、乡、村三级乡村社会治理积分制管理系统，细化社会治安、公益美德、奖励惩罚等5大类、69个积分评比项目，依托村级党费补助、村集体经济注入、成功人士捐助等方式筹集红色公益奖励基金，村（社区）成立以支部委员会、村（居）务监督委员会、村（居）民代表共同组成的积分管理审核委员会，对村（居）民积分进行审核认定，设立积分"红黑榜"，推行"现金+

积分""物质+精神"等复式奖励，按积分比例予以现金奖励，广泛发动群众参与社会治理，相关经验做法在全国市域社会治理现代化试点工作交流会上交流。

四、着重突出市域社会治理方向和重点，把握"治什么"的问题

市域社会治理现代化是推进平安建设的载体抓手，就是要把大问题大风险解决在当地，拓展平安建设的广度和深度，最根本是着眼于"社会"领域，不能把经济、文化、生态文明建设等内容都纳入进来，导致工作"无所不包"，出现"小马拉大车"现象。

（一）着力防范化解政治安全风险

政治安全是党和国家安全的生命线。必须坚持把维护政治安全放在首位，加强市域维护国家安全力量、能力建设，建立健全政治安全风险研判、防控协同、防范化解机制，严密防范、坚决打击境内外敌对势力渗透、破坏、颠覆、分裂活动，坚决消除市域内影响政治安全的苗头隐患。近年来，乐山市健全市县两级国家安全人民防线组织体系，统筹推进反分裂、反渗透、反颠覆、反恐怖、反邪教、反间谍斗争和意识形态领域斗争，深化依法常态化治理，组建乐山市反邪教协会，建成市级反恐怖情报中心，持续深化严打暴恐专项行动，有效确保敏感节点全市政治社会大局持续稳定。

（二）着力防范化解社会治安风险

社会治安是社会稳定的基本盘，社会治安风险是各类重大风险中最广泛、最多发的一类风险，社会治安状况如何，是衡量一个地区群众安全感的温度计。近年来，乐山市统筹"打防管控建治"，深化立体化、信息化、智能化社会治安防控体系建设，提升特殊人群服务管理工作水平，创新和完善打击犯罪的新机制新手段，重拳打击突出违法犯罪，开展打击整治电信网络诈骗、养老诈骗、拐卖妇女儿童犯罪等专项行动，深入推进新时代禁毒人民战争，接续推进三年扫黑除恶专项斗争和常态化扫黑除恶专项斗争，依法打掉涉黑组织11个、涉恶集团和团伙120个，立案审查调查涉黑涉恶腐败和"保护伞"问题241件，一批重点行业领域乱象得到整治，2021年乐山平安建设群众满意度排名全省第6位。

（三）着力防范化解社会矛盾风险

在世纪疫情与百年变局叠加之下，当前社会矛盾风险不仅面广量大、多发易发，而且关联性、复杂性、易燃性、隐蔽性也持续增强，关键要坚持和发展新时代"枫桥经验"，有效化解历史遗留累积的存量问题，着力管控新形势下出现的增量问题，坚决遏制各类矛盾交叉感染、叠加升级产生的变量问题。近年来，乐山市强化矛盾纠纷源头治理，构建"1+12+N"社会心理服务体系，打造国家级水平的社会心理服务平台"海棠心悦"App，实现对重点人群早期筛查、预警和危机干预。加强对特定利益诉求群体情绪疏导、困难帮扶、教育稳控、依法处置等工作，推行矛盾纠纷"三色预警"、联动联调、跟踪督办机制，围绕婚恋家庭、邻里关系、征地拆迁等重点领域，开展拉网式大排查、大起底、大化解，打造"50+"等纠纷调解品牌，矛盾纠纷化解成功率保持在98%以上，防范化解邻里、家庭矛盾纠纷相关做法在中央政法委"防范化解社会矛盾风险"试点创新第一届研讨会上作经验交流。

（四）着力防范化解公共安全风险

公共安全一头连着千家万户，一头连着经济社会发展，是社会安定的重要体现，是人民安居乐业的重要保障。从提出"统筹发展安全两件大事"，到部署"防范化解重大风险"，再到要求"疫情要防住、经济要稳住、发展要安全"，党对发展和安全辩证统一关系的规律性认识达到了新的高度。近年来，乐山市完善金融风险监测预警体系，督促8家不合规或不具备经营能力的地方金融组织退出行业，引导金融机构回归本源，用足用好"战疫贷""政担银"贷款等政策产品，支持实体经济发展。开展危险化学品、矿山、燃气、建筑施工等领域隐患大排查大整治，全市生产安全事故发生数、死亡人数同比分别下降17.6%、29.03%。开展自建房安全专项整治，排查城镇自建房3.36万栋、农村自建房45.1万户，有效消除违法建设、非法经营等安全隐患。开展"减量控大"专项行动，全市道路交通事故发生数、死亡人数同比分别下降17%、29.82%。

（五）着力防范化解网络安全风险

当前互联网已深度融入社会、经济、民生、文化等各个领域，成为意识形态斗争、滋生新型犯罪、应对处置社会舆情的"最大变量"，既给政法机关维护国家安全和社会稳定带来了巨大的风险，也给政法宣传舆论工作带来了空前的挑战。近年来，乐山市严格落实"三同步"要求，强化舆情监测、引导、反制，开展清理网络有害信息等专项行动，依法打击网络攻击、网络窃密等违法犯罪行为，加强关键信息基础设施保护，推进数据安全监管体系建设，强化采集、存储、应用、开放等环节安全保护，有效封堵一批网络安全漏洞。

五、探索创新市域社会治理方式和手段，把握"怎么治"的问题

市域社会治理面对的治理主体多样、矛盾多样、需求多样，需要走政治、法治、德治、自治、智治"五治融合"的道路，推动治理方式现代化。

（一）发挥政治引领作用

政治引领既是我们党百年奋斗的重要经验，也是我们党治国理政的重要特色，更是社会治理的重要方式，必须更好地运用政治思维和政治方式，横向构建起共治同心圆，纵向打造好善治指挥链。近年来，乐山市把推进市域社会治理现代化、深化平

安建设工作纳入经济社会发展规划，健全落实政治督察、执法监督、纪律作风督查巡查等制度机制，推动党委政法委工作监督与政法单位内部监督联动协同，加强与纪委监委、组织等部门互联互通，形成监督合力，确保建设更高水平的平安中国、推进市域社会治理现代化等党中央重大决策部署在乐山市全面贯彻落实。

（二）发挥法治保障作用

法治具有固根本、稳预期、利长远的作用，既是国家治理的有效方式，也是实现国家治理现代化的有力保障，以市域为主体单元开展社会治理现代化，而不是县域，有一个重要的原因，就是设区的市具有立法权。近年来，乐山市坚持"小切口、真管用"精准立法，主动对接加快提升乐山区域中心城市发展能级、建设"中国绿色硅谷"和世界重要旅游目的地等重大发展战略，围绕社会治理薄弱环节，先后出台了9部地方性法规、地方政府规章，为破解市域社会治理难题提供有力的法制保障。其中，《乐山大佛世界文化和自然遗产保护条例》《峨眉山世界文化和自然遗产保护条例》是全国范围内首次由设区的市为世界双遗产量身定做的地方性法规，为世界双遗产保护披上了法治"金字"外衣。

（三）发挥德治教化作用

治理社会必须一手抓法治、一手抓德治，既重视发挥法律的规范作用，又重视发挥道德的教化作用，使法治和德治在社会治理中相互补充、相互促进、相得益彰。近年来，乐山市在全市范围内开展"践行十爱·德耀嘉州"活动，实施"教育引领""宣传引领""奉献引领""文化引领""示范引领""榜样引领"六大行动，加强社会主义核心价值观阐释，完善细化见义勇为权益保障政策，表彰奖励见义勇为英雄模范424人。深入开展"文明家庭""廉洁家庭""绿色家庭""五好家庭"等特色创建，100%的城市社区和83%的农村社区建立家长学校或家庭教育服务站点。

（四）发挥自治强基作用

基层群众自治是社会治理方式中体现人民当家作主的重要标志，是我国最直接、最广泛、最生动的基层民主实践，是全过程人民民主的有效探索。在市域社会治理中要深刻把握自治的内涵实质，围绕"让村（社区）充满活力又安定有序"目标，推动群众实施自我管理、自我服务、自我教育、自我监督，促进政府治理同社会调节、居民自治良性互动。近年来，乐山市完善村民议事会、村民理事会等自治载体，建立健全村规民约审核、备案公布和督促落实机制，广泛开展群众说事、民情恳谈等协商活动，建成全国民主法治示范村9个。完善网格化服务管理机制，着力构建"全科网格、多网合一"，促进队伍、平台、流程、数据融合，全市划分网格2358个，配备网格员2374名，有效办理了一批与群众息息相关的事件。打造"心连心·邻里中心"便民服务综合体，构建城市基层治理"红色邻里圈"，实现"群众一句话诉求、社区五分钟响应、问题一小时办结"闭合循环。

（五）发挥智治支撑作用

当前，以绿色、智能、泛在为特征的新科技革命方兴未艾，现代科技正在为"中国之治"引入新范式、创造新工具、构建新模式。近年来，乐山市把握时代大势，着力把智能化建设作为重要的现代治理方式，构建"综治中心+网格化+信息化"社会治理模式，推进市县乡村四级综治中心规范化建设，全市1370个村（社区）"雪亮工程"实现全覆盖，"慧眼工程"累计推广建设15.1万路，省级智慧平安小区累计建成437个。实施智慧法院、智慧检务、智慧公安、智慧司法、智慧磐石"五大工程"，建设政法系统跨部门决策、治理、办案、服务、办公、管理"六大平台"，跨部门办案平台试点经验在全省交流。

六、不断增强市域社会治理规律性认识，把握"如何深化"的问题

通过这些年的治理实践，我们也进一步深化了对市域社会治理规律性特点的认识。一是必须坚持党的领导。坚持党的领导、人民当家作主、依法治国有机统一，是我国政治制度的本质特征。只有坚持党的领导，才能保证社会治理立场不变、方向不偏、力度不减，把制度优势转化为治理效能。二是必须坚持人民至上。只有坚持以人民为中心的发展思想，把不断满足人民群众对美好生活的向往作为市域社会治理的出发点和落脚点，才能更

好回应解决人民群众的操心事、烦心事、揪心事，不断增强人民群众获得感、幸福感、安全感。三是必须坚持分类治理。乐山既有类型多样、发展差异明显的广袤乡村，又有快速成长的城区，其中还有彝族聚居区。必须坚持因地制宜，充分考虑城乡差异和地区特点，分类施治、有的放矢，确保治理更加精准精细。四是必须坚持综合施策。市域社会治理涉及经济社会发展的方方面面，必须坚持长短结合、标本兼治，综合运用经济、行政、法律、道德、科技等多种手段，切实提升治理效能。五是必须坚持改革创新。面对经济社会不断发展的新情况新问题，必须把握时代大势，遵循治理规律，坚持用改革的思路和创新的办法解决治理中的问题，并积极运用新技术、打造新载体、营造新场景，不断为市域社会治理注入动力活力。这些经验我们将在今后工作中长期坚持、持续深化。

虽然乐山市市域社会治理取得了明显成效，但对照市域社会治理新要求以及人民群众新期待，工作中仍有一些需要我们高度重视和加强的方面。

第一，治理方式有待进一步优化。少数基层干部仍然沿用传统的治理理念，以管理者自居，惯于用老办法解决新问题，行政色彩较浓、民主协商不够。工作中重堵轻疏、简单粗暴等问题仍然存在，不善于精准管理。少数基层干部"轻源头、重事后""头痛医头、脚痛医脚"问题突出，工作主动性、前瞻性不强，对风险的敏锐性、预见性不足。

第二，资源配置有待进一步优化。当前各类治理平台在整合人员、职责、机制、数据等方面举措不多，离"多中心合一"还有较大差距，特别是综治中心的智能化应用还不够深。组织、政法、民政、农业、住建等部门均承担部分治理任务，但工作联动不足。乡镇（街道）政法委员对"两所一庭"基层政法力量有效统筹不够，网格党组织在统一指挥调度网格力量上还有明显不足。各部门投入基层的资金资源"撒胡椒面"较多，未给基层统筹的空间，难以实现最佳效益。

第三，体制机制有待进一步优化。乡镇（街道）对辖区内的生产生活、安全稳定、生态环境等均有"属地责任"，但没有多少执法权，是"看得见管不了"。市县管理部门有执法权，但"管得到看不见"，权责不对等导致基层一些违法违规行为未及时得到纠治。参与基层工作的部门较多，但部门之间职责边界不明晰，出现"九龙治水"现象，导致基层难以执行。各条线为压实责任均分别搞督导、搞考核，甚至同一项工作，镇村需要应付多个部门检查考核，信息数据重复填报、多头报送情况比较普遍，基层负担较重。

对于这些问题，我们将紧密结合在推进市域社会治理现代化乐山实践中总结的规律性认识，坚持以人民为中心的价值取向，着力在治理理念、治理措施上不断创新，不断提高市域社会治理能力和水平。

（一）创新工作思路，更新市域社会治理现代理念

推进市域社会治理现代化，离不开理念创新。我们要准确把握社会发展新特点、新变化、新趋势，坚持解放思想、与时俱进，以变应变、以新应新，以科学先进理念引领市域社会治理创

新发展。一是树牢系统观念。立足市域承上启下的中观定位，加强前瞻性思考、全局性谋划、战略性布局、整体性推进，增强"全周期管理"意识，准确把握各类风险的产生、发展、演变规律，完善事前事中事后全程治理机制，形成从源头到末梢的有机闭环，实现全过程、全要素、全链条、全场景的动态治理、系统治理。二是树牢共治理念。坚持把党的领导优势同政府的资源整合优势、社会组织的服务群众优势、人民群众的广泛参与优势有机结合起来，全面整合政治、自治、法治、德治、智治等社会治理方式，更加注重发挥社会组织、经济组织、群团组织、自治组织作用，更加注重力量统筹、资源共享，构建问题联治、工作联动、平安联创的治理新格局。三是树牢法治思维。加快有关市域治理的建章立制，形成与改革发展措施相符的成熟稳定的法律体系，对"市域社会治理现代化"形成总领，并有序引导公民和社会组织依照已制定的规章制度行为，使市域治理在法治轨道上有序进行。四是树牢底线思维。坚持问题导向、增强忧患意识，从最坏处准备、向最好处努力，把"保安全"摆在突出位置，构建上下联动、各方协同、保障有力的平急结合机制，增强防控化解重大风险的统筹力、执行力和前瞻性、实效性，严防"黑天鹅""灰犀牛"事件发生。五是树牢强基导向。大力推进基层综治中心规范化、实战化建设，完善首问负责、情况报告、应急联动、考核评价等工作机制，真正发挥其应对重大风险"指挥部"、汇集情报信息"参谋部"、解决治理难题"服务部"的重要作用。

（二）坚持人民至上，确保市域社会治理正确方向

习近平总书记指出，"打江山、守江山，守的是人民的心"，强调"人民群众是社会治理的力量源泉"。我们要把群众利益放在最高位置，始终坚持把以人民为中心作为根本价值取向，作为推进市域社会治理的出发点和落脚点。一是治理内容符合群众利益。时刻把群众安危冷暖挂在心上，从人民群众最急、最烦、最怨的事情抓起，紧密结合常态化开展扫黑除恶专项斗争，依法严厉打击"黄赌毒""盗抢骗""食药环"等影响群众安全感、满意度的违法犯罪行为，更快破大案、更多破小案、更准办好案、更好控发案；深入推进基层执法司法规范化建设，加快构建权责清晰、权责统一、监管有效、保障有力的执法司法责任体系，推动执法司法活动程序公开化、裁量标准化、行为规范化，着力解决好群众最关切的公共安全、权益保障、公平正义问题，减少社会不稳定群体，构筑稳定有序的社会治理体系。二是治理过程引导群众参与。坚持治理为人民、治理靠人民，以问计于民、问需于民、问效于民来彰显人民群众主体地位，在群众身边搭建便捷参与社会治理的入口，探索更接地气的参与途径，协调各方在同一空间交流、沟通、对话、协商，打破层级与条块制约，实现以共商促共识、以共识促共进。三是治理成效坚持群众评判。社会治理的成效怎么样，人民群众最有发言权、批判权。坚持以人民满意为标尺，尊重和保障人民的知情权、参与权、表达权和监督权，不断完善基层治理事务公开方式，进一步健全群众评价机制，切实将评价的"表决器"交到群众手中。

（三）注重分类施治，提升市域社会治理工作效能

准确把握各地的发展差异、民族差异、城乡差异，在普遍要求中突出重点、在全面推进中补齐短板，因地制宜、精准施策，加快形成更好匹配市域城乡格局演进趋势的治理措施。一是抓实城区治理。着眼主动承接超大特大城市产业转移和功能疏解，着眼主动承接农村向中心城市、县城转移人口，加快提升服务功能和生活品质，重点推动城市治理重心和配套资源向基层下沉，完善社区现代服务设施和信息平台配套，推动各项便民服务功能集成。推动义务教育、社会保险、就业保障等基本公共服务全覆盖，提高城镇中小学、幼儿园平安建设水平。着眼于超大城市交通一体化，加强城镇道路交通安全隐患排查整治，提高道路安全治理水平。二是加强民族地区治理。彝区突出治理与发展的融合，强化禁毒防艾、妇女儿童权益保护等重点工作，坚决防止毒品问题反弹，持续严厉打击家族、家支势力涉黑恶犯罪活动。完善易地扶贫搬迁集中安置点精细服务管理体系，把引导群众自治和推进移风易俗充分结合，以治理推进巩固拓展脱贫攻坚成果同乡村振兴有效衔接。三是推进乡村治理。加大教育、医疗、养老资源供给，加强对留守儿童、空巢老人、孤寡残疾人等困难群体关爱，切实维护其合法权益。扩大基本公共服务覆盖面，补齐公共服务、治安防控短板。常态化排查整治涉黑恶犯罪、邪教和非法宗教活动。推动移风易俗，着力整治高价彩礼、铺张浪费等问题，培育淳朴民风。四是抓好城乡接合部治理。严格落实"一标三实"责任，精准动态掌握流动人口实情实况，积极保障流动

人口劳动就业、社会保险等权利，加强新市民教育，完善义务教育、法律援助等基本公共服务，切实保障流动人口合法权益。加强各类治安乱点乱象整治，增加治安重点区域视频监控覆盖，严厉打击突出违法犯罪活动。全面排查整治宅基地、出租房、各类生产经营场所安全隐患，健全长效管控机制。

以人文化推动基层社会治理现代化

> 王东
> 青岛市市南区区委常委、政法委书记

习近平总书记在党的二十大报告中提出,"推进文化自信自强,铸就社会主义文化新辉煌""围绕举旗帜、聚民心、育新人、兴文化、展形象建设社会主义文化强国"。推进社会治理现代化要寓文化于社会治理之中,更好发挥文化在社会治理中的作用。"人"是社会治理以人民为中心,坚持人民主体地位。"文"是以文化人、以德润人,通过文化建设推动社会治理现代化。社会治理人文化既要实现优秀传统文化与现代文明相结合,又要推动自治、德治、法治相融合。

市南区是青岛市重要的中心城区,承接了最为优质的资源禀赋、区位优势、发展环境,也是青岛现代城市文化的发源地,历史悠久、文脉悠长。市南区在社会治理中坚持以"文"领航,用系统的思维和方式谋划推进工作,不断丰富具有时代特征、治理特性、市南特点的文化建设场景形式,将人文精神注入社会治理,以社会治理人文化驱动社会治理柔性化、法治化,不断推动社会治理创新。市南区社会治理人文化成果显著,连续两次荣膺平安中国建设最高奖"长安杯",是山东省唯一连获两次"长安杯"的县（市、区），连续16年站在了全国平安城区建设的"第一方阵"，群众获得感、幸福感和安全感走在全国前列。

一、以文聚魂：赓续红色血脉，持续推进党建引领

市南区全面传承红色精神，充分利用诸多红色资源和红色记忆，以红色文化凝心聚魂，打造红色阵地，持续推进党建引领，打造先锋党建品牌，夯实基层社会治理的根基。

（一）用活红色资源，提升思想指导力

市南区坚持从红色文化中汲取奋进力量，全力推动党建引领社会治理工作。依托党组理论学习中心组、"三会一课"等传统形式开展常态化党史学习，创新使用干部网络学院、学习强国等智慧平台实时学习，实现"线上+线下"同频共振。联合青岛演艺集团、依托区融媒体中心和新时代文明实践中心策划推出"回顾百年党史传承红色基因"红色电影公益展播活动，用红色光影讲述红色故事，深入挖掘红色历史内涵，用红色文化引领思想、荡涤心灵、塑造灵魂，引导广大党员干部群众深刻感悟中国共产党人的初心和使命。

（二）打造红色品牌，提升党建引领力

市南区大力推进党建品牌建设，实现全行业、全领域党建工作品牌化，发挥品牌引领作用，持续提升服务质效。以"市南先

锋"党建品牌为引领，推进实施"强基层基础、到基层领干、为基层赋能"工程，打造"暖南诉办"诉求解决品牌，畅通"区—街道—社区—网格"四级响应机制，实现各类诉求和社情民意信息直通，助推基层治理工作提质增效。发布《关于开展"一社区一品牌"创建活动的通知》，组织全辖区社区创建党建品牌。各行业领域结合行业专业特色，建立行业党建品牌，如物业服务行业的"先锋管家""党旗飘·多邦到"党建品牌，医疗健康领域的"红细胞""追梦南医""医路映初心"党建品牌等。为提高旅游服务水平，打造"假日之约"志愿服务特色党建品牌，通过加强党建品牌矩阵建设，激活发展红色引擎。

（三）建设红色阵地，增强社会凝聚力

市南区将城市红色历史与现代元素相融合，着力打造红色阵地，营造党建文化氛围，凝聚党心民心，夯实社会治理基础。依托海滨自然资源优势，把海岸线景观建设与长征精神融合，以"从红色记忆中走来——长征在路上"为主题，等比例还原长征路线，弘扬长征精神。承继团岛灯塔精神，打造灯塔纪念馆，让群众更好了解灯塔历史、领悟灯塔精神。系统提出"5+5"楼宇党建培育模式，在海天中心、中铁中心、华润万象城等地标性建筑打造了一批富有时代气息、功能完备、高颜值的党群服务中心，建成楼宇党史学习驿站、上街里"灯塔书屋"等理论学习阵地，创新建立"三分钟党建学习圈"，切实将人民群众看得懂、读得懂的党建文化送到一线，为城市高质量发展增添了强劲的"红色动力"。

二、以文促安：发挥文化支撑作用，推进平安市南建设再上新台阶

市南区在平安市南建设新的历史起点上，以平安文化建设为切入点，以文释法化诉，以文领航锤炼队伍，通过法治文化熏陶，增强法治保障力，建设更高水平的平安市南。

（一）以文厚植根基，建设平安高地

市南区高度重视平安文化建设，努力让社会治理既有"力度"，更有温度，推行全域"暖治理"新范式，以"润物细无声"的方式，把平安文化主动送到社区、送进千家万户。在旅游消费集聚区域，搭建"暖治理"服务站，开发"暖治理"品牌文创作品，把周到的服务和细致的宣传送到群众身边、细微之处，2022年以来提供各类服务1.5万余次。大力弘扬见义勇为精神，积极开展见义勇为人员确认、表彰活动，全力营造见义勇为、正气充盈、正义彰显的浓厚氛围，2023年共表彰积极分子17人，先进群体11个。打造多维度、多元化的政法文化载体，搭建共建共治共享的桥梁纽带，举办"政法文化下基层""建美丽青岛 创平安市南""文艺轻骑兵送安全，平安祥和过大年"等系列文艺活动，以原创文艺节目的形式，生动展示平安市南建设的特色战法、有力举措、良好成效，人民群众法治意识得到增强，安全意识得到强化，安全防线有力筑牢。

（二）以文释法化诉，预防化解矛盾纠纷

市南区兼顾法的刚性与文的柔性，坚持和发展新时代"枫桥经验"。以"和"为理念化解矛盾纠纷，着力深化"和解万家"工作品牌，实施"法治元素满视野"法治阵地改造，完善更新法治文化公园（广场）、"普法一条街"，开设"市南普法直播间"。创建"高、全、统、联、评"多元矛盾纠纷化解工作机制，打造"一站式"矛盾纠纷联合调解中心和街道分中心，成立市南区调解协会，构建起自下而上发现化解矛盾纠纷和自上而下统筹协调督办落实的闭环管理体系，扎实推进"一社区一工作室"创建活动，打造"乔帅民军地调解室""王文君工作室"等特色品牌，评选十佳调解员、十佳调解室、十佳调解案例，深化打造"枫桥经验"市南样板。

（三）以文领航锤炼队伍，锻造政法铁军

市南区以文化建设领航队伍建设，锻造政治、业务、责任、纪律、作风五个过硬政法队伍。举办"筑政治忠诚、提作风能力、铸政法铁军、展时代风采"政法文化季主题活动，开展了"感动市南"最美政法人物和政法工作创新成果评选、原创诗歌朗诵比赛、"最美网格员"故事分享会等16大板块活动，实现了"以文励警、以文铸魂、以文聚力"目标。实施习近平法治思想专题研修班项目，举办政法系统政治建设培训班，建立"评研述奖"青年干部梯次培养机制，以研促建、以学促干。打造"忠廉政法·长安市南"廉洁文化品牌，建立"谈查整塑"闭环治理机

制，锻造有纪律、讲廉洁的政法队伍。市南政法队伍成为一支讲政治讲党性、守纪律守规矩、为人民服务的法治建设主力军。

三、以文赋能：发展睦邻文化，赋能基层自治共治

市南区以"邻居节""邻里情""邻里汇"等形式推进睦邻文化发展，聚人气、聚力量、聚服务，激活基层自治共治力量。不断丰富"有事好商量，众人的事情由众人商量"的制度化实践，构建人人有责、人人尽责、人人共享的社会治理共同体。

（一）以"邻居节"聚人气，奠定居民自治情感基础

青岛邻居节从社区邻居节发展到区级邻居节，再壮大到市级邻居节，已经走过18个年头。青岛邻居节市南分会场每年举办一届，设计弘扬优秀传统文化、传递邻里互助温情、凝聚崇德向善力量、倡树时代文明新风等活动板块。邻居节通过丰富的主题和多彩的活动内容吸引社区居民广泛参与，不断增强居民向心力、凝聚力和认同感，为居民自治奠定了良好的情感基础。

（二）以"邻里情"聚力量，推进基层民主协商议事

市南区利用"老街坊""老邻居""老熟人""老感情"优势，发挥骨干居民带动作用，组织动员居民参与社区公共事务协商决策，打造网格自管共治模式。推进民主协商精细化，细化"民事民议、民事民决、民事民办、民事民督、民事民评"方式，丰富"小课堂、小讨论、小公益、小互动、小破解"等主题，形

成协商议事闭环机制。推动协商结果落地开花，让群众"议了不白议""说了不白说"，完成"口袋花园"改造改建、老旧排污管道更换、老旧楼栋电梯加装等工作，切实解决社区居民关注的问题。

（三）以"邻里汇"聚服务，构建邻里服务新空间

市南区联合养老、医疗公司，建成"邻里汇"社区活动中心，升级拓展社区全龄段居民服务工作格局。"邻里汇"社区活动中心集民生服务、养老服务、健康服务、公益服务、生活服务于一体，提供"社会工作服务""护理产品康复产品租赁""助老食堂""共享书吧""邻里饮吧""邻里学堂""健康小屋""便民超市"等八大功能区域，切实建成人民群众需要、人民群众满意的多功能、全覆盖社区共享空间。

四、以文立德：加强精神文明建设，充分发挥德治教化作用

德润人心，德行天下。市南区围绕新时代美德信用建设工作，以文化艺术为载体，着力提高公民道德水准和文明素养，推动美德和信用融入日常生活、加强美德和信用建设的支持保障，让"好客山东""厚道山东人"的金字招牌在青岛市南有了深刻写实。

（一）以倡树美德为龙头，提升社会文明程度

市南区深化公民道德建设工程，积极探索符合自身实际的实现路径和方法，出台《关于统筹推进美德市南和信用市南建设实施意见》，建立健全统筹推进美德和信用建设长效机制，明确各成员单位工作任务，加强部门间协调协作，在全区11个街道50个社区中，确立了一批试点街道和社区，鼓励先行先试。搭建信用舞台，号召各联创共建文明单位深入街道社区参与文明旅游、文明餐桌、文明出行等新时代文明实践活动，在奥帆中心、栈桥、小青岛等景点景区开展志愿服务，"美德融心·文明践行""文明海畔 志愿湛山"等文明倡树活动品牌深入人心。

（二）以志愿服务为抓手，提高社会治理温度

市南区大力弘扬睦邻友好、守望相助的文明风尚，深化"五为"志愿服务，将开展志愿服务作为推进人们相互关爱、传递文明风尚、倡树美德信用的重要渠道，提升社会服务水平、改善民生福祉、加强社会治理的有力助手。经统计，市南区共有志愿者103177人，其中注册志愿者83948人，占常住人口的14.47%，志愿服务队伍396支，相继涌现出"市南宣讲""帮到家""晓慧馨语"等志愿服务品牌和"四爱斯党员社区服务队""爱帮合声协会"等优秀志愿服务组织，"让座奶奶""义诊大夫"等先进典型，进一步传递社会正能量。

（三）以文化艺术为载体，传递道德力量

市南区依托丰富的艺术空间载体和时尚灵动的文艺气质，将文化艺术与精神文明建设相结合，持续建立完善发现好人、宣传好人、学习好人、关爱好人等长效机制，充分挖掘感人瞬间和凡人善举，传递温暖信念和城市文明，创作出《向海而歌，逐梦深蓝》《平凡的坚守》《无惧风雨 守护海岸的逐浪人》等一批优秀的视频短片、事迹宣讲、舞台表演和诗歌朗诵作品，生动展示了一个个发生在市南区干部群众身上的助人为乐、见义勇为、敬业奉献、孝老爱亲故事，形成了崇德向善、见贤思齐、德行天下的浓厚氛围。

五、以文塑城：传承创新历史文脉，推进历史城区保护和城市有机更新

市南区坚持在优化城市规划的基础上，用好用活历史文化资源，实现历史文化与现代城市建设发展的有机结合，不断提升城市品质，满足人民对美好生活的追求。

（一）以老建筑更新改造为契机，推进文化与经济社会发展深度融合

市南区把历史城区保护更新作为城市更新与城市建设三年攻坚行动的"一号工程"，有效活化利用老建筑，提高城区吸引力。组建上街里专家智库，围绕价值要素、历史变迁、空间再造

等内容，召开金库文博馆、大鲍岛里院、青岛庭院等主题文化论坛，为后续文化赋能，业态焕新、宣传推广等工作打下坚实理论研究基础。打造"上街里"城市更新活化品牌，按照"一片一景观，一街一特色，一院一产业"的要求，全面推进以中山路区域为主的历史城区保护更新。树立"老城潮街"品牌形象，推动青啤壹号传奇、中山路城市花坊、上街里书店、波螺油子餐厅等主力店焕新开业，重新定位银鱼巷的城市功能，引入《不眠之夜》特展及演艺项目、798艺术中心项目，大鲍岛区域63个特色文旅项目开放纳客，百年劈柴院焕新开放，三江里、太兴里成为新的潮流人气网红街区。既传承历史文化，实现城市老建筑的保护和活化，又利用老房子、老街区发展经济社会，有效提升了人民幸福感。

（二）以科技焕发老城新活力，推进历史城区智慧化街区建设

市南区利用大数据、AR、MR、数字孪生等现代技术，保护和激活文化遗产，推出"上街里·阅城"数据库，搭建阅城路线、建筑阅读、云赏街里、名人故居、文博场馆、时尚漫步等六大板块，实现历史城区道路、建筑、里院"历史可阅读"二维码全覆盖，打造VR智慧导览系统，提高数字化阅读水平，实现历史文化遗产焕活增值，讲出老城新故事。建成历史城区数字智能平台，构建历史城区"1+6"数字孪生应用体系，完整保留历史城区的数字化城市档案。实施"光影中山路·活力上街里"工程，打造线上虚拟城市景区，上线AR优质短视频等产品，构建

"街区街道+高科技多媒体+活动巡游"模式，有效发挥历史文化遗产以史育人的价值。

（三）以文化资源促发展，加快建设宜人宜旅之城

市南区整合海湾文旅资源、历史文化资源，加快推进"活力海洋之都""精彩宜人之城"建设，满足人民群众对高品质生活空间的需求。整合东西部优质旅游资源，发挥资源聚集效应，布局推出花海市南、海誓山盟、光影市南、文博市南、网红市南等五大特色主题文旅打卡线路。全面整合上街里"食、宿、恋、集、礼、博、游、乐"等特质资源，推出八大文旅产品，全链条多业态构建成上街里文旅产品体系。擦亮上街里·阅城文化品牌，发布安娜别墅、上街里书店（如是店）、城市记忆馆等"阅城十大文化空间"，举办"丈量青岛，阅读城市"等特色文化活动，完成中山路、大鲍岛区域"历史可阅读"展示牌优化提升，实现"街区可阅读、建筑可阅读、历史可阅读"。启动"山海湾城·美丽市南"原创音乐征集系列活动，以"音乐+"为活动线索和场景，串联海湾、老街、啤酒吧等文旅消费场所，用原创音乐讲述市南故事。持续擦亮市南时尚IP品牌，围绕酒吧、音乐吧、咖啡馆、博物馆等业态，加快繁荣时尚消费、时尚旅游等时尚经济。让市南成为一座来了就不想走的不夜城、浪漫城、时尚城、宜居城。

社会治理人文化的"市南样板"，为以人文化推动基层社会治理现代化贡献了探索经验，主要有三点经验和启示。第一，社会治理人文化坚持以人民为中心，突出人民在社会治理中的

主体地位。从社会治理过程看，人民是社会治理的主体，基层群众自治是社会治理的基础。市南区发扬"与邻为善、以邻为伴"的睦邻文化，以文赋能基层自治共治。以"邻居节""邻里情"吸引带动居民参与社区公共事务，打造网格自管共治模式。从社会治理结果看，社会治理要切实改善人民生活环境、解决人民生活困难、提升人民生活品质，治理成果要由全体人民共享。市南区高位推进平安市南建设、加快推进精神文明建设，为人民群众提供安全、文明、和谐的生活环境。加快推进历史城市保护更新，提高城市品质，不断满足人民群众对美好生活的需要。

第二，社会治理人文化以文化建设为抓手，推进社会治理现代化。传承和创新优秀传统文化，弘扬社会主义先进文化，重视地方特色文化，吸收现代文明，以文化人，以文塑城，更好发挥文化在社会治理中的作用。市南区延续红色血脉，全域持续推进党建引领社会治理，以红色文化凝心聚魂。秉承中国传统民本思想，增强人民福祉。传扬中华传统美德，注重德治教化功能，提高社会文明程度。市南区依托山海文化、"街里"文化，打造城市更新活化品牌，建设宜人宜居宜旅之城。创新文化载体、丰富宣传形式，通过文艺展演、文化阵地建设、网络平台直播等传播先进文化。利用大数据、AR等技术，建设智慧化历史城区，以科技焕发老城新活力。

第三，社会治理人文化坚持刚柔并济，在凸显人文关怀的同时，以法律为底线和保障线。社会治理既要以文化人、以德育人，发挥文化和道德的教化引导作用，又要依法治理、以法治理，发挥法律的规范和保障作用。市南区坚持法德共治，在加强文化建设、思想道德建设、精神文明建设的同时，重视法治建设，确保社会治理在法治的轨道内运行。

以"两进三下"工作模式深度融入市域社会治理 打造新时代"枫桥经验"大理检察版

崔庆林
大理州人民检察院检察长

党的二十大报告指出,国家安全是民族复兴的根基,社会稳定是国家强盛的前提。必须坚定不移贯彻总体国家安全观,把维护国家安全贯穿党和国家工作各方面全过程,确保国家安全和社会稳定。社会治理作为国家安全稳定的重要着力点,对推进国家安全体系和能力现代化,维护国家安全和社会稳定起着至关重要的作用。加快推进市域社会治理现代化,是推进社会治理现代化的切入点和突破口,也是助推"中国之治"的重要支点。必须坚持完善正确处理新形势下人民内部矛盾机制,加强和改进人民信访工作,畅通和规范群众诉求表达、利益协调、权益保障通道,完善网格化管理、精细化服务、信息化支撑的基层治理平台,健全城乡社区治理体系,及时把矛盾纠纷化解在基层、化解在萌芽状态。

新时代检察工作不仅肩负着法律监督的重任,还要积极践行

崔庆林 ▶ 以"两进三下"工作模式
深度融入市域社会治理 打造新时代"枫桥经验"大理检察版

新时代"枫桥经验",推动构建市域社会治理新模式,结合国法、人情多元化解社会矛盾纠纷,为人民群众排忧解难,不断增强人民群众的获得感、幸福感、安全感。大理州人民检察院找准检察职能深度融入市域社会治理的切入点,创新推出"两进三下"工作模式,即"12309"进综治服务中心、"检调对接"进综治服务中心,公益诉讼检察监督下网格、社区矫正执行监督下网格、未成年人司法保护下网格。力争为全面深入推进市域社会治理现代化,健全共建共治共享的社会治理制度,提升社会治理效能贡献检察力量。

一、"两进三下"提出的现实背景

(一)市域社会治理的"更新"

从"社会管理"到"社会治理",虽然只是一字之差,却是党的执政理念和政策思路在社会领域的一次全面提升,体现的是系统治理、依法治理、源头治理、综合施策,反映的是党对社会运行规律和治理规律认识的深化。而市域是宏观与微观的转承点,更要成为撬动国家治理现代化的战略支点。市域在推进国家治理体系和治理能力现代化中发挥着承上启下的重要作用。市域社会治理不能简单等同于基层社会治理,如果没有把握好市级主题、发挥市级优势、突出市域特点,就会导致工作目标不明、着力点不准、推进力度不大。"管理"到"治理"的变革需要从多方面进行努力。在行动理念上,要实现从管理到服务的转变，一切社会管理部门都是为群众服务的部门，一切社会管理工作都是为群众谋利益的工作；在行为主体上，要从过去一元化管理体制向多元化协同治理体制转变，推动政府治理与社会自我调节、居民自治良性互动；在行动取向上，要从管控规制转向法治保障，顺应全面依法治国要求，以法治精神为引领，以法律手段破解难题，以社会治理法治化推进法治社会建设。

大理州于2020年被中央政法委纳入全国市域社会治理现代化第1期试点，2020年6月5日，州委印发《大理州开展全国市域社会治理现代化试点工作实施方案》，在此大背景下，大理州检察机关以大理州州情民意为前提，牢牢把握坚持和完善共建共治共享的社会治理制度总要求，以"质量建设年"为抓手，积极能动履职，积极转变工作理念和方式，通过"两进三下"工作机制为载体，推动检力下沉、重心下移、阵地拓展、服务延伸，切实将"两进三下"机制优势转化为社会治理效能，为夯实基层市域社会治理基础提供坚强有力的检察服务保障，着力打造"枫桥经验"大理检察版。

（二）新时代检察职能的"迭变"

随着国家治理体系和治理能力现代化命题的提出，我国检察职能亟待在这一时代背景下进行有序变革和调整。最高人民法院院长张军曾提出，新时代检察职能需找准定位，反贪转隶，三大诉讼法修改相继确立公益诉讼检察制度、认罪认罚从宽制度等，检察职能体系"关上一扇窗"的同时又"打开几道门"，检察履职从以往偏重反贪和刑检，转向努力推进"四大检察""十大业务"全面协调充分发展。如今，我国已经进入新时代历史发展时期，社会主要矛盾发生了历史性的变化，社会结构正在进行广泛而深刻的调整，加之司法体制改革、国家监察体制改革、以审判为中心的诉讼制度改革的叠加聚合，检察机关面临着职权范围调整、内设机构改革、工作格局重构的新形势，对检察理论和实践提出了更高要求。而检察权的内涵和外延也随之发生变化，法律监督的宪法定位更加鲜明。检察权要以代表公共利益为职责使命，以司法权和监督权的交互融合为基本属性，更要以检察审查为核心内容，通过促进其职能化、实质化，作为法律监督的重要支撑，贯通检察工作的全过程、各环节。

当前，检察机关的刑事、民事、行政、公益诉讼"四大检察"法律监督总体布局已经形成，应当紧紧围绕检察职能转换这一重大课题，从不同维度推动检察权的发展完善，实现从"单一型"向"全面型"、从"管理型"向"保障型"、从"分散型"向"集聚型"、从"被动型"向"能动型"、从"审批型"向"亲历型"的转变。根据我国的政治体制、社会状况、历史传统等因素综合考量，大理州检察机关结合新时代检察职能变化，创新性提出"两进三下"工作模式。

（三）法治德治融合的"央浼"

市域社会治理和社会基层纠纷化解中要求把法治和德治更紧密地结合在一起。任何社会治理末端的小事上，法律都不能缺位，检察机关更应主动作为，同时需始终遵循世之常理、人之常情，彰显为民情怀。"两进工作"模式的开展不仅是弘扬法治精神，贯彻全面依法治国的题中应有之义，更是在基层网格视角下的熟人社会中追求道德教化，不断提升群众道德素养，厚植基层社会治理道德底蕴的迫切需要。

"两进三下"所谓的"进"和"下"本质上是深入治理最末端的基层熟人社会，充分运用中国传统优秀司法文化定分止争，灵活适用乡里乡亲之间的调解、和解等解决纠纷的手段。在朱苏力教授的《法治及其本土资源》一书中，也曾谈到中国上下五千年的传统文化对于人的影响是根深蒂固的，我们无法用绝对的逻辑思维来推断熟人社会的法治思维，因为法治永远离不开它所存在的那片土地上的文化。"两进三下"提出的原生动力也就在于中华优秀传统文化中的道德伦理和公序良俗对于下沉基层治理的德治效应。在法律的天平上，一块钱的官司和上万元的官司所体现的法的公正性是一样的，有些看似是基层治理中的"小案"，但也绝对不能小办，司法办案办的不仅是案子，更是别人的人生，因此道德教化在熟人社会视角下的基层治理中就显得尤为关键。为政以德，譬如北辰，居其所而众星拱之。以道德原则辅助治理社会，老百姓就会顺从、拥戴，就像众星拱卫北极星一样。我国法学家陈忠林教授曾提出著名的"三常理论"——常识、常理、常情，即刑事司法应遵循一个社会中民众普遍认同的并用以规范自己行为的且未被证明是错误的基本生活经验、基本是非标准、基本情感倾向。这深刻揭示了社会治理过程中除了国法之外，还应兼顾天理和人情的思维模式。正所谓徒法不足以自行，徒善不足以为政。只有法令不能够使之自己发生效力，只有道德也不能够完全治理社会。法安天下，德润人心。社会治理需要法律和道德协同发力，德治重在自律，具有劝导性、调节性，可滋润社会成员的心灵。坚持法治和德治相结合，是中国特色社会主义法治道路的一大优势。尤其对于熟人社会视角下的基层治理而言，老百姓之间的矛盾纠纷解决更加依赖于基本的公序良俗和道德伦理，"两进三下"的提出就是要通过检察职能下沉，更有效地发挥德治效应。

二、"两进三下"模式概述

为深入贯彻落实习近平法治思想以及全国、全省、全州市域社会治理现代化工作会议部署，有效融合基层社会治理与检察制度优势。大理州检察机关找准检察工作深度融入市域社会治理的切入点、着力点和发力点，坚持"法治建设既要抓末端、治已病，更要抓前端、治未病"，积极探索"两进三下"工作模式，推动检力下沉、重心下移、服务下倾，为人民群众提供多途径、多层次、多种类的"网格+检察"常态化司法服务。具体内容为：

（一）"12309"进综治服务中心

重点依托乡镇（街道）、行政村（社区）二级综治服务中心，以设置宣传专栏、摆放检察服务一体机、下载安装手机App等12309检察服务平台，用群众"看得见""摸得着"的方式，将检察机关受理信、访、网、电关口前移，深化检务公开、强化法治宣传。对人民群众控告、申诉、举报、案件程序性信息查询、刑事申诉、国家司法救助申请等，做到第一时间受理、第一现场答复，把"12309检察服务中心"延伸打造为"检察民意中心"，真正实现检力下沉。

（二）检调对接进综治服务中心

重点依托乡镇（街道）、行政村（社区）二级综治服务中心，建立检调对接联系站点，主动将涉检矛盾纠纷排查调解工作纳入社会大调解格局。对在综治中心受理的控告申诉案件符合条件的要及时就地开展简易公开听证，重点邀请乡镇人大代表、人民监督员、社区"两委"、群众代表等第三方参与听证评议，在基层前沿以群众"可感、可触、可及"的形式有效化解矛盾纠纷、扩大以案释法效果、持续深化诉源治理，实现涉检矛盾纠纷第一时间发现、第一现场调解处理，确保"小事不出镇、大事不出县、矛盾不上交"，让人民群众在家门口体会"身边检察院"。

（三）公益诉讼检察监督下网格

充分发挥"益心为公"检察云平台在公益诉讼案件线索发现、专业咨询、辅助办案等方面的作用，将基层社区政治觉悟高、热心公益的群众代表纳入"益心为公"检察云平台作为公益保护志愿者，扩大公益诉讼"朋友圈"，借助外力外援、外脑智慧有效提升检察公益诉讼办案质效。在基层网格员中选聘公益诉讼监督联络员，充分发挥网格员面广、点密、深入基层的优势，建立信息收集共享机制，补齐检察机关在基层缺乏"前哨站"和"哨兵"的短板，形成公益诉讼保护合力，实现双赢多赢共赢。

（四）社区矫正执行监督下网格

推进刑事执行检察与司法行政机关社区矫正工作、网格化管理三者有机结合，通过在网格员中选聘联络员，建立社区矫正监督联络员制度，将检察监督端口延伸至基层最前端，实现对社区矫正执行工作及时、精准监督。通过网格员参与辅助管理，及时掌握社区矫正人员可能出现脱管、漏管的线索和身体条件、疑似违规违纪、犯罪隐患等问题，着力解决社区矫正对象居住分散，依靠传统检察监督模式难以对社区矫正效果进行评估和监督的工作困境，促进社区矫正工作规范有序开展。

（五）未成年人司法保护下网格

依托大理州网格化管理体系，在网格员中选聘未成年人司法保护联络员，通过对网格员进行知识培训、定期工作联络、重点人员上门走访等多种形式，对接"12309未成年人司法保护专区"开展检察监督。积极探索涉罪未成年人考察帮教与网格化管理相结合的新路径，利用社区治保主任、政法委员及网格员人、地两熟优势，及时了解涉罪未成年人心理状态及家庭监护教育情况，协助对涉罪未成年人进行监管帮教。会同基层有关单位落实家庭教育指导、督促监护令、检察官担任法治副校长、社会支持体系建设等一系列举措，不断加强未成年人检察工作专业化、规范化、社会化建设。

三、"两进三下"的初探实践

2022年5月，大理州人民检察院创新提出"两进三下"工作思路，在前期实地调研，查阅资料的基础上，制定《大理州检察机关开展"两进三下"深度融入市域社会治理现代化试点工作指导意见》并印发全州检察机关。而后四个大理州辖区内基层院成立工作领导小组，结合各地实际制订了实施方案，作为试点检察院先行先试。州委平安大理建设领导小组印发《大理州四级综治服务中心（网格化综合服务中心）规范化运行联动工作机制》后，"两进三下"工作在全州推开，各基层检察院主动作为，抓好执行，工作初见成效。州委政法委多次肯定和推广大理州检察机关"两进三下"工作，云南政法、省检察院、州委政法委、州检察院等公众号均对"两进三下"工作进行了广泛宣传。

（一）打造民意窗口，让人民群众在家门口体验"身边检察院"

大理州检察机关通过12309检察服务平台、检调对接联系站点进入乡镇和行政村综治服务中心，对涉检矛盾纠纷第一时间发现、第一现场调解处理，确保"小事不出镇、大事不出县、矛盾不上交"。目前，全州安装"12309"检察服务终端一体机40台，建立工作点40个，选任网格员1907人作为"两进三下"联络员，下载使用"12309" App及关注"12309"公众号上万人次，在

76个村（居）委会互联网终端建立快捷入口，对联络员开展培训数场，发放宣传材料3000余册。在乡镇（街道）、行政村（社区）开展公开听证78件，办理司法救助案件127件，发放司法救助金74.1万元，多元化解矛盾纠纷，以案释法加强法治宣传，促进案结事了人和。

如2022年8月2日上午，大理州市两级检察院就一起申请行政监督国家司法救助案下沉至大理市凤仪镇东山村委会米总1组张某家门口召开释法说理现场会。此次释法说理现场会源于一起刑事案件被害人家属申请认定工伤行政诉讼案，经法院一审、二审、再审均裁判不予认定工伤，张某不服向检察机关申请监督。因考虑到被害人实际困难，结合大理州市两级检察机关主动融入市域社会治理开展"两进三下"工作要求，检察人员亲自到张某所在村组召开释法说理现场会，同时为了汇聚各方力量，多元化帮扶，综合施策施救，此次现场会还邀请了凤仪镇人大代表、政协委员、乡镇村组相关干部及村民代表参加。案件承办检察官向大家介绍案件情况并解释检察机关司法救助相关政策，宣布检察机关决定对张某给予最大限额的司法救助3万元，以解决其一家目前的生活困难，张某表示感谢并当场签订息诉罢访承诺书。这场"两进三下"释法说理会不仅开到了人民群众身边，更开到了老百姓的心里，真正做到了以群众"可感、可触、可及"的形式有效扩大以案释法效果、持续深化诉源治理。

（二）凝聚基层合力，扩大公益诉讼保护"朋友圈"

大理州检察机关在网格员中选聘公益诉讼监督联络员，充分发挥其面广、点密、深入基层的优势，健全线索获取机制，形成保护合力。目前，共选聘公益志愿者和联络员833人，收到线索31条，立办62件案件。其中，鹤庆县检察院立办17件行政公益诉讼案件，永平县检察院已立案20件。漾濞县检察院作为非试点院，主动积极探索，制定《漾濞彝族自治县人民检察院检察监督线索举报奖励办法》，鼓励人民群众积极参与检察监督工作。

如2022年5月，一位公益诉讼网格员志愿者通过"益心为公"检察云平台向永平县人民检察院推送了三条线索，其发现普通货车运输充满的液化燃气瓶，且大多数餐饮店未加装可燃气体报警装置，存在安全隐患。永平县人民检察院经过初步评查后，认为该线索具有成案价值，进行了立案办理。并以落实最高人民检察院"八号检察建议"为契机，联合县消防救援大队开展瓶装燃气安全领域的专项检查监督活动，其间邀请公益诉讼志愿者参与瓶装燃气经营部、餐饮店、瓶装燃气充装企业的调查走访活动。9月1日，组织召开了瓶装燃气安全生产领域行政公益诉讼案件公开听证会，经讨论后认为被监督行政机关怠于履行安全生产监督管理职责致使社会公共利益受到侵害的事实清楚、证据充分，一致同意提出检察建议。诉前检察建议发出后，永平县党委政府高度重视，随即下发了《永平县城镇燃气安全整治"百日行动"工作方案》的通知，由县安委会牵头组织，把燃气管理、住建、市场监管、商务、公安、交通、消防、各乡镇人民政府等有关部门和社会力量统一组织起来进行专项排查检查，排查燃气企业4家、燃气居民用户1557户，餐饮行业用户194户，排查形成清单问题11个，并进行逐个解决，凝聚合力拧紧瓶装燃气"安全阀"，有效遏制了瓶装燃气安全事故发生的隐患。根据公益诉讼志愿者的线索，为推动地区公益诉讼综合治理提供了有力保障。

（三）前移监督端口，促进社区矫正工作规范化

大理州检察机关充分发挥网格员属地优势，建立社区矫正监督联络员制度，将检察监督端口延伸至基层最前端。目前，共选聘565名社区矫正联络员，针对大理州辖区内2980名社区矫正对象，全面了解司法所对其的日常监管工作情况，实现对社区矫正执行工作及时、精准监督。并常态化联合公安派出所、司法所和综治网格员等基层力量深入各乡镇司法所开展下沉走访调查。在社区矫正执行监督下网格过程中，形成了初步的工作机制。

一是针对性开展法治宣传教育。各乡镇司法所依托网格员、联络员，在各自的村社、在不同时间地点对社区矫正的法律法规开展宣传，让基层村社干部和每一个社区矫正对象逐步了解社区矫正法律法规，督促涉矫对象自觉遵守社区矫正期间的纪律和法律要求，有效扩大了法治宣传教育和警示作用。二是积极推动社区矫正检察进村社工作。面对面与社区矫正对象谈思想谈学习，了解社区矫正对象社会动态、遵守法规情况，家庭生活、生产等情况。并与基层干部、网格员等座谈，了解司法机关对辖区内的社区矫正对象的执法监管情况，社区矫正对象的违纪违法情况、收监执行情况等，有针对性地提出帮扶意见和建议。三是充分

发挥网格员基层一线作用。通过网格化运营机制，及时监督司法机关健全完善管控机制，加强对社区矫正机构调查评估、交付接收、入教解矫、监管教育、收监执行、风险管控等环节的监督，完善社区服刑人员脱管漏管虚管的发现、纠正和责任追究机制，防止和避免社区服刑人员不按时报到、不按规定报告情况、不参加教育和劳动、不按规定请休假等问题。通过社区矫正执行监督下网格的开展，提高了社区矫正工作规范化、法治化水平。

（四）突出感化帮教，彰显未成年人司法保护温情

大理州检察机关着力做好涉罪未成年人考察帮教，及时了解未成年人的心理状态以及家庭监护教育情况，并积极开展未成年被害人救助工作，强化对未成年人综合司法保护，筑牢未成年人健康成长的安全防护网。目前，共选聘未成年人司法保护网格联络员509人，法治副校长进校园开展法治宣传182场，还针对涉罪未成年人开展考察帮教与多方联动教育，检察官"下网格"深入村、社区对涉罪未成年人进行回访帮教，并举行多次法治宣传会和家庭教育指导会。

如弥渡县检察院把"未成年人司法保护下网格"融入"检察+基层"网格化治理模式，对罪错未成年人开针对性考察帮教、家庭教育指导、心理矫治、行为矫正、就业安置、亲职教育等活动。通过下沉网格，助推家庭、学校、社会、网络、政府、司法"六大保护"有机融合、整体落实，全方位织密未成年人司法保护网。2022年7月，在弥渡县弥城镇维稳综治中心，大理州"金花姐姐"未成年人检察工作室检察官对3名女性未成年犯罪嫌

人宣布附条件不起诉时，邀请公安民警、政法综治维稳网格员、"益心公益"志愿者、辩护人、法定代理人到场，精准化开展帮教，并对监护人开展家庭教育指导，犯罪嫌疑人当场表示，将吸取教训不再犯，做一名守法公民。目前，全州涉罪未成年人帮教率达到382.33%，同比上升167.39个百分点。此外，大理州检察机关还积极开展未成年被害人救助工作。如2022年9月，大理市检察院在下沉基层处理一起附条件不起诉的未成年人案件时，综合研判涉案当事人家长的申请，协同双廊镇司法所、挖色镇司法所就被打伤的未成年人的民事赔偿问题开展调解。检察官、人民调解员从情理入手，融情于法，定分止争，促成双方达成赔偿合意，做到案结事了人和。目前，大理州检察机关的未成年被害人救助率已达到230.48%。未成年人司法保护下网格后，检察机关始终坚持教育、感化、挽救的基本理念，使得未成年人司法保护下网格工作质效明显、意义重大。

四、"两进三下"之再思考

"两进三下"模式不仅高度契合最高人民检察院"质量建设年"的要求，也与全省市域社会治理要求一脉相承，符合治理实际、司法实际、大理实际。经过初步实践探索，"两进三下"已取得一定的初步成效。但在"两进三下"开展过程中，也遇到了一些困难和问题，这对未来的工作推进提出了新的要求。如何以"两进三下"全面深入开展服务保障市域社会治理现代化工作高质量发展这一话题亟待再思考、再判断、再部署。

（一）初探实践期困境

一是思想认识有待提升。思路不够清晰，缺乏大刀阔斧抓推进的勇气和韧劲，想办法出亮点能力还不强；部分非试点基层院还有等靠思想，认识还未转变，积极主动作为不够；存在碎片化、被动治理观念，精细化不足等问题。二是统筹协调能力需要加强。网格员、联络员法律知识缺乏，保密意识和帮教经验欠缺，对该类群体针对性培训需要强化。人民群众对检察工作的知晓度不足，"两进三下"内容丰富、专业性强，还需以群众听得懂的语言、能接受的方式加大宣传力度。三是开拓创新能力不足。"两进三下"工作模式在全国检察机关范围内基本无系统性、操作性的可借鉴经验，难度大，需要不断细化完善具体措施；实效性还停留在点上，没有形成面上的联动效果；参与的思路还不够宽，实招硬招还不够多，答题破题能力还不够强。

（二）未来路径思考

一是转变思想观念。"千头万绪"的全局环境与基层社会治理特征，揭示了市域社会治理需遵循的参与主体多元、体系覆盖全面、运行机制科学与结构系统整体等现代化发展逻辑，因此要树立全州"一盘棋"思想扎实推进工作，加强对类案和系统性问题的排查整治和风险防控，实现矛盾纠纷第一时间发现处置、第一现场化解。检察机关急需提高思想认识，将参与社会治理放到地方经济社会发展全局中谋划，统筹抓好检察环节各项工作的落实，增强检察机关推动市域社会治理的整体性和协同性。二是凝聚工作合力。及时向党委、党委政法委报告工作情况，争取支持配合，强化统筹协调作用，加大对下指导。要树立大局意识，加强与基层人民法院诉讼服务点、县公安局警务室、县司法局公共法律服务站、各乡镇综治服务中心的沟通、联系与配合，在推动工作中不断创新方式方法，总结经验，共同推动各项工作机制落地落实，主动推动完善公众参与机制。要积极推进检务公开，通过案件信息常态化公开、新闻发布会等多种方式，搭建群众参与社会治理的网络平台，拓宽案源渠道，着力健全社会公众深度参与检察工作机制，为夯实基层市域社会治理基础提供坚强有力的检察服务保障。三是探索迭代升级工作模式。"两进三下"模式还处于初探试行的"1.0版本"，在取得初步成效的基础上，在对市域社会基本面进行充分研判后，结合检察职能实际情况，筹划将"四大检察""十大业务"分步有序全面融入基层市域社会治理，打造多样化的"进综治服务中心"和"下网格"形式，不断丰富该工作模式的内涵外延，为人民群众提供多途径、多层次、多种类的"网格+检察"常态化检察服务，构建资源优化整合、信息互联互通、民生一站服务、矛盾多元化解、法律靠前保障的一体化检力下沉"2.0版本"。

结语

国之兴衰系于制，民之安乐皆由治。习近平总书记指出，一个现代化的社会，应该既充满活力又拥有良好秩序，呈现出活力和秩序的有机统一。党的十八大以来，以习近平同志为核心的党中央坚持和完善中国特色社会主义制度、推进国家治理体系和治理能力现代化，大力推进社会治理领域改革创新，走出一条中国特色的社会治理之路，开辟了"中国之治"新境界。检察机关参与市域社会治理更需要找准新定位，创新新方式，为检察职能积极融入和服务市域社会治理大格局探索新模式，依托"检察之治"推动"社会之治"，以此助力新时代国家安全体系建设。

"智慧赋能，融通共治" 城市副中心"云窗口"政务服务模式创新

张胜勇
北京市通州区政务服务管理局局长

为深入贯彻落实习近平总书记"把城市副中心打造成新时代高质量发展典范"的要求，坚持党的二十大报告中大抓基层的鲜明导向，有效落实北京新两翼规划布局、高质量推动北京城市副中心建设，结合区委、区政府"深化基层治理年"要求，北京城市副中心政务服务大厅积极打造"云窗口"政务服务模式，构建"四级"政府服务体系，进一步助推政务服务从"实体办"向"云端办"，从"减材料"向"无材料"，从"少跑腿"向"不跑腿"，从"好办"向"秒办"发展，不断提升群众办事体验和办事效率，切实增强群众的获得感、幸福感、安全感，全力打造北京城市副中心"基层智治"新典范。

一、创新背景

北京市城市副中心政务服务大厅于 2021 年 9 月 13 日正式开

厅运行。作为设立在北京东部地区的市级综合性政务大厅，为副中心及整个北京东部地区提供市、区两级综合性的政务服务，其以推动副中心高质量发展为契机，紧扣"七有"要求和"五性"需求，聚焦数字服务、主题服务、集成服务、延伸服务，将数字技术广泛应用到现有政务服务场景中，以系列改革"组合拳"破解政务服务难题，坚持用心用智慧服务好群众的"大事小情"。作为全国首个以智能终端自助办服务模式为主的省级大厅，通过"云窗口"服务模式将位于六里桥的北京市政务服务中心前后台审批服务能力跨层级、跨地域延伸到副中心，形成"数据共享、信息复用、远程交互"三位一体的新模式，将无感连接的智能服务融入进行政相对人办事的全流程，实现"副中心的事副中心办""六里桥的事副中心也可以办"的目标要求。

目前，副中心已构建形成了"1+6+22+N"的政务服务体系，即1个市级综合性政务服务中心，可办理市、区两级政务服务事项；6个专业分中心，分别是公安户政、交通支队、办税服务、婚姻登记、不动产登记、人力社保分中心；22个街道乡镇政务服务中心和645个基层政务服务站点，为副中心及整个北京东部地区提供市、区两级综合性的政务服务，形成了与六里桥市政务中心"东西呼应、双子联动"的服务新格局，打造了市、区两级政务服务的扁平化管理、智能化运行、网络化支撑的"基层智治"新示范。

二、创新设计

通过深入走访调研区级部门、镇街、村居、园区、商圈、党群服务中心，共同研究工作模式和运行机制，按照各点位的特色分类施策，综合创新设计运行模式和工作方案，力求当好群众的贴心人，办好群众家门口的事。

（一）强化区级部门线上联动

坚持组团发展、融合发展、联动发展，依托副中心一体化政务服务平台大数据资源，区级部门通过"云窗口"提供远程视频支撑，打造"数据共享、信息复用、远程交互"的"云窗口"服务新模式。

（二）推行镇街"云窗口"服务

对镇街级政务服务事项进行精细化标准化梳理，统一乡镇事项85项、街道事项81项录入副中心一体化政务服务平台，并为22个镇街配备智能自助终端和"云窗口"系统，派驻服务专员，推动基层政务服务规范化、标准化、便利化，让企业群众就近享受到与在副中心政务中心"同质同效"的办事体验。

（三）推动"云窗口"向村居延伸

对村居级政务服务事项进行标准化梳理，统一村居级事项

21项。同时向各村居政务服务站点延伸布设副中心"云窗口"系统,开设平台账号,开展窗口人员培训,将政务服务送到群众家门口。

(四)开展"党群+政务"融合服务

选取5家涉及商圈楼宇、园区、社区(村)的党群服务中心作为试点,依托现有物理场所、办公设备和工作人员等配套资源,配备智能自助终端或"云窗口"系统,加入政务服务统一的规范化建设标准、管理制度、办事系统、自助终端等政务元素,推动政务服务与党群服务中心融合发展。

(五)搭建"区域通办"云窗口

在河北、天津共9个属地大厅"区域通办"窗口统一部署副中心一体化政务服务平台,各地加强高频政务服务事项梳理统一录入平台,开设各地窗口人员平台账号,开展多轮系统业务培训,深化"区域通办"联动机制。

三、创新实施

(一)推动窗口入"云",实现政务服务"市区一体办"

作为设立在北京东部地区的综合性政务服务中心,通过"云窗口"系统建设,将位于北京西部地区的北京市政务中心前台窗口和后台审批服务能力延伸到副中心,办事人通过智能终端或综合窗口，即可完成1976个市级事项全流程异地办理，同时还一并承接1528个通州区级事项本地办理，让企业群众在城市副中心也能享受到与六里桥市政服务中心"同质同效"的办事服务体验。

（二）通过5G应用，实现政务服务"跨域多点办"

针对政务服务在向基层站点，特别是园区、楼宇延伸覆盖过程中面临的政务外网环境不稳定、场地条件不具备等制约因素，副中心智能终端通过5G模组技术应用，极大降低了对网络部署环境和场地空间的要求，智能终端部署到哪里，政务服务即可延伸到哪里，为推动政务服务向街乡、社区、园区、楼宇和京津冀周边地区延伸覆盖，实现更多服务"一网通办""全城通办"提供了可行路径。

（三）加强地域协同，实现政务服务更大范围"跨省通办"

充分发挥城市副中心京津冀协同桥头堡作用，在依托全国一体化政务服务平台做好国家140项"跨省通办"事项落地承接的基础上，先后与天津市、河北省等地建立政务服务协同机制，依托各地设立的"跨省通办"窗口，建立"全量受理、无差别办理、免费送达"服务机制，采取"系统统建、终端互设、结果互递"的方式，实现北京市通州区、镇（街）、村（居）三级全部事项均可在天津市、河北省内共计9个属地政务大厅"跨省通办"窗口办理，极大地节约了办事人通勤和时间成本。

四、创新成效

（一）依托副中心"云窗"系统和智能终端，智慧政务能力显著增强

副中心政务中心已实现95%的进驻事项无须再到人工窗口，办事人通过设置的43台智能终端即可自行完成市区两级政务服务从事项申报、材料提交、在线审核、视频交互、结果制发的全流程跨层级、跨地区办理。同时，通过与北京市电子证照库、印章库和大数据平台对接以及区块链技术应用，依托智能终端可实现174项企业个人常用信息复用"少填写"，364项OCR可识别电子表单数据"免提交"，212类电子证照对比核验"减材料"，跨地域远程视频交互"零延时"，审批决定加盖政府部门电子印章"零时限"，让企业群众充分感受到信息化技术带来的便捷高效。

（二）以政府职能转变为突破口，破解政务服务痛点难点问题

第一，破解政务服务"集中"难题。一是合专网，公安户政类全部17项政务服务事项均可依托智能终端完成自主填报，后台工作人员对照上传的材料图片即时完成受理，办事人在智能终端自助领取加盖电子签章的结果，实现受理、审批、出证全流程无感连接。二是并专厅，由税务、社保等专业大厅安排业务骨干

为"云窗口"系统提供"全程网办"的实时视频指导支撑，实现313项涉税事项无须专程前往专业大厅办理。三是融专窗，利用"云窗口"系统解决了Ukey式专窗（业务系统需要Ukey介入才可完成登录受理）业务办理问题，实现"小客车摇号""货车运输许可证"等多个高频交通业务事项可通过智能终端自助办理。

第二，破解政务服务"覆盖"难题。一是乡镇街道"马上办"，副中心22个街道乡镇政务服务大厅完成智能终端和系统布设，使办事人在街道乡镇政务服务大厅就能享受与副中心政务中心"同质同效"的办事体验，打破了政务服务层级划分限制。二是园区楼宇"就近办"，依托"云窗口"系统和智能终端在万达党群服务中心、张家湾设计小镇（副中心党群服务中心）、运河商务区实现政务服务跨层级、跨地域自助办理新模式，办事人在园区内就近即可完成事项全流程申报，为进驻企业提供了"线上服务不打烊、线下服务广覆盖"的政务服务新体验。三是京津冀地区"跨省办"，通过向天津市、河北省9个政务服务大厅布设"云窗口"系统，破题解决了跨省通办"办理事项数量较少、代收代办标准不统一、事项调整频繁、区域网络限制"等问题，利用副中心政务服务一体化平台开放式表单结构，辅以5G-CPE（5G客户终端设备），实现市、区、镇街、村居3654项政务服务事项延伸至京津冀地区，天津滨海新区、武清区、宝坻区等211项政务服务事项、廊坊及北三县317项政务服务事项在副中心政务大厅"无差别"办理。

第三，破解政务服务场景"应用"难题。一是推进证照赋码应用，在推动办理出版物零售单位设立和变更业务"全程网办"

的同时，实现了531个《出版物经营许可证》电子证照在线同步制发，并试点开展各类证照的逐一赋码工作，实现"一证一码、一码通查"，在监管部门检查场景中，企业可通过"北京通"App进行电子证照的展示、核验以及下载。二是实现法援服务进驻大厅，副中心政务服务中心开设全市首家"公共法律服务企业法治体检中心"，办事人可通过智能终端发起与公共法律服务中心远程视频通话，由专业律师针对法律咨询、公证服务、行政复议等频发问题为中小微企业提供政策解读及法律风险提示，为企业提供150余次法律援助服务。三是数据共享解决"幼升小、小升初"入学资格审核难题，依托副中心政务服务大数据平台，横向打通北京市大数据平台相关资源，为区教委入学报名系统提供统一接口对接服务，实现户籍信息、不动产信息、社保信息、居住证信息、婚姻登记信息、出生医学证明信息等数据自动调用校验，在全市率先实现中小学入学免于线下提交实体材料、免于人工核验数据，服务了1.5万名学生办理入学，数据接口的调用次数达到552万次，高效支撑了通州区的中小学生入学工作。四是推进市区级业务延伸镇街级办理，利用"云窗口"服务模式解决各镇街人员报送材料路程远、时间长、周期慢及电子签章在各类表单的应用问题，办事人就近在镇街政务服务中心智能终端即可办理"小客车摇号""货车运输许可证""丧葬补助发放"等市区级业务，解决了多次跑、往返跑问题。仅"丧葬补助发放"一项业务，目前就已办理635件。

五、未来发展

北京城市副中心政务服务大厅将立足本职定位，着力疏解北京非首都功能、推动京津冀协同发展战略部署，进一步优化体制机制、创新工作模式，将优质服务能力及办事便捷体验送到群众手中、企业面前，让高效便捷的服务能力和便民利民的服务理念既能体验在身，又能触动人心，实现政务服务无处不在、触手可及，加快打造北京城市副中心基层"智治"新典范。

（一）统一标准规范，巩固基层政务服务基础

持续深化全区镇街、村居服务事项标准化工作，进一步将事项调研成果转化成事项标准化实施清单，并做好动态更新调整，逐步实现在全区任意一个政务服务站点统一标准、同质同效。

（二）推动迭代升级，满足智能办理新需求

持续优化智能终端"自助办"体验，推动更多事项实现智能秒批、秒办和"一件事"集成办理，推动"云窗口"向"云大厅"转变，通过PC端、移动端、智能办事终端、实体窗口和热线电话等多种渠道，让企业群众对政务服务的各种向往和梦想变为现实。

（三）加强数据治理，提供更加主动精准服务

围绕"数据能力"建设，加快推动数据归集和整理，通过提

取、聚类、分析等深度数据关联挖掘，形成政务服务个性化用户画像特征"标签"体系，构建虚拟数据赋能空间，为政务服务提供支撑。

（四）加强辐射带动，推动京津冀政务协同发展

着眼于构建标准统一、整体联动、业务协同的"大服务"，依托副中心一体化政务服务平台，带动北京东部五区与天津、河北等地区深化线上互动和联动办理机制，推进区域政务服务"一站式"办理。

六、推广价值

政务服务是精准反映基层治理现代化能力和水平的一面镜子，直接关系到群众和企业办事的幸福感和满意度。北京城市副中心（通州区）制定了《北京城市副中心（通州区）基层治理五年行动计划（2022—2026年）》，致力于将北京城市副中心打造成基层治理现代化典范，努力让人民群众的获得感、幸福感、安全感更加充实、更有保障、更可持续，让北京城市副中心（通州区）成为百姓宜居、企业宜业的幸福家园。北京城市副中心"云窗口"政务服务模式深度聚焦群众和企业办事的难点、痛点和堵点问题，在战略性、先进性、创新性等方面有其独到之处，是打造北京城市副中心标杆式基层治理的创新举措，符合未来社会数字治理新趋势，具有重要的推广价值。

张胜勇 ▶ "智慧赋能，融通共治" 城市副中心"云窗口"政务服务模式创新

（一）紧紧围绕京津冀协同发展部署，具有战略性价值

习近平总书记在河北考察时强调，要坚定信心，保持定力，推动京津冀协同发展不断迈上新台阶，努力使京津冀成为中国式现代化建设的先行区、示范区。京津冀作为引领全国高质量发展的三大重要动力源之一，其本身的先进经验、创新举措具有较强的示范作用和借鉴意义。北京副中心政务服务中心作为推进京津冀协同发展战略部署的排头兵，创新实施"云窗口"政务服务模式，将位于六里桥的北京市政务服务中心的功能跨层级、跨地域延伸到副中心，实现"北京的事副中心也能办"，辐射整个北京东部地区，对于疏解北京非首都功能具有重要意义，对于探索超大城市治理规律具有参考价值。

（二）全国首个"吃螃蟹"先行示范，具有先进性价值

北京城市副中心政务服务中心是全国首个以"智能终端自助办理"服务模式为主的省级综合性政务中心，并且已经打造完成市、区、街、居四级政务服务体系，实现了本地域跨层级数据互通、业务贯通。副中心政务服务模式以市、区两级政务服务中心为总后台，依托人工窗口或智能办事终端即可完成市、区两级事项的全流程业务办理。纵向上通过对市、区两级共计3601项事项的物理整合，实现了市区两级大厅的窗口服务和后台审批能力延伸到各使用端，打破了层级和空间的阻隔，打造了市、区两级政务服务扁平化管理的新示范。横向上受理人员可将多部门后台审批人员拉入"线上会议室"，实现了办事人与

多部门后台审批人员的实时远程视频互动，解决了办事人与有关部门的会审会商需求。副中心服务模式在牢牢把握先发优势的同时，加快深化政务服务改革，总结先进经验，探索出一套成熟完整的服务体系，对于全国各地各级政务服务中心具有较强的借鉴价值。

（三）"三位一体"创新服务模式，具有创新性价值

2022年10月发布的《国务院办公厅关于扩大政务服务"跨省通办"范围进一步提升服务效能的意见》要求："围绕实施区域重大战略，聚焦城市群都市圈一体化发展、主要劳务输入输出地协作、毗邻地区交流合作等需求，进一步拓展'跨省通办'范围和深度。"北京城市副中心政务服务中心探索形成"数据共享、信息复用、远程交互"三位一体的创新服务模式，是进一步推进政务服务"一网、一门、一次"改革的生动实践。同时，副中心政务服务中心着眼于构建标准统一、整体联动、业务协同的"大服务"，致力于将创新服务模式进一步向副中心各街道乡镇和重点园区、北京东部地区、河北雄安新区、廊坊北三县以及天津滨海、武清等京津冀三地延伸，以创新服务理念、创新智能终端、创新一体式业务助推京津冀协同高质量发展，真正将区域协同发展落在增进人民福祉、促进共同富裕上，为全国扩大政务服务"跨省通办"，进一步提升服务效能探索出一条有益可行之路。

奋力探索社会治理的"横琴路径"

赵振武
广东省委横琴工委、广东省政府
横琴办政法工作处处长

横琴粤澳深度合作区（以下简称"合作区"）深入学习贯彻习近平总书记关于社会治理工作的重要指示精神，坚决贯彻落实《横琴粤澳深度合作区建设总体方案》的重要部署，以促进琴澳融合为目标，发挥体制机制优势，积极创新社会协同模式、优化公众参与方式、丰富民主协商形式，以科技赋能贯穿全过程为支撑，奋力探索"一国两制"前提下符合时代要求、琴澳需求、群众诉求的社会治理"横琴路径"。2023年10月19日，广东省委常委、省委政法委书记袁古洁考察横琴社会治理指挥中心，给予了肯定，并对合作区社会治理工作作出重要指示。

一、引进"大管家"，打通社会协同路径

横琴首创的"物业城市"社会治理新模式借鉴小区物业管理方式，将横琴公共空间整体看作一个"大物业"，引进高水平物业公司，作为横琴社会治理"大管家"，在城市保洁、绿化、路

灯、管网、隐患处理、综合巡查、秩序维护、矛盾化解、社区治安等领域，提供专业化、精细化、智慧化统筹管理，实现管理、服务、运营的高效统一。实践中，一是网格员发现的市政、环卫、绿化、道路、停车、搭建等方面的问题，上传"物业城市"平台生成事项工单，不直接转交政府部门办理，而是转交"大管家"安排专业人员办理，规定时间反馈办理结果，"大管家"近几年共处理事项工单95242宗，占全部工单的近90%，仅10%工单由政府部门负责解决，大大节省了政府的人力，也为基层减负，减少了部门间的推诿扯皮；二是为方便政府部门及时作出宏观调控和决策指挥，将社会治理指挥中心与"大管家"的业务指挥中心紧密衔接，政府部门可随时调取查看物业公司运营系统和相关数据，发生重大突发事件、三防时，还可统一指挥调度。该模式让政府回归领导、指导、搭建平台工作，实现政府和企业良性合作，打通社会协同的路径，让企业成为社会治理领域的生力军，目前已成功复制推广到全国30多个城市，获全国"ICT中国（2022）优秀案例征集与评选"十佳创新先锋案例、"粤治——治理能力现代化2019—2020年度优秀案例"等荣誉10余项。

二、打造"一键上报"，打通公众参与路径

将"物业城市"理念与"互联网+"融合，推出"物业城市"平台，上线"五个一键"（一键上报、一键办事、一键服务、一键咨询、一键督办），实现事项上报和抢单处理、后台审核监督等"一键完成"，工作事项办理形成闭环；建立"抢单接单、积

分奖励、及时反馈、运营反哺"等机制，全面激发市民参与社会治理的热情，吸引大量市民成为"物业城市"平台忠实用户，并注册成为志愿者，目前"物业城市"平台使用人数超64万，注册企业商家173家，注册志愿者1315人。实践中，一是市民可以一键上报发现的问题，形成事项工单，平台通过大数据、人工智能、AI等技术对上报事项自动分类管理，易事交由市民抢单处理，难事转交"大管家"专业处理，烦心事由志愿者热心帮扶，政府则负责兜底保障；二是市民可以一键抢单，发扬"主人翁"精神，对身边力所能及的工单进行处理，物业城市平台受理事项108838宗，市民抢单处理3420宗（占比3.14%），且参与人数和比例正在逐步提高；三是市民上报事项、接单处理、参加志愿活动等，可获取相应公益积分，公益积分可在线兑换合作商家的指定商品或服务，公益金由爱心企业或个人捐助，实现资金"从群众中来，到群众中去"的闭环。"物业城市"平台"一键上报"功能是公众参与城市治理的便利渠道，便利琴澳居民随时随地参与社会治理。

三、优化"一网统管"，完善综治网格服务

按照"专员专格、多网共用、一网统管"原则，完善"综治中心+网格化+信息化"工作模式，构建"大队—中队—基础网格"三级网格化工作体系，科学划分4个一级网格、51个二级网格、647个巡查节点，并依托"物业城市"平台，开展巡查上报、数据采集、宣传发动等3大类，综治巡查、社情民意收集、普法

宣传等36小项工作，实现空间全覆盖、巡查广覆盖、服务深覆盖。实践中，如"90后"网格员吴尚君，以每天至少两万步的巡查和热心服务的态度开展各项工作。2022年11月，吴尚君巡查发现一小区周边缺少人行横道，居民出行极其不便，经常横穿马路，甚是危险，吴尚君通过实地勘察了解情况后，多次向有关部门反映。于2023年3月6日，增设Z型斑马线，方便了小区700多名居民出行，获赠锦旗；吴尚君已成为其负责区域的"明星"，获得"最美综治网格员"称号；10月23日，以吴尚君命名的合作区首个网格员工作室"尚君工作室"正式揭牌成立，可提供志愿问询、纠纷调解、法律宣传、收集民意等服务共7项，是综治工作落地落实的横琴案例。合作区挂牌以来，综治网格大队开展巡查172674次，上报事件17151宗，自处置事件11145宗，及时处置率达100%；采集"一标三实"数据1.2万余条，收集社情民意问卷2.4万余份，获居民赠送锦旗8面、感谢信2封。

四、借鉴"澳门经验"，促进琴澳深度融合

澳门独特的社团（社会组织）文化构成了澳门社会治理的重要元素，澳门回归后逐步形成了"政府主导、社会参与、包容协商、法治保障、科技支撑"的社会治理格局，社会组织可以说是澳门社会治理工作的"排头兵"，率先冲在政府前面为市民处理建议、投诉、异议等各类问题，充分体现"小政府大社会"的治理特色。合作区立足丰富"一国两制"实践新示范的战略定位，始终把琴澳融合放在重要位置，借鉴"澳门经验"，推动澳门工

会联合总会广东办事处、澳门街坊会联合总会广东办事处、澳门妇女联合总会广东办事处等爱国澳门社会组织进驻横琴，参与合作区社会治理工作。设立首批"横琴粤澳深度合作区基层社会治理工作实践基地"，7家中有4家为港澳社会组织或企业，开展社会治理工作交流会、琴澳居民沙龙分享会、琴澳青年创业就业分享会等各类活动，了解琴澳居民需求，引导琴澳居民齐献策，不断促进琴澳融合。比如，联合澳门街坊会联合总会广东办事处开展的"美好社区"活动，是借鉴澳门义工经验，打造合作区志愿义工队，吸引党员、网格员、志愿者、琴澳居民等力量参与便民服务的琴澳融合生动案例。两年来，共开展义工巡区、义工交流会和社区便民服务49场，联动琴澳居民举办政策宣传、文化交流日、居民茶话会和节庆体验活动157场，服务琴澳居民17316人次。7月12日，一对澳门夫妻赠送锦旗，感谢合作区通过"美好社区"活动将社区便民服务和文化交流日活动做到琴澳居民的心坎里。

接下来，政法处将大胆开拓创新，探索数字技术、元宇宙等新兴科技在社会治理领域的应用，研究数字孪生与虚拟现实结合等应用场景，实现"五个一"社会治理现代化体系，即一套视频监控物联网系统、一个智能指挥中心、一支综合网格队伍、一个对外服务窗口、一套虚拟现实系统，让大数据在社会治理中得到充分运用，让合作区范围内各类社会治理事务能得到快速及时处理，为社会组织、企业、群众广泛参与社会治理提供便捷路径，为上级决策、指挥提供充分的参考和依据。

深化党建引领"网格+热线"改革创新 推动城市副中心高效能治理

胡成平
北京市通州区城市管理指挥中心
主任

2023年是全面贯彻落实党的二十大精神开局之年，党的二十大报告提出"完善社会治理体系，健全共建共治共享的社会治理制度，提升社会治理效能"，通州区认真贯彻落实习近平总书记关于基层治理的重要论述和对北京重要讲话精神，牢固树立"让人民生活幸福是国之大者"理念，通州区强化党建引领，在全区开展"大学习大调研大讨论强素质强作风强效能"三大三强活动，坚持高标准高质量推进主题教育，深化"网格+热线"改革创新，激发党员群众干事创业活力，提升精细化治理水平，以实际行动回答好"市委二十年时代之问"。

一、改革背景

（一）深化"网格+热线"改革创新，是来自群众"听民声解民忧"的深情呼唤

当前，城市副中心正处在"立长远、强功能，全面上台阶"

的关键时期，第二批市级行政机关2023年搬迁城市副中心，各项重大工程建设热火朝天，城市部件加速更新换代，群众对副中心的期待和要求也越来越高，城区、农村地区、城乡接合部所面临城市管理类问题的多样性逐渐增加。结合副中心基层治理工作面临的新形势，推动"网格+热线"工作模式改革创新，是倾听群众心声，解决群众急难愁盼问题的迫切需要。

（二）深化"网格+热线"改革创新，是政府强化主动治理的有力抓手

北京市委书记尹力在全市领导干部大会以及市委点评会上多次对城市精细化治理工作提出要求并强调，"要高度重视民生领域风险，学好用活'浦江经验'，领导干部带头接访下访，把矛盾化解在基层、解决在萌芽"。殷勇市长定期在市政府常务会上研究首都环境建设检查考评情况，网格主动治理倒查是其中的一项重要内容。区委书记孟景伟要求强化党建引领，持续推进"双报到双积分"工作机制与"网格+热线"工作相结合，着力整合和利用各方资源，有效发挥"网格+热线"作用，将管理和服务延伸至社会治理最末端、服务群众最前沿，实现治理资源与治理需求的精准对接。

（三）深化"网格+热线"改革创新，是北京市基层治理体系和治理能力现代化建设的硬性要求

北京市委、市政府出台《关于加强基层治理体系和治理能力现代化建设的实施意见》要求，坚持党建引领，把党的领导贯

穿于基层治理的全过程、各方面。坚持以人民为中心，聚焦"七有"要求和"五性"需求，不断增进人民福祉。坚持全周期管理理念，强化系统治理、依法治理、综合治理、源头治理。坚持共建共治共享，建设人人有责、人人尽责、人人享有的基层治理共同体。北京市城市管理委调研通州区网格工作时指出："基于当前北京市城市治理的发展阶段，要在吹哨报到、接诉即办工作的基础上，将城市运行、热线、创城等基层治理各领域内容纳入网格体系，着力打造'网格+'精细化管理的北京模式。"

二、主要做法

（一）坚持以党建引领为中心，紧盯"民生热点"打好"统筹战"

一是强化顶层设计。区级层面以顶格配置推进全区"网格+热线"工作。在全区成立"通州区网格化管理工作领导小组"，高位统筹推动全区"网格+热线"工作。区委书记、区长多次在书记点评会、政府常务会上调度"网格+热线"工作，压实各相关单位主体职责。二是完善制度体系。出台《关于进一步推进通州区网格化管理工作的实施方案》，重点围绕健全网格化管理工作体系、规范网格运行机制、加强网格员队伍建设等明确12项重点任务，全面指导全区"网格+热线"工作。三是健全组织架构。目前全区有19个属地实现"网格+热线"机构整合，由同一科室牵头两项业务工作，其余属地以"网格+热线"专班形式开展工作，每个属地配备3~5名工作人员专门负责日常网格化管理工作。同时科学划分网格，突出精准化、精密化、精细化，将全区网格从1844增加至2634个，逐步推动网格化城市管理向城市治理转变。

（二）坚持以专项考核为抓手，紧盯"大事要事"打好"攻坚战"

结合"网格+热线"工作重点，制定《通州区2023年度接诉即办+网格化管理专项考评细则》，通过设置达标分、进程分、超标分三项指标对各承办单位网格案件实际处置率、按时结案率、一次完成率和热线诉求的响应率、解决率、满意率、见面率进行综合考核，并将考核情况与各单位年终绩效考核关联，压实各单位工作责任。同时加强基层网格员考核管理，探索建立以精神奖励为主、物质激励为辅的奖励机制，将网格化管理工作作为入党、晋升、评优等考量范围，提升专兼职网格员基本待遇，不断强化基层网格员的责任担当，形成比、学、赶、帮、超的良好工作氛围。另外，针对主动治理诉求降量、"每月一题"成效等重点工作任务进行加分激励，调动各单位工作积极性，强化重难点问题攻坚，提升全区"网格+热线"整体工作水平。

（三）坚持以靠前服务为关键，紧盯"薄弱环节"打好"持久战"

一是调度靠前，强化难点问题解决。坚持问题导向，区委书记、区长定期调度"网格+热线"难点问题，主管副区长每周调度"网格+热线"工作，紧盯重点任务落实情况，层层压实各级工作人员责任，推动"网格+热线"工作高效开展。二是办理靠前，见面办理群众诉求。发挥网格员人熟地熟事熟优势，积极对接热线诉求，坚持以"件件有落实、事事有回音"为出发点，以解决问题为落脚点，积极见面办理群众诉求，拉近群众距离，提高服务温度，提升群众满意度。三是网格靠前，主动治理精细服务。充实队伍力量，现阶段各属地专职网格员队伍规模已达2800余人，达到了"专职力量一员一格"的基本要求，并统筹楼门长、志愿者、环卫作业等力量纳入兼职网格员队伍，同步扩充兼职网格员7000余人（属地）。印发《通州区关于进一步加强网格员规范管理的工作意见（试行）》，通过"定格、定人、定岗、定责"，逐步建立全面覆盖、责任到位、能动高效的网格员管理体系。

（四）坚持以科技赋能为支撑，紧盯"数字转型"打好"信息战"

一是通州区城市管理指挥平台实现接诉即办+网格化管理+吹哨报到三网融合。利用信息化手段实现"网格+热线"数据融合和流程贯通，结合不同的业务问题进行分类梳理，网格员巡查发现的问题，可依托接诉即办流程与相关机制进行处置，同样将市民诉求派单街乡镇办理的同时，必要时转派网格员进行现场核实，确保全区各类问题应解决、尽解决，应治理、尽治理。二是系统平台不断集成扩容。将"小卫星两违"、社区管理、单位管理、垃圾分类、消防隐患、门前三包6个专项纳入流转，实现网格平台闭环体系的深度应用。三是推动全员参与网格化管理工作。目前，已为各级用户开通账号20743个，并针对不同角色设置相应权限用以拓宽问题发现来源，现有兼职力量12627名（属地＋委办局），充分调动了各方资源，激活了多方力量，为网格注入了鲜活的生力军。持续优化网格系统，建立疑难案件缓冲池，为运行内部流程、网格吹哨、大数据画像给予技术支撑。四是强化吹哨报到机制应用。创新实现"网格＋热线＋吹哨"平台数据贯通，支持基于诉求工单和网格案件发起吹哨，支持专职网格员格内吹哨、下沉处置力量格内应哨，助力各类城市管理问题高效解决。

三、改革成效

（一）相生相长，实现"网格＋热线"工作整体提升

一是主动治理水平明显提升。通州区2023年1—10月网格案件共立案53.25万件，结案50.25万件，结案率94.37%。全区2023年1—9月考核期共接收市民诉求33.67万件，响应率99.91%、解决率93.74%、满意率94.88%，综合成绩95.28分，全市排名第7名，"网格＋热线"主动治理水平明显提升。二是创新"网格＋热线"大数据画像。结合"网格＋热线"工作重点，构建全区、委办局（街乡镇）、社区村（职能科室）和网格四级画像体系，通过10项计分指标对各单位提供个性化画像分析，直观反映当前"网格＋热线"工作薄弱环节，为"网格＋热线"工作更好科学决策、精准施策提供数据支持，进一步提升全区精细化治

理水平。三是改革创新不断取得新成果。"网格+热线"制度进一步完善，网格划分持续细化，选优配强网格力量，创新网格内部考核流程，网格化管理工作的触角不断延伸。多元参与工作体系日益完善，充分发挥人大、政协和各职能部门的作用，大力推进网格与创城、创卫、"两违"整治等工作对接，形成了共建共治共享的基层治理新局面。

（二）求真求精，实现党建引领和群众思维合拍共鸣

通州区"网格+热线"改革通过创新增设"建议类问题"分类，打造"132"工作新模式，即"坚持一个核心，强化三大创新，解决两个问题"，推动城市副中心高效能治理。

坚持一个核心：坚持党建引领，时刻以人民为中心，通过"网格+热线"深度融合，深化主动治理，切实做到为民服务解难题，构建"全域覆盖、全员参与、全民共治"格局，绘出群众共治共享的"同心圆"。

强化三大创新：一是创新网格化城市管理问题上报类别，拓宽了网格化城市管理问题的发现渠道和上报途径。二是创新"网格+热线"融合形式。结合市民热线高频诉求，通过网格主动巡查发现居民诉求，在网格平台快速核查处置，形成全流程闭环，提高诉求处置时效。三是创新网格化城市管理服务效能。充分调动网格员作为发现的"触角"，深入基层收集一线民声民意，推动网格化城市管理向"未诉先办"延伸，强化为民服务的主要职能。

解决两个问题：一是解决复合性网格化城市管理问题整合困难，不能一次性解决的问题。例如：小区内因垃圾桶站数量、位

置不合理造成环境脏乱问题。通过"建议类问题"上报建议权属单位按照居民需求增设桶站点位，增加清运频次，强化源头治理。二是解决市民热线部分诉求，因权属不清、辖区不明、点位不精准等原因，处置时效过长或始终得不到解决的问题。网格辖区划分精准明确，网格员熟悉辖区，可第一时间通过网格平台闭环流程解决诉求问题。

（三）实干实效，实现条块联治和多元共治同向发力

一是强化专业力量下沉，凝聚工作合力。制定《通州区职能部门下沉网格报到流程》，推动相关委办局、公共服务企业将本部门的执法力量和专业力量职责落实到基层网格，区城市管理委、区园林绿化局、区交通支队等8个职能部门作为首批下沉单位，将1691人的工作力量有力补充至属地网格，管理上突出"块"的统筹作用，业务上强化"条"的专业功能，全面提高发现及处置问题能力。二是常态化开展上门问需工作。区委组织部结合"双报到、双积分"及"大抓基层强堡垒、入企入户访群众"等活动，引导各街乡镇包片领导、包村干部、社区（村）工作人员、专职网格员等以网格为单位，加强对网格内企业、居民的日常走访，主动发现问题、收集意见建议，累计入户1.8万余户，收集2000余条建议。三是强化"网格+热线"专项巡查。区级网格监督员队伍配备50人，建立专项巡查工作机制，截至目前，共发动巡查人员8998人次，形成《通州区网格专项巡查报告》13期，主动发现问题84218件，并实地解决问题67036件，有效吸附诉求，推动诉求降量。

构建与现代化精品城区相匹配的基层治理格局需要把握的三个重点问题
——以浦东新区陆家嘴街道为例

凌军芬
浦东新区陆家嘴街道党工委书记

支持浦东新区高水平改革开放、打造社会主义现代化建设引领区，是以习近平同志为核心的党中央着眼"两个大局"作出的重大战略部署，是新时代新征程党中央赋予浦东的新的重大历史使命，是浦东相当长时期的头等大事和首要政治任务。中共中央、国务院《关于支持浦东新区高水平改革开放打造社会主义现代化建设引领区的意见》，明确提出了2035年浦东的发展目标，现代化经济体系全面构建，现代化城区全面建成，现代化治理全面实现，城市发展能级和国际竞争力跃居前列。

在前不久的新区务虚会上，区委提出了现代化城区建设的三个圈层，精品城区、现代城镇和美丽乡村，强调精品城区的建设主体是中心城区的12个街道。陆家嘴区域是浦东最早开发、最早完成城市化的区域之一，各类设施配置基础扎实，属于浦东的"欧美地区"。其中，陆家嘴街道面积6.89平方公里，36个居

凌军芬 ▶ 构建与现代化精品城区相匹配的基层治理格局需要把握的三个重点问题——以浦东新区陆家嘴街道为例

民区、12万实有人口，122幢商务楼宇、入驻上万家各类企业、约30万工作人群，既是一座令人瞩目的金融城，又是极具人文底蕴的居住区，有责任树立更高的标准，对标国际顶尖城市，率先在舒适生活、优质服务、品质体验、经济跃升等方面实现更大的跨越，充分担当展示社会主义现代化国际大都市风范的重要窗口。

未来的一段时间，陆家嘴街道的重要任务，就是要深入学习贯彻党的二十大精神，深入学习贯彻习近平总书记关于加强基层治理的重要论述，认真落实中央和市委决策部署，聚焦当前、立足长远，进一步提升基层治理的精细化和颗粒度，推动治理体系建设更成熟、效能作用发挥更充分，加快形成与建设"现代化精品城区"相匹配的基层治理新格局，为落实"疫情要防住、经济要稳住、发展要安全"的重大要求，推动浦东经济社会发展打牢根基、筑牢底盘。围绕这个要求，陆家嘴街道从三个方面交流工作思考。一是立足基础看成绩、找差距；二是提高站位明方向、理思路；三是聚焦重点找路径、抓落实。

一、肯定成绩强信心，认清不足找差距，充分认识现代精品城区基层治理的现状和基础

近年来，全街道上下坚持以习近平新时代中国特色社会主义思想为指导，深入践行"人民城市人民建，人民城市为人民"重要理念，始终把满足人民群众对美好生活的向往作为一切工作的出发点和落脚点，始终把加强基层治理体系和治理能力现代化

建设摆在突出位置来抓，坚持问题治理与机制创新两手抓、两手硬，聚焦浦东建设国际金融中心核心区、创建全国文明典范城区、建设国际消费中心、打造人民城市理念最佳实践地，推进中心城区基层治理模式创新、治理方式重塑、治理体系重构再跨新台阶、再获新突破，充分展示与引领区定位要求相适应、相匹配、相协调的基层社会治理水平，逐步探索出一条具有陆家嘴街道特色的"党建引领、五化并举"之路。

（一）区域化党建打响品牌

坚持把加强基层党的建设、巩固党的执政基础作为贯穿社会治理和基层建设的一条红线，充分强化党组织的领导核心作用，以党的建设引领社会治理创新。以"金色纽带"区域化党建模式为重要载体，完善楼组与楼宇党建联建工作运行机制，促进区域内楼宇商圈和小区楼组各类组织互联互动，形成集平台、文化、公益、服务等链接于一体的产城融合新格局。一是聚焦全域全员，强化平台链接。以"布点、划片、联网"为基础，实现"金色纽带"区域化党建共同体的有形联结。布点，实现区域内党建工作全覆盖。在建优建强居民区党总支、"两新"组织党组织的同时，实现区域化党建工作向两头延伸。完善楼组与楼宇党建工作运行机制，实现党的组织和工作全覆盖。划片，推动居民区党建、驻区单位党建与"两新"组织党建有机融合。将周边居民区、商务楼宇、区域单位等联合组成三个片区，与街道网格化综合管理责任区整合，建立三个以"楼—居""楼—楼"为单位的片区区域党建促进会，形成党建工作"网格化"组织体系，促进区域内楼宇、楼组、商圈、居民区各类组织互联互动。联网，实现区域—街道—基层党组织三级联动。探索片区促进会轮值会长制，推动项目合作、典型培育、品牌打造等工作，把居民区与楼宇、居民与白领有机联结起来，并产生辐射效应。二是聚焦软实力，强化文化链接。通过举办陆家嘴金融城国际咖啡文化节、陆家嘴金融城全能挑战赛、三对三篮球赛、欢乐健康跑等活动，协办国际射箭比赛上海站赛事，持续扩大"海派秧歌"普及度、影响力和知名度，以赛为媒以文促联，增加企业对陆家嘴的黏性，吸引企业参与社区治理、投身社区公益，不断深化楼宇和社区的交流融合。组织开展企业职工定向赛、企业青年员工七夕大型交友派对，推出"午间小时光"等服务项目，挂牌成立东方明珠、国际会议中心、活力102、楼宇课堂等"文化课堂"实践基地，全面增强企业发展活力和区域经济发展后劲。三是聚焦社企联动，强化公益链接。"陆家嘴公益城"努力在"生产力最活跃"的地区打造"富有活力"的区域党建品牌。连续8年举办的"社区大管家""公益城进工地""医德医风党员志愿者""公益户外赛""阳光课堂"等各类主题公益行动，带动200余家单位、逾万名党员参与其中，展现出旺盛的生命力。"志愿+实践"体系建设为金融城不断增添活力，目前，已形成50个志愿服务项目、40个新时代文明实践项目，参与社区公益事业和志愿服务的企事业单位达300家，各类青年志愿服务队达200支。位于陆家嘴地铁广场的"雷锋驿站"365天全年无休，为来自国内外的游客、周边白领和户外工作者提供无偿服务。四是聚焦转型升级，强化服务链接。聚焦新经济组织、新社会组织、新就业群体服务需求，楼宇商圈党群服务站不断优化集"商圈党建联建站、党群一体工作站、'两新'党建指导站、志愿服务枢纽站"四位一体的阵地功能建设，提供一网通办、远程帮办、楼宇共治、商圈共建、直播分享、健康监测、党员互动、阅读休闲等多样服务。陆家嘴"户外劳动者之家"拓展新兴行业服务阵地。融合"红色加油站"与"户外职工驿站"等平台资源建设"一心一带一网"服务阵地网络。同时整合党群服务中心活动服务资源，让"骑手"们近悦远来，推动新就业群体融入基层治理格局。

（二）网格化治理责任明晰

系统织密坚强组织体系，坚定走好群众路线，构建完善平战转化的衔接机制。一是划小管理规模。加快推进崂三、上港、光辉、荣成、陈家门、浦江茗园等居民区拆分调整，划小基层管理和服务单元，将31个居委扩充至36个，进一步提升服务居民的密度和温度，全面筑牢基层治理"金字塔"塔基。以开放性、便捷性为标准，积极协调整合公建配套用房，完善社区空间功能分布，确保基层干部及时回应群众的"急难愁盼"问题。加强街道机关与居民区的日常联系沟通，明确党政班子成员包保重点居民区、机关干部常态化联系结对居民区，定期整合公安、城管执法、房屋管理、安监、市场监管等力量开展"组团式"服务，开展走访调研2013人次，收集建议294条，解决问题138个。二是优化治理架构。探索建立"居民区党组织—微网格党组织—楼组党小组"的组织架构和"总支抓总、支部包网格、楼组包楼"的运转机制，吸纳1771名优秀的双报到党员、下沉干部、业委会成员等参与，进一步做实网格党建、楼组党建。结合"美丽家园""文明楼组""最美家庭"等创评工作，组建楼组自治委员会，打造25个"家门口美丽楼组示范点"。建立居民区应急服务站，推动与"家门口"服务站融合。完善应急物资储备，强化应急培训与演练。三是加强队伍建设。实施"带头人能力提升计划""后浪成长计划"，积极推动"新起点"书记工作室提质增能，编制"书记手记"，形成基层治理实践案例汇编。常态化选派年轻干部到基层任职，选派机关、事业优秀干部任职居民区党组织书记岗位，选派"90后"干部任职居民区党组织副书记岗位。系统推进"明星社工"培养培训一体化，探索培训积分管理，培训成果与考核挂钩，形成比学赶超的学习氛围。推进干部队伍建设三年行动计划，形成可上可下、动态更新的人才库。增强干部成长激励关怀举措，用好干部调研、村（社区）党组织书记激励关怀举措等，制定居民区党组织书记"一人一策"、优秀青年干部"一人一策"等，让各级干部更有归属感、荣誉感。

（三）优质化服务取得实效

率先编制发布《陆家嘴街道15分钟社区生活圈（公众版）》三年行动计划，持续打造功能完善、多元供给、产城融合的社区15分钟生活圈。共举办6场宣讲活动，让居民更加了解社区规划。一是统筹布局公共服务设施。坚持盘活释放存量公共空间，在优化阵地布局的同时，创新途径推动资源整合、功能复合，实现集约利用。升级社区事务受理服务中心，整合行政资源、打造智慧政务，实现调裁审"三庭合一"，提供全方位的事务受理和全流程的政务服务。打造升级版综合为老服务中心、社区长者食堂、老年人日间照护中心，链接社会资源发布"长者膳食改善计划"，形成密切联动、功能互补、系统衔接的养老服务圈。以拆—建—美相衔接的模式，打造集体育健身、文化展示、互动体验、休闲娱乐等功能于一体的复合型空间"陆家嘴活力102"。建成以"万有集市"菜场为中心，配套"福艺坊"小剧场、"万有小吃馆"特色美食街、综合便民+服务等功能的新型邻里中心。完成集实战、培训、展示"三位一体"的消防安全创新治理中心建设，同时探索前置消防站、微型消防站、联勤联动站出警联动机制，筑牢社区安全防线。二是双管齐下保基本强特色。建设"老年认知障碍支持中心"，推进风险测评和早期干预。推进独居老人分级管理，对独居老人身体状况、安全习惯等管理要素进行安全风险评估。织密基层未成年人保护网络，分析研判陆家嘴未成年人总体情况、结构特点和服务需求，探索"家、校、社"联动未成年人保护工作模式。探索多部门联席会议制度，推进物理空间、服务资源、工作力量、信息数据、考核评价的"一口管理"模式。深化拓展党群服务内涵，培育拓展青年律师楼宇商圈公益法律服务、线上文化云课堂等特色服务。三是加大力度整合应急志愿服务。建立分级应急队伍。街道层面建立党员先锋突击队，每个居民区组建一支"红蓝青"三色志愿者队伍，由红色党员先锋突击队、蓝色平安志愿者队伍、青色青少年志愿者队伍组成。建立一支256人的民兵应急队伍，主动亮明身份、主动担当作为，参与应急工作3000余人次，构筑起应急应战的坚固防线。整合社区基层志愿服务需求，形成55个常态化志愿服务项目清单和10个经典案例，通过志愿服务项目化运作，促进社区居民和楼宇青年融合互动。探索推进在职党员错时服务社区机制，建立"在职党员智库"，鼓励发布自治共治项目、动员认领，有效推动在职党员在基层治理中发挥积极作用。完善社会各界力量参与机制，积极吸纳人大代表、政协委员、党外代表人士、退役军人等常态化联系服务基层一线。

（四）民主化自治活力激发

通过不断创新民主高效的基层治理模式，让各种治理功能充分发挥、各类治理主体深度融合、各个治理平台充满活力。一是"自治金"激发社区治理内生动力。街道在全市首创"自治金"，多年来，不断加强应用场景建设和制度建设，项目涵盖楼组建设、文化教育、惠民实事等各个领域，为破解社区治理瓶颈提供了示范样本，相关经验也在全市、区推广。创新"自治金工作线上申报平台"，全过程跟进自治项目，深化"三会"工作法，建立楼组自治管理委员会，线上线下不断挖掘和培养热心居民区公共事务的能人、达人。培育打造市新居民区"全过程人民民主案例集"，聚焦小区消防安全、快递外卖、外来人员管理等治理难题，加强民主协商、创新自治公约，体现从"为民服务"到"让民做主"的生动转变。二是"三会实训室"提升基层民主协商质效。我们搭建"街道—居民区—楼组"三级议事协商体系，不断优化"三会"制度安排，以情景实训为着力点建设"三会实训室"，打造实训课程，培育"社区治理名师"，开展"结伴同行"培训，进一步提升社区管理服务的精细化水平。三是"公益基金会"形成社会共治合力。发挥基金会等社会组织的桥梁纽带作用，依托社会组织联席会与各居民区常态联络，创新探索社区与社会组织、社会工作者、社区志愿者、社会慈善资源的联动机制，有效对接需求、资源、项目三张清单，将多元社会力量参与落实到居民区百姓可触、可及的实践项目中。四是"三驾马车"联勤联动会议机制提升规范性。深化"三驾马车"联勤联动会议机制，推进物业服务企业党建覆盖；强化居民区党组织对业委会的组织覆盖和工作覆盖，完善居民区党组织对业委会人选和组织的把关制度，规范对业委会履职的监督机制，深化党建联建推动协同治理。完善对物业服务企业的考核和奖惩机制，以政府补贴关联等措施督促企业提升服务水平；组织企业开展行业技能大比武、定期培训等，提升物业服务应急处置能力。五是政协协商与基层协商有效衔接。近两年来，我们积极推动三级政协委员入站，发挥政协委员智库参谋作用。组织了关于为老服务、"一网通管"应用场景、楼宇消防安全等主题的监督协商活动，政协委员的建议为解决基层治理难点问题提供了不少新思路。

（五）数字化治理积极推进

全面推动街道网格化治理更加信息化、智能化、专业化，不断拓展基层智慧治理场景，构筑起陆家嘴街道数字治理图景。一是搭建"一网统管"整体架构。街道成立深入推进城市数字化转型工作专班，加强顶层设计，统筹推进数字治理工作。构建"1+3+X"的"一网统管"建设架构，包括1个数据底座（综合数据平台）；3个支撑平台，含中心区智能管理平台、居民区微平台、街区微平台；"X"个数字化应用场景。二是强化"城运平台"梯度建设。以陆家嘴中心区城市运行综合管理指挥平台为核心，提升中心区治理效能。破除智能发现感知设施"各自为政"的壁垒，形成一体化的城市"全治理"智慧管理指挥体系。建设"陆家嘴中心区人流智能监测和指挥系统""非现场执法出租车违规上下客执法系统""中心区圈层防护安全屋智能管理系统"等场景应用。以街区微平台为核心，提升街区治理效能。建设"共享单车治理""沿街商铺风险等级管理""消防预警智能感知系统""智能充电桩管理"等应用场景。以居民区微平台为核心，提升居民区治理效能。建设"民意通（全过程人民民主决策）""独居老人分级管理""未成年人分类管理""无人车棚智能管理"等应用场景。三是夯实"实有人口"管理服务。建立清晰、准确、翔实的实有人口底账，针对各类重点人群，严格落实三级风险服务管理措施，筑牢实有人口底数和人口管理基础。强化公安、城管、房办等部门联勤联动，通过以房管人，为执法取证提供数据依据，有效遏制群租现象。特别针对辖区老旧小区占比近半、居民区出租率最高超过60%的现状，面对人口流动大、群租易回潮等疫情中暴露出的问题，探索建立以实有人口登记为主的信息管理系统，实时监测人员流动、居住情况，动态掌握实有人口变动、摸清管理底数。

对标人民群众对美好生活的向往，作为陆家嘴金融城的所属街道，在肯定成绩的同时，也清醒看到问题和不足。特别是从精品城区建设来看，陆家嘴存在三组对比：一是"高楼大厦"与"老旧公房"反差。陆家嘴金融贸易中心区有百亿元楼1幢、亿元楼超50幢；而街道辖区2/3是老旧小区，仍存在小梁薄板房、不成套住宅。二是"空间资源"与"配套需求"矛盾。辖区是深度建成区，基础设施建设年代久远、空间资源紧张，难以满足居民群众日益增长的需求，在医疗、养老、体育、教育等方面供需无法完全匹配。三是"活力需求"与"深度老龄"并存。金融城核心区30万工作人群对营商环境、人文品质需求迫切，而老旧小区超过3.8万的60岁以上老年人口养老就医、康复社交等问题仍较突出。习近平总书记说，问题是时代的声音。我们提出璀璨陆家嘴建设，全力提升现代精品城区治理水平，就要回答并解决这些问题。

二、政治站位再提高、思想认识再统一，把提升现代精品城区治理水平摆在事关全局的重要位置

一直以来，习近平总书记高度重视基层治理工作，反复强调"基层强则国家强，基层安则天下安，必须抓好基层治理现代化这项基础性工作"。2022年4月，中共中央、国务院出台《关于加强基层治理体系和治理能力现代化建设的意见》，对推进新时代基层治理现代化建设作出系统部署。党的二十大报告指出，要"完善网格化管理、精细化服务、信息化支撑的基层治理平台，健全城乡社区治理体系""建设人人有责、人人尽责、人人享有的社会治理共同体"，强调要"加强城市社区党建工作，推进以党建引领基层治理"。上海市第十一次党代会把全面提升城市治理现代化水平作为重要目标之一，强调要强化基层社区建设，按

凌军芬 ▶ 构建与现代化精品城区相匹配的基层治理格局需要把握的三个重点问题——以浦东新区陆家嘴街道为例

照实有人口配置社区力量，加强社会动员，发挥社会组织作用，强化区域资源统筹和多方主体联动，完善党组织领导的自治、法治、德治、共治相结合的城乡基层社会治理体系。新区第五次党代会把"推动治理体系和治理能力现代化，勇当现代城市治理的示范样板"摆在重要位置，指出要坚持全生命周期管理，推动治理手段、治理模式、治理理念创新，加快构建经济治理、社会治理、城市治理统筹推进和有机衔接的治理体系，充分发挥全过程人民民主和协商民主的作用，率先走出超大城区治理新路子，并对持续推动基层治理创新作出详细工作部署。

陆家嘴街道深刻把握基层治理现代化建设的重大现实意义和深远历史价值，以高度的责任感使命感紧迫感，把思想行动统一到中央、市委和区委决策部署上来，不断夯实基层基础，激发自治共治活力，切实打通国家治理的"最后一公里"，打通人民群众感知公共服务效能和温度的"神经末梢"。这当中要深刻领会把握三个关键点。一要把握执政基石这个内涵要义。习近平总书记深刻指出："党的工作最坚实的力量支撑在基层，经济社会发展和民生最突出的矛盾和问题也在基层，必须把抓基层打基础作为长远之计和固本之策，丝毫不能放松。"[1]我们必须站在厚植党的执政根基的政治高度抓紧抓实抓好基层治理，从加强基层力量、基础工作、基本能力入手，聚焦基层治理变革重塑，补齐短板、发挥优势，建好街道、社区等国家治理的基层单元，培育形成良好的基层治理生态，切实巩固党治国理政的根基底座。二要

---

[1] 《习近平关于社会主义社会建设论述摘编》，中央文献出版社 2017 年版，第 131 页。

突出党建引领这个关键优势。党的基层组织是党的肌体的"毛细血管",也是党的全部工作和战斗力的基础。面对基层治理的新形势新任务新要求,要充分发挥基层党组织的战斗堡垒和前沿阵地作用,就必须坚持党建引领,强化政治功能,把党的全面领导贯穿基层治理全过程、各方面,不断增强组织力、凝聚力和战斗力,将党的政治优势、组织优势转化为治理效能,着力构建以党建为引领、法治为保障、德治为基础、群众自治为根本的基层治理方式。三要站稳人民至上这个根本立场。民惟邦本,本固邦宁。加强基层治理必须紧紧抓住以人民为中心这个出发点和落脚点,推动治理重心向基层下移,拓宽群众参与基层治理渠道,要从人民群众最盼、最急、最忧、最想的问题入手,突出重点、带动全局,充分调动起各社会治理主体的积极性、主动性和创造性,才能做到"一子落而满盘活""一招胜而全局赢",才能更好满足人民日益增长的美好生活需要,增强群众获得感、幸福感、安全感。四要抓牢数字赋能这个支撑手段。治理体现的是系统治理、依法治理、源头治理、综合施策。我们要想实现在日益复杂多变、综合多元的基层治理常态中迅速破局突围立势,就必须在促进治理体系创新、提升治理能级上下功夫,有效整合基层治理的各类资源力量,运用好大数据、云计算、人工智能等手段,建立起内在驱动、联动高效的基层治理责任链条,努力成为懂治理、能治理、善治理的行家里手。

就陆家嘴街道自身而言,需要主动顺应作为现代化精品城区时代发展定位,进一步筑牢夯实基层治理的工作底板。近年来,特别是新冠疫情发生以来,社会在悄然发生着深刻变化,对基层治理体系和治理能力提出了新要求、新挑战，特别是繁重的人口管理压力、艰巨的安全稳定任务、迫切的民生服务需求，都要求我们在基层社会治理方面进一步更新思路、改变观念、创新方法。一是从区位因素看，陆家嘴街道位于精品城区的核心，6.89平方公里的土地上居住着12万实有人口，入驻了上万家企业和30万工作人群，人口密度在全国位居前列，基层社会治理工作中存在人口总量高、利益诉求高、民生需求高等现实矛盾，也伴随着苗头隐患多、信息摸排难、教育疏导难、推动化解难等难题。二是从产业结构看，受经济形势、政策变化、经营风险等因素综合影响，加上城市更新进程的加快、教育"双减"的落地、地产领域的强力调控，造成新老矛盾交织叠加、风险隐患高位运行，特别是一些楼盘和市场主体出现不同程度的问题，陆家嘴街道所面临的社会稳定任务压力较大。三是从资源现状看，由于基层条块管理体制不顺，各类治理资源还是存在"碎片化"问题，平台数据、资金保障、人员队伍等资源和力量相对分散、偏于薄弱，协同治理机制在现实中运行起来还不够顺畅。四是从工作要求看，中央、市区高度重视基层社会治理工作，2023年全国市域社会治理现代化试点合格城市验收，文明典范城区创建进入关键阶段，现代化精品城区建设正在全面推进，加快推进基层社会治理现代化工作时间紧、任务重、要求高、责任大。这些情况都从不同角度反映出基层治理形势复杂、任务艰巨。对此，要清醒认识形势、主动适应变革，大力推进基层治理模式创新、方式重塑、体系重构，全面推进基层治理体系和治理能力现代化建设，加快建立契合浦东引领区建设、契合现代化精品城区发展要求、体现陆家嘴区域特色的现代治理模式。

三、明晰路径再出发，提升效能强攻坚，加快构建与现代精品城区相匹配的基层治理现代化新格局

当前和今后一个时期，陆家嘴街道将坚持以习近平新时代中国特色社会主义思想为指导，坚持和加强党的全面领导，坚持以人民为中心，以提升基层党组织的政治领导力、思想引领力、群众组织力和社会号召力为关键，及时呼应人民群众多层次、差异化、个性化的新需求、新期待，持续积极推动基层治理理念、制度、机制、方法创新，强化群众自治水平、管理服务水平、智慧治理水平蝶变提升，推动政府治理同社会调节、居民自治良性互动，提高基层治理社会化、法治化、智能化、专业化水平，努力实现自治、法治、德治、智治相融合，为建设现代化精品城区奠定坚实的治理基础。在具体推进上，要坚持问题导向，进一步解放思想、创新思路，把老百姓的获得感、幸福感、安全感作为根本追求，从源头入手、从基层抓起，把社会建设做强，把管理服务做好，努力创造一批"管用、有效、口碑好"的陆家嘴经验、陆家嘴亮点。

（一）整体化推进城市更新，展示形象魅力

围绕打造宜居、宜业、宜游的城市环境，全面提升城区颜值和气质。一是着眼旧区改造，变"老旧小"为"幸福里"。根据上海市委、市政府关于推进"两旧一村"改造工作部署，对标

"2025年底小梁薄板房屋改造基本完成"目标任务，街道将主动对接、积极争取崂山片区27.71万平方米小梁薄板房屋改造。配合建交委进一步摸清底数，为后期政策研究、更新改造做好充分准备。二是着眼街区提质，变"背街巷"为"风景线"。根据区发展和改革委安排的街道整体提升三年行动计划总盘，排定年度计划，对辖区内街区、建筑立面、绿化小品、城市家具等进行重点规划打造。围绕浦东大道、东方路等主干道周边面貌和启新路、松林路、崂山路等背街小巷，围绕"公园+"做好文章，全面提升品质标准。三是着眼社区焕新，变"闲置角"为"会客厅"。以新一轮"五违四必"整治为契机，"拆建管美用"一体治理老旧消极空间，成为口袋公园、文体活动乐园等，以推门见绿、出门见景为目标，打造更多"活力102""福艺坊"等家门口"好风景"、居民"好去处"，使滨江亲水生态与社区生活风貌自然衔接。

（二）全方位营造舒适生活，体现幸福实力

以打造高品质15分钟社区生活圈为抓手，不断增进民生福祉、提升幸福感受。一是健全一站式服务体系。充分整合空间资源，创新服务方式和途径。以"一体化资源统筹、一口式服务窗口、一网式信息管理"实现一站式综合服务。社区党群服务中心叠加政务、生活等服务功能，社区事务受理中嵌入公安综合窗口、劳动争议实现"三庭合一"，综治中心整合实有人口服务和管理、消防综合治理和法律服务功能，形成资源集聚、功能复合、相互赋能的综合性服务体系。二是加强精准化服务供给。聚

焦"两类人群"提升服务水平。围绕"一老一小"重点群体，完善社区嵌入式养老服务体系，2024年将建设完成集合养老"六大功能"的新型为老服务综合体，未成年人保护站实现"家校社"联动，腾挪空间新增1处普惠性托育点。围绕"三十万"工作人群，依托楼事会、商圈党群服务站，加强楼宇公共空间共治，推进新上海商业城等老商圈焕发新活力，聚焦新业态新群体打造户外劳动者之家，以"一心一带一网"（即以户外劳动者之家为中心，打造环新上海商业城商圈服务带，形成辐射楼宇街区社区的全域服务网），全域服务体现陆家嘴温度。三是培育高品质服务亮点。对标浦东争创全国文明典范城区，全面拓展服务内涵、提升服务品质。在区委宣传部的指导下，把陆家嘴金融城国际咖啡文化节打造成为引领咖啡潮流的风向标，把金融城全能挑战赛、楼宇垂直登高赛打造成为陆家嘴商圈的文体旅新标杆，同时街道将进一步打造"最系列"地标、提升"节日里"品质、强化"赛事潮"体验，不断提升"陆家嘴金融城+"IP影响力，营造良好营商环境。

（三）多维度赋能提质增效，提升治理能力

持续推动基层治理实践取得创新成果。一是以党建引领创新治理。围绕市委"六大工程"形成街道17个重点提升项目，探索"全过程人民民主"的基层实践。不断织密连心网络。打造基层党组织坚强堡垒，压实"居民区党组织—网格党支部—楼组党小组"的治理架构，强化网格治理，使需求来自网格、资源下沉网格、服务深入网格。引导人人有序参与。持续升级"自治

金"项目运作，着眼停车管理、楼道美化、电梯加装等"家园行动"微改造，以"参与式"体验培育更多自治达人和团队，提升自治能力。实现家园归属认同。发挥基金会搭建平台、链接资源作用，丰富"长者膳食改善计划"内涵，推出"老年认知障碍关爱""星星的孩子孤独症儿童关爱计划"等一批公益项目，以长效服务机制凝聚专业力量深度参与社会治理。二是以数字支撑高效治理。以推进"一网通办""一网统管"两张网为核心，提升精细化管理水平，建设安全韧性城市。推动"封闭场景"向"联动集群"转变。不断优化街道"1+3+X"数字治理体系，依托翔实动态数据底座，建强"中心区、街区、居民区"三大重点区域治理平台，推动智能应用场景融会贯通、相互补充，构建平战结合的数字化公共服务管理体系。推动"被动处置"向"长效常态"转变。持续开发"房屋租赁综合管理""充电桩智能管理""沿街商铺一铺一码"等智能场景，强化数据监测和自动预警，实现社区安居、街区有序、中心区协同高效。

（四）多方位锻造过硬队伍，激发干事动力

工作是靠人干出来的，基层社会治理现代化离不开大量高素质人才支撑。一是提升工作水平。新入职的社区工作者学历高、素质好、年轻人居多，但在社区没有工作经验和群众基础，对社区事务了解不够，对社区人口情况不熟悉，也缺乏与居民沟通交流的技巧，对于群众关心的问题有时无法及时解答。要有计划、分批次地组织社工技术操作培训、理论业务培训和岗位素质培训，精准提升能力素质水平，培养打造一支作风正、业务精、

服务优、素质高的高素质基层队伍，大力激发干事创业积极性，让更多优秀人才愿意留下来参与基层社会治理，凝聚基层社会治理力量。要推动干部在一线实践、情况在一线了解、工作在一线落实、问题在一线解决、感情在一线加深、成效在一线体现，让基层干部有岗、有位、有责、有为。二是建强居民自治力量。鼓励和引领党员和群众参与到社区治理之中，深化在职党员"双报到双报告"，要求在职党员主动亮出党员身份，发挥好模范带头作用。推进居民区党组织、业委会、物业服务企业人员"双向进入、交叉任职"，推荐业委会委员、物业服务企业负责人中的党员担任居民区党组织兼职委员，承担和参与居民区党组织安排的工作任务。三是统筹社工和网格员。网格员是社区工作的重要力量，目前网格员大多还是兼职，身份多样，融入社区工作还不够。下一步要统筹用好社工和网格员工作力量，建立健全扁平化管理机制，打破条线工作划分，优化家门口服务，让老百姓"进一扇门、找一个人、办所有事"，真正实现"少跑腿、得实惠"。

（五）全视角把握工作全局，凝聚上下合力

推动实现基层治理现代化是一项系统性、全局性工程。必须加强组织领导、凝聚工作合力，推动党建引领基层治理机制进一步完善、基层治理基础工作进一步夯实、基层治理骨干队伍进一步建强，打造共建共治共享的基层治理新格局，为全方位推动高质量发展提供坚强有力支撑。要做到"三个务必"：一是务必在压实责任上下功夫。各级党组织要进一步加强对基层治理的组织领导，切实履行主体责任，推动基层治理融入中心、服务大局，

凌军芬 ▶ 构建与现代化精品城区相匹配的
基层治理格局需要把握的三个重点问题——以浦东新区陆家嘴街道为例

以党建引领提升基层治理效能，持续强化组织引领、服务引领、基础引领，构建一体推动、一体落实的有效机制和责任链条，不断筑牢基层治理"桥头堡"、搭起基层治理"连心桥"、炼好基层治理"铺路石"。二是务必在督导考核上见实效。完善考核评价体系和激励办法，进一步优化对街道和社区的考核评价，把考核这个"指挥棒""风向标"立起来、发挥好。坚持时效与实效并重，突出因地制宜、分类指导，统筹运用高科技和"土办法"，鼓励大家创造更多实践成果。要强化结果运用，倒逼责任落实，及时表扬先进、鞭策后进，引导推动形成基层治理创先争优、创新探索的良好局面。三是务必在浓厚氛围上做文章。大力选树基层治理先进典型，持续提升和丰富德治内涵，总结推广基层治理先进经验，打造形成一批有影响力的基层治理品牌，广泛开展基层治理领域典型案例、先进人物等专题宣传，更好讲述基层一线的故事，以标杆榜样释放基层治理的正能量，增添基层治理的厚度、温度，营造全社会关心、支持和参与基层治理的良好氛围。

治国安邦，重在基础；管党兴党，重在基层。陆家嘴街道将以习近平新时代中国特色社会主义思想为指导，守土尽责、渐积跬步，凝聚力量、攻坚克难，持续推进基层治理体系和治理能力现代化建设，以高效能治理为高质量发展、高品质生活提供有力支撑，为打造现代化精品城区，谱写引领区新篇章提供更强保障。

抓住"人"这一核心 实施"1+20"推进基层治理队伍建设

李勇军
丽水市莲都区紫金街道党工委书记

丽水市莲都区紫金街道地处莲都城区东南部，占地面积60.04平方公里，辖19个行政村和10个社区，常住人口105037人，是一个城区和山区相结合的综合性街道。事业成败，"人"是关键因素。近年来，莲都区紫金街道紧紧抓住基层治理"人"这一核心，建"五军"、促"五到"、攻"五坚"、立"五制"，着力解决"人"从哪里来、"人"到哪里去、"人"要干什么、"人"要怎么管的问题，探索实施"1+20"强化基层治理队伍建设，取得了一定成效。主要做法是：

一、围绕核心建"五军"，解决"人"从哪里来的问题

针对基层组织"人"的来源渠道窄、后备力量弱、素质能力低问题，加强村社干部、网格人员、党员先锋、乡贤人才、志愿

服务队伍建设，培养好"源头活水"，使"人"这一核心活跃起来，为基层治理事业的发展提供了坚强有力的组织保证。

（一）建强村社干部队伍

通过挂职锻炼一批、培训提升一批、下派充实一批的方式，充实和优化村社干部队伍；组织开展村社干部培训班，强化干部队伍培养使用；成立全区首个兴村治社名师工作站，开展名师讲坛和导师帮带活动。充分利用"专业课堂""实践课堂""网络课堂"等平台，着力提升村社干部理论水平、提高履职能力、激发创新动能。通过城中村改造、乡村振兴等重点难点工作识别和锻炼村社干部，提升干部解决基层矛盾问题的能力。例如，辖区内芦埠村充分发挥村干部的先锋模范作用，如期完成2020年度单体体量最大的城中村改造任务；杨坑村村干部带头流转闲置土地，让"百亩荒地"变"生态茶园"；风化村新任班子在柑橘林里建"轻轨"，让好水果轻轻松松走出深山，以实干赢得口碑。推进"雏雁"培养计划，下派19位"蹲苗干部（书记）"，建立76人的后备库，坚持"选、育、管、用"四字诀，进一步激活后备干部干事创业的"源头活水"。牢固树立"党管人才"和"人才第一资源"的工作理念，抓好青年人才培养，为年轻干部搭建干事舞台，通过"请进来、走出去"的方式开阔人才的眼界和思维，让有一技之长的"土专家""田秀才"创业有机会、干事有平台、发展有空间。

（二）建强网格人员队伍

着眼网格队伍实质作用发挥的"后半篇文章"，持续抓队伍、强数智、重激励，重塑网格治理理念、服务模式和运转机制，激活网格智治"一池春水"。通过帮带培训提质量。推行网格员"老带新"帮带机制，推选出75名经验丰富的网格"老手"与48名网格"新手"结成为期半年的帮带关系，帮助初任网格员迅速进入角色。以"区级示范轮训+街道全员集训"搭建紫金网格大讲堂，开展集中教学、现场观摩、实战演练等多场景培训，分批分类提升专职网格员业务能力。2022年以来，已开展相关培训5场、覆盖480余人次。建立健全网格事项准入清单，在梳理9大类108项工作事项和网格10类高频事件的基础上，以"每日、每周、每月"为节点细化工作职责，实行事项准入联审和动态调整机制，做到"清单之外无事项"。如2022年10月，将除险保安等工作作为网格的核心工作，排查出风险隐患156个，有力护航党的二十大。常态化组织干部认亲、走亲、帮亲，市、区下沉党员干部1225人分别在网格内担任网格指导员、楼栋长、志愿者，以亮身份、亮职责、亮承诺的网格帮扶行动，联合村社调解力量化解矛盾纠纷，及时回应群众关切，切实将群众小事办成民生实事。

（三）建强党员先锋队伍

街道始终坚持以党建促发展，以发展促党建，充分发挥基层党组织和党员先锋示范引领作用，从而更好地服务群众，推进共同富裕。通过党建联建培养一批政治素质强、兴村治社能力强的"头雁"队伍。实施组织联建、活动联办、服务联跑、人才联动、资源联用，深化干部能力培养考评机制，提高党员干部队伍的基层治理能力与服务水平，推进区域党建共同发展。以村社组织换届为契机，配齐配强社工队伍，"一肩挑"人员平均年龄42岁、副书记36岁，均为大专以上学历，有1名社区党委书记择优纳入事业编制，实现了社工队伍年龄和学历结构双优化。加强"两新"组织的党组织作用发挥，疫情防控期间，非公企业党支部组团成立"非公企业红色突击队"，踊跃出资出力，参与党员执勤岗志愿服务，为街道和各村社捐赠物资，充分展现了非公企业党员在特殊时期的先锋力量。紧抓党员发展工作，现有基层党组织100个、党员2174名，三年来新发展党员50名，其中3年至5年未发展党员的村社和5年以上未发展党员的村社均完成年度指标。

（四）建强乡贤人才队伍

通过扩大视野"找"、因势利导"引"、因地制宜"用"等方式建强乡贤人才库，安排专门力量对在各领域具有一定社会知名度和专业技术能力的乡贤，逐人登记造册，密切沟通联系，按照"品行正、威望高、明乡情、资源多、有热心"等标准，将心系乡土、有一定声望和影响力的贤达人才组织起来，着力打造一支强有力的乡贤队伍。在街道侨联会基础上成立了警侨联络中心和9大社区楼宇侨联，定期召开交流学习会，就基层治理的薄弱环节、矛盾隐患和群众急难愁盼问题出谋划策、融资融智，实现与乡贤返乡交流的常态化、多样化和制度化。畅通为民服务"新渠道"，将乡贤人才队伍中的骨干力量编入城区基层治理综合网格担任楼栋长、党员先锋、志愿者等，引导乡贤人才深入参与综治、创城等基层治理工作，鼓励乡贤人才"进网入格"联系服务群众、协调化解纠纷、助推乡村振兴，促进提升乡村自治能力。让乡贤在经济建设、招商引资、带动致富、矛盾调解、乡村治理等方面发挥自身优势，全方位促进乡村振兴落地落实。

（五）建强志愿服务队伍

充分发挥志愿者服务优势，坚持以群众需求为导向，围绕推动志愿服务队伍专业化、技能化、特色化目标，组建理论政策宣讲团、文化文艺、助学支教等各类志愿服务队伍78支近万人，全力推动新时代文明实践活动和文明城市创建常态化、精准化。根据中央和省、市要求，科学设置新时代文明实践志愿服务站点29个，常态化开展环境整治、文明城市创建、网格走亲等志愿服务。服务中，不断挖掘并引导热心志愿服务的群众、在职党员、企事业单位工作人员加入志愿者队伍，不断丰富队伍人员结构，逐渐形成以党建凝聚力量、以服务促进发展的良好局面。截至目前，已注册志愿者5246人，2022年申请志愿服务项目67个，累计服务时长74313个小时。创新服务载体，打造服务亮点，持续开展了文明交通劝导、反电信诈骗、"排队守秩序我最美""垃圾烟头不落地，家园环境更美丽""不文明行为大家拍"等系列志愿服务活动，不断拓宽志愿者参与社区治理、联系群众渠道，打通服务群众"最后一米"，提升辖区居民幸福感、安全感、获得感。

二、围绕核心促"五到",解决"人"要到哪去的问题

营造良好人才生态,需要强化人才资源配置,培育人才发展平台,推动人才到村社去、到户里去、到田里去、到企业去、到心里去,让火热的基层一线,成为干部磨砺才干、积累经验的大课堂和练兵场。

(一)到村社去,一件件要事谋到清

整合区联系领导、联系单位、街村社干部、"蹲苗干部(书记)"、乡贤人才、基层站所等群体和部门力量,通过联村联社方式发挥指导、示范和联络作用,按照"设岗定责、梯队配备、合理分组"的要求,统筹安排人员力量,严格明确职责任务,确保人员到岗、责任到人。实现资源下沉、工作下沉、人员下沉,谋深谋实各村社年度发展目标、重点项目和民生实事,建好文明创建等重点工作最小网格。统筹各村社根据"岗位所需、党员所长"原则,把下沉党员分组设队,定岗、定职、定责,通过资源的合理配置,真正让群众说得上话、办得了事,让百姓暖得了心、顺得了气,为巩固好城乡治理工作成果、推进乡村全面振兴筑牢坚实的群众基础。

(二)到户里去,一件件好事做到家

哪里有群众,哪里就有干部。通过深入了解群众的所思所

想所盼，推动政策宣讲入户、矛盾纠纷化解入户、民生实事推进入户等。切实拉近群众距离，增进群众感情，做到"三个一"和"五必熟"——上门一张笑脸、见面一声问候、详记一篇日志；村组干部必熟、党员必熟、经济大户必熟、困难户必熟、重点户必熟。通过与群众"攀亲结友"、常来常往，做到真正与人民群众融为一体，亲如一家。树立群众观念，增强公仆意识，通过与群众的零距离接触、面对面交流，设身处地为人民群众排忧解难，增进与人民群众的深厚感情。进一步健全完善党员联系群众制度，科学划分党员责任区，每名党员包干联系户的政策宣传、信访维稳、民生帮扶等，每年至少为群众做5件好事并进行公示，打通党员干部服务群众"最后一公里"。

（三）到田里去，一件件急事办到好

通过动员各级党员干部、"蹲苗书记""雏雁"后备干部深入一线，将办公室搬到田间地头，常走田间路，常坐小板凳，常听百姓言，重点指导各村立足本村资源、产业优势，因地制宜，理清发展思路，找准发展路子，帮助驻点村成立农村合作经济组织和专业协会，制定发展规划和年度工作计划，积极推广农村能人致富门道，推进农民创业就业，促进农业增效、农民增收、农村发展解决一系列实际问题。以保障和改善民生为重点，把实事办好，把好事办实，以解决实际问题来推动农村农业发展。着力解决村级集体经济发展难、低收入农户增收难、因病致贫造成生活困难、农民贷款难等"三农"发展难题。在第一时间、第一地点有效回应群众诉求，既努力为群众排忧解难，又充分利用技术智

力优势做好技术指导，为村庄建设发展加油赋能。

（四）到企业去，一件件实事落到地

加强与注册地在紫金辖区内重点企业的帮扶联系，实地走访农业专业合作社、畜牧养殖场、水果基地等企业，了解企业运行发展过程中存在的问题，听取企业负责人的意见建议，定期收集汇总中央和省、市、区最新的优惠政策信息，及时向企业宣传，便于企业了解和掌握。组织企业参加各类研讨会，听取领导、专家对当前政策、形势的解读与分析，增强企业发展信心，把握发展方向。协助各有关部门、各村社，做好劳资矛盾的预警工作，定期了解企业经营、工资发放以及员工的生活和工作情况，及时将异常情况和问题反馈到有关职能部门和街道，方便各村社和有关部门提前介入，协调化解。切实帮助解决政策支持、渠道推广、品牌打造等方面遇到的难题，用心用情精准为企业办实事。

（五）到心里去，一件件难事解到位

走到群众身边，更要走到群众心里。街道充分动员广大党员干部深入到基层一线，与群众打成一片，用群众听得懂的语言和喜闻乐见的方式，与群众进行面对面的沟通交流，宣讲习近平总书记系列重要讲话精神以及党和国家的方针政策。让党的二十大精神家喻户晓、深入人心，引导群众积极参与高水平绘就中国式现代化莲都新图景。通过主动拜访、上门走访，认亲戚、交朋友，以真诚换真心、以真情换真话，尤其要通过办实事、解难事、做好事，让群众看到实际行动、看到作风变化，感受到朋友

间的真感情，使之成为机关干部了解民情的便捷通道和问政于民、问计于民、问需于民的有效渠道，真正做到急群众之所急，想群众之所想，以群众满意作为检验工作好坏的重要标尺。

三、围绕核心攻"五坚"，解决"人"要干什么的问题

在拓宽"人"的来源渠道、明确"人"的工作阵地的同时，以共同富裕、现代社区、除险保安、基层党建、美丽城乡为攻坚重点，明确干事方向，通过急难险重任务的磨炼，提升斗争本领，增长胆识才干。

（一）攻坚共同富裕

共同富裕，产业为根。产业发展是强国富民之本，为共同富裕提供强劲物质基础。同时，"产业兴旺是解决农村一切问题的前提"。

第一，谋好项目做好项目。我们以5个连片的省级重点帮扶村为主战场，充分分析紫金街道区位条件、资源禀赋、产业基础、发展趋势，谋划"多彩紫金·共富红谷"项目，实施共富红谷·环境和产业、精神、治理四大工程。在具体工作中，我们坚持乡村振兴产业先行理念，立足项目核心区茶叶和杨梅产业实际，用好杨坑片区的红色资源，带动实现农业双强和休闲旅游研学产业，进而推动东部片区乡村振兴，最终实现"共富红谷"目标。

第二，做好产业做强产业。立足紫金农业产业实际，结合

全区"3+2+1"产业布局和农业"双强"要求,大力发展精品水果和茶产业。投入1500万元,通过联建方式扩建生态茶园2000亩,配套建设茶叶加工厂房2500余平方米;筹集资金2400万元,联合区级强村公司和专业合作社搭建数字化杨梅大棚200亩,实施杨梅设施促成栽培技术试验与示范项目,建成全区首个杨梅智能补光系统,亩产值从原来的1万元提高到6万元,彻底扭转传统农业"靠天吃饭"的局面。获央视《新闻直播间》《正点财经》、学习强国、《浙江日报》等媒体持续报道;累计建设山地轨道车超过50公里,有效缓解山地运输人力不足问题,真正让茶叶和杨梅成为带动紫金东部山区片发展的"增收叶"和"致富果"。

第三,用好资源用足资源。用好结对资源,依托杭州职业技术学院人才优势,共建"创意农业实践基地",开展精品水果和茶叶的产品包装设计、营销策划及村庄整治规划项目,在学校内开设丽水农特产品展示窗口,由强村公司根据学校需要统一采购。与品牌物业企业合作,注资成立全市首家强村物业公司,深入参与市区首个改造型智慧未来社区和"无物业小区"清零等工作。根据紫金实际,瞄准"见效快、收益稳"的产业和企业用电需求大的特点,创新实施"飞地光伏模式",建成莲都区首个街道级强村公司"飞地"光伏消薄项目,全年共完成三个,总投资1000余万元,年收益可达120万元。积极谋划布局储能微电网项目。连续两年举办杨梅节活动,引入社区团购等新型销售模式,着力打响杨坑"杨梅采摘"休闲游特色品牌,让农业观光与产业发展有机结合。

（二）攻坚现代社区

紫金街道坚持"现代社区建设，我们是最直接的参与者，更是最大受益者"的理念，以前所未有的重视、超乎寻常的力度、务实创新的举措，围绕"564"总体架构，想好事谋好事、干好事干成事，通过"明确一个目标、建立四项机制、抓好八项工作"着力推进现代社区建设。

第一，明确一个目标，坚守现代社区建设"主阵地"。我们坚决扛起现代社区建设主阵地责任，明确"打造'现代社区建设示范街道'，成为现代社区建设丽水经验的展示窗口"这一工作目标，坚持"先学一步、先谋一步、先行一步"，努力成为莲都区现代社区建设的最佳试验田和实践地。

第二，建立四项机制，打出现代社区建设"组合拳"。建立工作领导机制。第一时间成立以街道党工委、办事处主要负责人为组长的工作领导小组，抽调各科室骨干和"兴村治社"名师充实到专班队伍。建立责任分工机制。对标对表任务清单，聚焦"六大改革"项目，紧盯"10+1"重点攻坚行动，以"一行动一方案"的要求，进行任务分解，明确分工，责任到人。建立重点推进机制。定期化分析，每月总结研究重点工作，部署下一步举措；项目化推进，针对"融合型社区破难一社一策""一老一小服务提质"等重点内容，以项目化的清单形式，推进工作；建立激励评价机制。激励化晾晒，纳入"三考三比"考核，围绕浙江省现代社区创评体系，利用村社干部擂台赛、领导小组扩大会议等形式，交流经验，推动共同提升。

第三,抓好十项工作,探索现代社区建设"最优解"。一是"开转封"工作。依托网格走亲、"四五"行动等开展大走访,对25个开放式小区进行全面排摸,了解民意,制订分步计划,争取以点带面,做好"开转封"工作。二是"物业服务提升"工作,以打造红色物业为抓手,以街道强村公司成立的聚金物业为依托,分阶段提升一批,接管一批,退出一批,促进物业服务整体提升。三是"强村富民、强社惠民"工作。深入推进"强村富民"工作,以街道强村公司为牵引,产业带动为路径,农业双强行动为契机,新发展大棚杨梅200亩,完成1800亩生态茶园种植,实施多花黄精套种项目,进一步拉高杨梅亩产值。把"强社惠民"作为补短强社的重要抓手,注册成立全区首家强社公司,把强社公司作为惠民主体,通过闲置资源的盘活注入、集体资本的有效投入、专业化运营团队的高质量导入,不断增强社区造血功能,提升社区内生力、自转力和服务力,实现经济和社会效益走在全市前列的目标。四是融合型大社区大单元破难工作。开展"破难金点子"征集行动,邀请群众群策群力共当"和"伙人;"一社一策"提升行动,立足社区实际、地域特色、人口产业布局,以"微"建"大",助力破题融合型大社区大单元治理;融合型大社区攻坚行动,在"一社一策"的基础上,针对4个融合型大社区大单元,打造"一社一品",激发"融合攻坚"新活力。五是"网格地图"智绘工作。在现有网格基础上强化紫金特色,绘好"紫金网格地图",真正做到实用、好用、管用、通用。六是"红绿名师培养"工作。以"兴村治社"名师工作站为载体,发挥名师带动效应,加强"校地"合作等对社区治理进行课题化、项目化研究促进各村社破难解题。七是社会组织引育工作。按照党建引领、突出重点、优化结构、注重质量的原则，合理规划布局，分类施策推进社会组织引育工作，成为创新基层社会治理和人民向往美好生活的有力支撑。八是农村社区物业服务延伸试点工作。探索农村社区运行模式，坚持以公益性为主，以服务乡村、服务农民、服务周边为主要职责，进一步提升农村群众获得感、幸福感。九是"一老一小"服务工作。致力建设以居家社区相协调、医养康养相结合，助餐、助浴、助洁、助行、助医、助急等"六助"服务为内容，创建一批具有示范意义的服务品牌。十是基层小微权力平台运行工作。加强平台宣传推广，通过多渠道宣传，不断提高群众对于小微权力平台的知晓率和参与度，通过平台运用不断增强监督在基层治理中的效能，确保广大群众的知情权、参与权、监督权，不断推动基层治理规范化。

（三）攻坚除险保安

始终秉持"紫金不出事、紫金不丢脸"的工作目标，以实际行动和工作成效做好除险保安工作。具体做到"三真三不"：

第一，思想上真重视，不存半点侥幸。我们抓住思想认识这个先导和关键，做到所有工作、所有时间、所有资源优先服从服务于除险保安这个中心。成立街道除险保安专项行动领导小组及信访积案化解攻坚专班，出台街道辖区内安全生产"除险保安"大排查大整治工作实施方案，制定重点不稳定因素排查标准。街道班子、联村干部每周不定期到联系的村（社区）开展一次"除险保安百日攻坚行动"检查，直奔一线、直插基层，形成问题清单,倒逼责任落实,确保对影响安全稳定的风险隐患紧盯不放、一抓到底。街道28个村社在前期实行"旬排查",做到不迟报、不漏报、不瞒报。自排查行动开展以来,28个村社共排查不稳定因素近百件,通过基层调解第一时间调处90余件,其余较为复杂的交由联系村社班子负责,切实将矛盾稳控在一线,解决在萌芽。

第二,措施上真管用,不留半点余地。建立信访突出问题集中交办制度,按照"一案一策一专班"原则,制定有针对性的措施,坚持按时完成化解任务,推动重点问题案结事了。特别在积案化解后,持续对息访人员进行关心关爱,走访慰问,推动实现"积案化解零回流"。发挥专业技术人员、社会化服务企业领域专家等的作用,派出专家团队结合安全生产风险普查数据,组织开展周期性、全领域安全生产问题隐患检查核查,提高隐患排查的精准性、风险管控的有效性。强化维稳情报信息收集、分析和研判,紧盯苗头性、倾向性问题,提升风险隐患处置能力和水平,全力防范化解风险、解决问题矛盾。对检查中发现的隐患问题要督促落实整改,形成闭环管理,确保不反弹、不回潮。

第三,行动上真作为,不带半点迟疑。通过将每个信访投诉件落实至走访干部,让干部带着问题开展靶向走访,并通过办理结果的签批答复形成闭环管理,推动问题在一线发现、矛盾在一线解决、作风在一线转变、发展在一线推进。2022年,累计走访各类人员7000余人次,走访服务企业90多家次,收集问题建议180余条,解决上报各类问题150条。针对重点人员管控分类施策,把街道在册重点人员按照年龄、家庭情况一人一档,分类挂档，对所有重点人员落实"一对一"帮教率达到100%。本着思想挽救、亲情感化的治病救人方针，思想与行动并重，做好重点人员排查防范、教育转化以及走访送关爱工作。

（四）攻坚基层党建

街道党工委认真落实基层党建工作要求，把党的政治建设摆在首位贯穿始终，注重思想领航、强化政治引领、严格组织生活，着力把基层党组织打造成带领群众致富、引领乡村振兴的战斗堡垒。

第一，实施红色根脉强基工程。深入贯彻新时代党的建设总要求和党的组织路线，大力弘扬伟大建党精神，以实现党建和事业相融合为突破口，以抓深抓实"七张问题清单"提高党的领导力为关键，以数字化改革为牵引，一体推进政治、思想、组织、作风、纪律、制度六大系统性重塑，推动基层党建和强村富民相融合、双提升。突出耦合融合，聚焦农村党建抓整体提升，聚焦小区党建抓延伸拓展，聚焦新兴领域抓有效覆盖，在塑造基层组织新形态上示范争先。成立丽水市首个强村公司工作支部，为强村富民注入强大动力。

第二，实施党员先锋示范工程。深化党员责任区制度，积极构建"党支部+党员+责任区"模式，建立党小组113个、党员责任区642个。全面实施"四五"行动推进干部大走访大淬炼活动，通过街道、村社党员干部大走访，了解民情民意，解决群众实际困难，累计走访各类人员2万余人次，走访服务企业、商家300余家，收集建议65条、问题12条，解决上报71条，切实提升群众的满意度和获得感。

第三，实施党建品牌提质工程。组建7大类9个党建联建，与结对单位杭州职业技术学院签订"山海党建"合作协议，充分发挥企业、村社的资源优势，按照"资源共享、优势互补、共同发展"原则，实现党建引领带动产业发展。深耕基层治理固本工程，开展"党建联建牵手"系列活动，进一步提升工作的精准性，推动党员干部队伍建设提质增效。坚持"党建+"理念谋创新，推进支部规范化建设，画好"党建地图"，进一步提升东银苑社区"五同党建"、星湖社区"三味党建"特色党建品牌，推进"两新"党建工作，建成2个六星"两新"支部。

（五）攻坚美丽城乡

聚焦"环境优美、功能便民"的环境美总体目标，加强规划引领，广泛组织动员，加大资金投入，营造背山面水、田园环绕、山水呼应的特色景观空间，展现"干净、整洁、有序、特色"的城镇形象。

第一，深化环境综合整治。以"五无五净"为目标，保护好山、水、田、城相融的自然生态格局，打造净美宜居环境。以全域常态整治、区域集中整治、专项重点整治为抓手，推进高铁沿线、330国道沿线、四大菜市场周边环境、厦河商城等区域开展环境整治工作，锚定环境卫生、水体清洁、杆线秩序、沿街立面、商贸市场等重点，进一步补齐环境短板，提升城乡环境面貌。街道现有乡级河长3人，村、社区级河长15人，近五年来，共计开展"激浊扬清、碧水莲都"治水活动423次，村（社区）

和相关部门等治水铁军、志愿者11435人次参加护水活动。进一步完善生活垃圾分类处置体系，推动10个垃圾分类高标准示范小区建设，垃圾分类岗亭67个。

第二，完善市政设施网络。以服务市民需求为导向，坚持补短板、强弱项，推动市政设施网络建设，实现城市基础设施日臻完善、城市功能品质持续提升。自2018年市区城中村改造工作启动以来，以水东老村为突破口，先后完成了古城岛、大洋路小区、河村、芦埠等11个城中村改造任务和10余个重点项目，累计完成签约1553户，拆除房屋面积29.4529万平方米，土地清场637.42亩。先后投入基础设施项目提升建设资金近8000万元，针对背街小巷、老旧小区等基础设施进行常态化维护提升，累计完成背街小巷改造项目159个，楼道改造提升1789条，停车泊位改建318个，外墙脱落修缮点位272处，修缮面积近6万平方米，绿化补植面积超过10万平方米。

第三，提升管理服务水平。我们运用大数据技术实现城镇管理的决策科学化、治理精细化、服务高效化，助推城镇管理发展水平。紫金街道便民服务中心标准化建设作为全区试点单位，综合星级评定为四星，共设立一个综合受理窗口（设有AB岗），开展无差别受理业务，对本街道可代办的123项事项通过线上办、手机App等软件办理来实现全部事项的代办。通过一窗平台，实现与国土、建设、林业、农业等部门的横向无缝衔接，并定期组织有针对性的业务培训，对所有代办员进行业务指导并加大监督考核管理，进一步提升业务办理能力。

四、围绕核心立"五制",解决"人"要怎么管的问题

通过完善制度和载体设计,建立责任清单机制、量化监督机制、交流评价机制、考核奖惩机制、包社联村机制,充分发挥制度管人的作用,进一步解放思想、拓宽思路、创新求变。

(一)建立责任清单机制

完善党建统领精密智治责任机制,建立"包社连村、住村连心"任务清单、乡贤人才"组团连事"任务清单、基层站所服务清单、领导班子联系企业责任清单等,从落实主体责任出发,梳理各部门实施经济调节、加强市场监管、提供公共服务、优化社会管理和助推乡村振兴等方面的职责,强化履职责任,加强公共服务,提升行政效能,接受社会监督,推进机构、职能、权限、程序、责任法定化,切实解决政府管理越位、缺位、错位问题,有效克服懒政、怠政,防止行政管理不作为和乱作为,着力构建与权力清单相配套的"权界清晰、分工合理、权责一致、运转高效"的行政职责体系,把责任压紧压实压到位。

(二)建立量化监督机制

按照转变政府职能、简政放权的要求,改善和加强政府管理,完善主要监管制度,创新行政管理方式,增强治理能力。针对权力取消、转移、下放、保留等事项,按照监管对象或监管领

域，分类建立健全事中事后监管制度，明确街道与村社、"两新"组织职责分工和工作重点，明确监管对象、内容、方式、措施、程序和如何处理。重点针对公共安全、环境保护、公共秩序等领域，落实日常监管、定期抽查、危险隐患排查、重大案件查处等方面的具体措施，避免管理缺位。建立街道问题基础数据库，制定共性问题清单和个性问题清单，对制度落实、问题整改等日常情况开展监督检查，定期分析研判，做好风险管控。

（三）建立交流评价机制

建立村社党组织书记季度擂台赛交流比拼机制，围绕基层党建、项目建设等重点工作，晾晒亮点实绩，查摆短板问题，评出"出彩村（社区）"和"追彩村（社区）"，通过主题宣讲、现场观摩、互评互查、同台竞技、点评提升等形式，在村（社区）干部中形成互争互学、比学赶超的浓厚氛围。推行村级按月问政，结合开展主题党日、村权监督例会等，组织开展党员群众面对面"擂台问政"活动，通过群众摆擂台、干部解答疑，现场面对面解决群众关注关心问题，点对点整改问题。健全专题学习研讨机制，定期开展针对性的研讨座谈，分享经验、交流心得，汇聚集体智慧，及时研究解决的难题和困难，形成完整的学习制度和解决问题的良好机制。

（四）建立考核奖惩机制

明确"干好干坏不一样"导向，号召广大干部提高认识，根据派单任务完成情况，采取现场参观评比等方式，按月对各村

（社区）乡村振兴、基层党建、美丽乡村、产业建设等重点工作完成情况进行单项和综合排名，对每项指标排名靠前的亮"绿灯"，排名靠前的亮"黄灯"，排名末位的亮"红灯"，让工作好坏一目了然、问题差距不遮不掩，真正把各项行动落到实处。切实加强跟进督查考评，高度重视对基层干部日常工作的督促检查，通过跟踪问效让工作完成情况直接与干部评先奖优、奖勤罚懒挂钩，更好地调动其工作积极性，实现基层自行开展的自我考核和上级考核的有机衔接，不断增强对基层领导干部平时督促检查工作的权威性、有效性。

（五）建立包社联村机制

采取区级联系领导、区直部门分片区联系指导模式，制定村集体经济提升等工作任务清单，一村（社区）一政策明确帮扶指导计划，定期到点走访帮扶，销号落实清单任务，合理确定联建对子，共同参与组团下访，在基层治理、共同富裕等方面提供智力、资金支持，帮助理清工作思路、培育主导产业、加快村社经济发展，进一步密切上下联系。针对困难党员、留守儿童、低收入农户、低保户等特殊群体，整合多方面资源力量，在驻村联心、组团下访过程中切实掌握了解生活现状，询问生活需求，通过党员联系群众办实事、困难群众慰问、产业扶持等方式为特殊群体解决生活困难，为重点对象及时送去关怀温暖。

温暖楼门 和谐邻里
——北京市通州区玉桥街道"楼门文化"赋能基层治理精细化创新实践

孙雪松
北京市通州区玉桥街道党工委书记

社区是联系群众、服务群众的"最后一公里",而楼门则是连接千家万户、基层治理的"最后一米"。为了全面贯彻落实党的二十大精神,深入践行习近平总书记"与邻为善、以邻为伴"的社区治理理念,2005年以来,玉桥街道创新党建引领"三区一门""强街带社"工程,通过看环境、看人气、看文化的"三看"实践,积极推进党建引领楼门文化赋能基层治理精细化创新实践,形成了"有生活温度的楼门环境、有家园意识的社会动员、有文化共识的社区治理"的"温暖楼门、和谐邻里"楼门文化共同体。使楼门文化成为"以人为本"工作理念的有效实践,成为社区治理的重要抓手、走好新时代党的群众路线的有效途径。

孙雪松 ▶ 温暖楼门　和谐邻里
——北京市通州区玉桥街道"楼门文化"赋能基层治理精细化创新实践

一、创新背景

玉桥街道位于北京城市副中心"老城双修"的核心区，辖区面积为5.2平方公里，人口10.5万余人，共有19个社区、5个村，基层党组织99个，党员3352人。辖区以居住功能为主，是"老通州"城区中建设发育最早、人口密度最大的居住区，共有小区103个，楼房663栋，楼门2878个。辖区内老旧小区多、产权单位复杂、基础设施滞后、散居小院多，管理难度大。

为了破解辖区内楼道环境脏乱差、邻里关系陌生等问题，玉桥街道积极推进"温暖楼门、和谐邻里"基层治理品牌建设，以党建引领聚力、以群众民生为本，用楼门搭台唱戏、让文化滋润人心，探索中国式现代化进程中共建共治共享的城市精细化治理新路径。

二、创新设计

（一）坚持加强党的领导，夯实组织基础

充分发挥基层党建引领作用，通过创新"三区一门""强街带社"党建工作机制，以党建引领、党员带头，使楼门文化实现了从最初的依靠群众，到引领群众、组织群众、发动群众、服务群众。

（二）尊重群众首创精神，站稳人民立场

顺应老城区社区治理客观规律和群众对美好生活的期盼，让

群众成为楼门建设的主导者、参与者和推动者，释放基层治理的自治活力。

（三）坚持加强社会动员，完善长效机制

通过持续广泛的社会动员，充分调动群众积极性、主动性和创造性，最大限度激发群众的智慧和力量，形成干群合力，共同干事创业，更好地满足群众诉求。

（四）挖掘楼门治理力量，建强人才队伍

积极推进楼门长骨干队伍建设，以"一长五员"为基础，围绕"发现、遴选、培育、传承、更新、激励"六个方面，通过举办楼门活动、培训指导、研讨交流、新老传帮带、资金支持等方式，引导各社区选优配强老中青相结合的楼门长队伍。

（五）加强楼门文化赋能，凝聚治理共识

通过楼门文化来打造社区治理共同体，以文化赋能基层治理，不断满足居民对美好生活的期盼，形成邻里情感认同、社区情感认同、对党和国家的情感认同，凝聚向上向善的社区文化共识，提升社区自治能力。

三、创新实施

（一）坚持党建引领，夯实基层组织基础

健全"三区一门""强街带社"党建责任体系，充分发挥社

孙雪松 ▶ 温暖楼门　和谐邻里
——北京市通州区玉桥街道"楼门文化"赋能基层治理精细化创新实践

区党组织的领导力、组织力、协调力，引导和鼓励社区社会组织、物业、辖区单位等多元主体参与楼门建设。充分发挥楼门社区党员和在职党员模范带头作用，全力投身党建引领"温暖楼门、和谐邻里"楼门文化建设中，亮身份、当表率、作贡献。结合开展学习贯彻习近平新时代中国特色社会主义思想主题教育，贯彻新发展理念，提高社区党员的自主性、能动性、组织性，引领广大居民群众参与楼门治理。

（二）抓牢三支队伍，凝聚多元共治合力

第一，选优配强社工队伍。每个社区由社区书记、1名副职、1名专干负责全程组织实施楼门文化工作。开展社工包楼划片主动联系居民制度，画好"民情图"，记好民情日记，做到进百家门，知百家情，解百家忧，暖百家心。结合社区工作者"优才计划"开展多种形式的交流培训活动，运用社会工作专业方法，与居民建立良好的沟通和互动关系，提升社会动员能力。

第二，健全楼门长队伍。完善楼门"一长五员"制，挖掘身体健康、热心公益、关爱社区、甘于奉献、团结邻里、善于组织，且具有一定亲和力、影响力和号召力的楼门或楼层居民，担任楼门长。做好楼门长的培训和更新换代工作，培育年轻化的楼门治理骨干力量，动员在职党员、全职妈妈、青年团员、少先队员充实到楼门长队伍中，实现100%楼门长全覆盖，50%有小楼门长。

第三，培育社区社会组织。依托街道社区社会组织联合会、孵化基地和"双百工程""一社一特"优势，优先发展楼门治理

类社区社会组织，以组织化的方式参与楼门文化建设。引导和激励社会组织开展各种楼门院的公益活动，参与社区治理。每个社区至少组建两个楼门治理类组织。

（三）优化四项机制，完善楼门治理体系

第一，优化协商沟通机制。楼门内全覆盖"居民说事板"、微信群、为民服务公示牌，为居民搭建一个表达诉求、交换意见、抒发心怀的平台。通过周例会、月例会、党建协调会等方式，搭建楼门微协商、楼院议事会等多元化平台，建立社区、居民与物业企业的长效沟通机制，搭起与居民的"连心桥"，求得共识最大化，排除矛盾隐患，做好未诉先办。

第二，优化公约自治机制。通过自下而上的方式，让居民主动参与到居民公约、楼门公约的制定中，将有形的要求转化为无形的自觉行动，从而激发居民的主人翁意识，发挥自治能力。完善"社区—小区（院落）—楼栋—楼门"四级自治网络，推进社区自治网络向网格、小区、院落、楼门等治理单元延伸。

第三，优化社会动员机制。发挥社区的组织功能和支持功能，利用党建引领"温暖楼门、和谐邻里"建设平台，提升居民对社区问题、社区事务的关注，建立多种类型的兴趣小组、社区社会组织，参与到楼院治理中。开展"小手拉大手"和校社联动活动，以楼门院为阵地，开展青少年校外实践活动，争做小楼门长、争做好人好事。树立"玉桥好人好事好治理"典型，每年进行评选表彰奖励，增强居民参与和奉献的获得感、荣誉感。

第四，优化支持保障机制。街道和社区每年从区级项目、事

权资金、党组织服务群众经费、公益金等方面，优先保障楼门文化建设。鼓励通过购买专业机构服务，为楼门文化工作提供专业化的支持。

（四）落实五项任务，深化基层治理实践

第一，持续推进楼院整治。对楼门院进行全面"体检"，对楼门院存在的各类问题和各类资源进行摸底，建立问题清单和资源清单。充分征求居民意见和意愿，深入开展楼门院整治。发挥主体责任，对居民关注的楼道堆物堆料、消防安全等问题，协调物业服务企业、产权单位和消防部门，通过强化日常巡视和开展旧物置换、集中整治日等活动，建立长效维护机制。

第二，营造邻里共享空间。让楼门客厅化，尊重居民意愿，共同设计、共同美化楼门。通过共议楼门主题、创作楼门作品、拍摄楼门全家福等活动增强居民的家园意识。开展楼门院互助服务，提升与邻为善、以邻为伴、守望相助的邻里温度。努力实现100%文化楼门全覆盖，50%为精品楼门。

第三，鼓励楼门邻里活动。鼓励开展"远亲不如近邻"和传统节日为主题的多种邻友日、邻里节活动，以传统文化温暖人心、凝聚人心。通过开展楼门文化"金点子"提案大赛、"微创投"项目大赛、"玉见最美楼门"评选等特色活动，增强居民的参与意识，提高自治意识。

第四，凝聚楼门文化共识。以楼门小天地培育社区家园理念，凝聚治理共识，塑造社区共同文化价值。组织开展"我与楼门"文艺大赛，鼓励社区能人自创文艺作品，以社区之歌、楼门

小品等多种形式，展现富有时代感的楼门文化、社区文化，以楼门这个舞台，锻炼人、教育人、凝聚人。实施文化小院培养计划，以玉桥老旧小院为单元，以环境问题为切入点，开展"五个一"工作（即一楼院一队伍、一楼院一机制、一楼院一清单、一楼院一案例、一楼院一特色），实现居民自己开方子、共决策、破难题、齐治理，建成有文化底蕴的小院家园。

第五，提升楼门品牌影响力。发挥专家"智库"作用，指导副中心党建引领"温暖楼门、和谐邻里"发展方向，梳理优秀案例，总结提炼玉桥楼门治理经验。整理楼门文化指导手册，形成基层工作者的工具书、明白纸。改造、提升楼门文化展厅，使之成为楼门文化成果的展示中心、楼门组织的活动中心和对外调研学习的交流中心。增强宣传意识，发挥各类媒体平台作用，全力推广楼门文化建设成果，全面提升楼门文化治理品牌的影响力。

四、创新成效

玉桥街道楼门文化逐步形成了以"人和为本、文化为魂"的内涵，以"新型邻里、和谐治理"为核心，以打造"环境客厅化、参与立体化、功能多元化"为特征，以"政府引导、街道统筹、社区组织、党员带头、社会共建"为长效机制，以"有生活温度的楼门环境、有家园意识的社会动员、有文化共识的社区治理"为愿景的楼门文化共同体。通过"看环境、看人气、看文化"的"三看实践"，推动楼门文化成为"以人为本"工作理念的有效实践。

孙雪松 ▶ 温暖楼门 和谐邻里
——北京市通州区玉桥街道"楼门文化"赋能基层治理精细化创新实践

目前，辖区内已有楼门长 3380 余人，小楼门长 1200 余人，组建骨干楼门文化团队 19 支，备案社区社会组织 256 支，"玉桥好人"志愿者 1.5 万余人，打造楼门文化圈 30 余个、精品文化楼门 976 个，实现 19 个社区文化楼门广覆盖。逐步让楼门文化成为体现新时代社区治理、北京城市副中心蓬勃发展的金名片，走出了具有玉桥楼门特色的精细化治理之路。

（一）楼院治理"看环境"，打造多元阵地"微品牌"

通过"三区一门"党员包楼门制度，党员带头、楼门长负责、群众广泛参与，开展"五美楼门"建设，提升小区环境整洁。立足副中心建设要求，聚焦老旧小区综合改造、街区更新，按照环保、家风、文明、安全、公益、睦邻、红色、文化等主题，打造了多元文化楼门。开展美丽社区、美丽家庭、美丽心灵、美丽风尚、美丽风采的"五美楼门"品牌建设，巩固提升全国文明城区创建成果。楼门变得整洁，环境更加优美，居民走进楼门，就像回到自家客厅，提升了归属感。涌现出如一批特色楼门文化品牌，如新通国际小区的"一刻钟服务圈"智慧楼门，玉桥南里南社区的家风家训家教主题楼门；幸福艺居小区老街坊楼门互助小组，打造"康乐之家"楼门文化；葛布店北里汇聚全国各地风土文化，打造"全国一家亲"楼门文化。

（二）多方联动"看人气"，打通协商共治"微循环"

面对邻里关系薄弱、矛盾时有发生的情况，建好楼门台账，开展楼门共建活动。通过楼门运动会、拍摄楼门全家福、楼门星级评选、举办"玉桥嘉年华·社区欢乐汇"、楼门邻里节、编排小品《楼门里的幸福》等形式，引导居民从"敲开门"到"走出门"，全面提升家园意识，切实增强社区活力度、和谐度，让邻里关系"热"了起来。坚持"挖掘骨干、培育骨干、赋权骨干、表彰骨干"原则，不断充实楼门长队伍，开展楼门情况调研和居民动员工作，确定楼门文化方案和主题，倡导居民自下而上参与环境整治、作品创作、楼院共治，不断提升居民的自治意识。坚持自治法治德治相融合，聚焦楼门建设过程中的堆物堆料、小广告等社区治理难题，修订《楼门公约》《邻居文明公约》，将垃圾分类、文明行为等纳入居民的共同约定，共同推动楼门环境大改变。

（三）邻里融合"看文化"，提升为民服务"微幸福"

以"楼门客厅化"为理念，积极挖掘社区中的党员骨干、能人巧匠、居民领袖、热心群众，组建楼门工作室，自创情景剧、歌曲、快板等文艺作品，丰富居民生活，提升主动参与意识，打造"互信、互容、互助"的新型邻里文化。通过"公益微创投"，加大社会组织培育、扶持力度，积极引导辖区企事业单位、党员、群众等各类"玉桥好人"，开展践行微承诺、认领微心愿、开设微党课、做好微服务的"四微"行动，建立起了动态更新、务实管用的楼门"民情图"。如梨花园社区"结伴同行"、运河大街社区"急诉办"、乔庄北街社区"好邻居"、玉桥东里南社区"小红帽"等队伍，把居民凝聚在一起，开展关怀空巢老人、卫生清扫、社情民意收集等活动，让居民成为社区自治的主体，全面提升群众的获得感、满足感和幸福感。

五、未来发展

（一）突出基层党建"引领性"，打造楼门治理共建典范

一是健全"三区一门""强街带社"党建工作责任体系。实施党建引领、多元主体参与工程，充分发挥党员在楼门文化建设中的主导作用，提升基层党组织的政治力、组织力、凝聚力和战斗力。完善党建引领常态化联系服务群众机制，积极发挥楼门院党支部、党小组优势，发动在职党员、居民代表、楼长门长、志愿者、玉见骑士新业态等群体，广泛参与楼门治理，实现资源共享、优势互补，绘好楼门治理同心圆。二是引导和激励社区社会组织参与楼门治理，指导各社区将楼门文化纳入公益金预算，与时俱进丰富楼门文化内容，培育楼门草根组织，开展社区公益活动。三是积极鼓励社会力量参与，推动物业、辖区单位等多元主体参与楼门文化，拓宽多元治理路径，打造楼门治理共建典范。

（二）突出广泛参与"群众性"，打造楼门治理自治典范

以"居民动员、群众参与、拉近邻里关系"为目标，转变治理主体。从以社区为主角转变成以居民为主角，街道和社区重点为居民提供资金、方法、资源等支持，居民主导楼门治理。结合垃圾分类、矛盾调解、文明创建等工作要求，针对楼门长缺失和老龄化问题，结合"玉桥好人""玉桥好少年""楼门提案"等活

动，全面激活楼门治理活力，积极挖掘年轻力量，完善楼门队伍的人员构成、组织架构。依托外出参访、系统培训、素质拓展、楼门提案等形式，提升楼门队伍的综合能力，打造楼门治理自治典范。

（三）突出问题导向"实效性"，打造楼门治理共治典范

一是用好"党建引领·玉事好商量"机制，及时回应解决居民诉求。积极发挥楼门协商共治作用，推动社区精细化治理。聚焦居民关注的乱堆乱放、私搭乱建、文明行为、老楼改造、邻里纠纷等问题，引导楼门居民自己开方子、共决策、破难题、齐治理，确保楼门文化问需于民、问计于民、问效于民，营造"事情共商、难题共解、资源共享、文明共创"的楼院协商治理新格局。二是发挥数字赋能作用，打造楼门文化新阵地。通过楼门微信群、"玉见"家园治理平台App、楼门电子屏等智慧化场景，拓宽"线上+线下"楼门文化阵地，激发多元主体参与社区治理热情，打造楼门治理共治典范。

（四）突出文化赋能"共识性"，打造楼门治理德治典范

一是持续打造玉桥精品楼门文化圈。聚焦老旧小区综合改造、街区更新等契机，按照"净化、美化、亮化、文化、特色化"的"五化"标准，形成一社区一品牌、一小区一场景、一楼门一特色，打造精品楼门文化圈。二是系统化推进"玉桥好人好事好治理"。通过协商自治、邻里互助、环境美化、公益慈善等活动，凝聚居民智慧，达成治理共识，切实解决百姓的多元需

求,提升居民认同感,形成好人好事好治理氛围。三是全方位凝聚"楼门文化共识"。坚持社会主义核心价值观为统领,积极发挥楼门文化在培育社区家园理念,凝聚治理共识,增强邻里情感,塑造社区共同文化价值,促进社区和谐方面的重要作用,打造楼门治理德治典范。

(五)突出品牌宣传"广泛性",打造楼门治理共享典范

一是讲好玉桥楼门文化故事,扩大品牌影响力。结合楼门文化发展情况,挖掘打造网红楼门、明星楼门长故事,不断提高玉桥楼门文化的影响力、辐射力和带动力。二是打造多元楼门文化阵地,满足群众共享需求。结合全景楼院、全要素小区建设,提升"我的楼门我有责、我的楼门我尽责"意识,建设多元化"楼门客厅"。三是形成楼门"文化地图",打造邻里共享空间。结合楼门邻友日、社区邻里节等,开展家庭摄影、手工制作、楼门全家福、"玉见最美楼门"等特色活动,打造楼门治理共享典范。

六、推广价值

2023年,通州区委书记孟景伟对玉桥街道楼门文化建设作出了批示,肯定玉桥街道独具特色的"楼门文化"建设,为全区深化基层治理探索出了一条颇有成效的实践路径,建议总结提升推广,打造具有副中心特色的"温暖楼门、和谐邻里"基层治理品牌。玉桥街道既是北京楼门文化建设的发源地,更是楼门文化带动基层治理的受益者,玉桥楼门文化在党建引领、社会动员、

破题解题、品牌宣传等方面具有重要的推广价值。

（一）党建引领"有组织"，提升基层治理效能

坚持"三区一门""强街带社"党建引领工程，不断激发党建引领活力，夯实基层治理组织体系。健全"党工委包街区—大党委包片区—党总支包社区—党支部包小区—党员包楼门"的大工委组织体系，构建"区域覆盖、社会参与、条块结合、多点辐射"的党建格局，形成了街道党委统筹、社区党组织支持、楼门长负责、党员带头、居民参与、企事业单位支持的楼门文化精细化建设管理机制。让居民第一时间"有需求找得到人、有问题找得对人"，促进了基层治理"活力"与"秩序"的有效平衡，完善基层治理机制，提升基层治理效能。

（二）社会动员"有队伍"，凝聚多元治理合力

通过探索"党建+社会组织+网格"社区治理模式，激活"社区居委会+社区社会组织+物业+居民+辖区单位"五方联动，促进社区治理从"单一管"走向"多元治"。依托街道级社区社会组织孵化基地、新时代文明实践站、书记工作室、社区明星微课堂、彩虹议事廊、楼门会客厅、"掌上玉桥"公众号、"玉见"App等阵地，发挥辖区255个社区社会组织作用，以"楼门管家团""十姐妹""社区治理智囊团"等明星队伍为带动结合垃圾分类、邻里调解、治安巡逻等月主题，开展玉桥好人公益节、社区营造金点子、公益微创投等活动，切实提升了玉桥好人好事好治的精微善治水平。

（三）破题解题"有能力"，提高议事协商水平

积极搭建议事协商平台，围绕办好群众家门口事的治理初心，针对小区、楼门高频诉求、共性问题等，主动开展居民协商，及时化解矛盾隐患。不断深化"党建引领、'玉事'好商量"工作机制，形成了以"玉东话事""党员红星管家团""社区智囊团""暖心老街坊"等为代表，覆盖19个社区的议事协商体系，有效解决了一大批民生难题，理顺了社区治理体系，提升了社区动员能力和自治水平，撬动了基层治理的大变革。

（四）一楼一品"有特色"，突出文化赋能基层治理

坚持以点带面、百花齐放的原则，打造"一社一特""一楼一品"，既要发挥精品楼门的示范引领作用，更要注重创新发展、百花齐放。结合楼门实际和居民特点，每个楼门有特色文化主题，楼门绿化、美化效果明显，有本楼居民创意装饰。结合智慧社区试点，突出科技赋能。在环境整洁、邻里和谐、共同参与的基础上，通过楼门创意大赛、居民提案、强化居民的楼门意识，打造精品文化楼门和精品楼门文化圈，形成楼门文化特色品牌，为基层治理品牌创新提供有益借鉴。

绿色道崇　和美乡村：道崇村乡村治理与发展"1234"协同创新

陈长华
海口市琼山区红旗镇党委书记

为深入贯彻习近平总书记"全面深化改革开放，逐步探索、稳步推进中国特色自由贸易港建设"的要求，坚持党的二十大报告中坚持大抓基层的鲜明导向，积极落实《关于支持海南全面深化改革开放的指导意见》中关于海南自贸港社会治理的发展目标，海口市琼山区红旗镇道崇村探索了"1234"协同创新工作机制，实现了乡村治理与乡村发展的融合并进。

一、创新背景

《海南自由贸易港建设总体方案》提出，要构建系统完备、科学规范、运行有效的自由贸易港治理体系。《关于加强海南自由贸易港基层治理体系和治理能力现代化建设的实施意见》进一步指出，海南自由贸易港建设越深入，越要夯实基层基础。要加强党的领导，补短板、强弱项，提升基层干部能力素质，发展壮大集体经济，加强信息化手段运用，推动基层治理体系和治理能

陈长华 ▶ 绿色道崇　和美乡村：道崇村乡村治理与发展"1234"协同创新

力现代化。海南省海口市琼山区红旗镇道崇村委会位于红旗镇东北4公里，辖区面积10.6平方公里，下辖12个自然村，17个村民小组，常住人口431户，总人口2163人。主要经济作物有山柚茶、龙眼、紫玉米、水稻、橡胶、花卉、椰子等。2022年，道崇村人均可支配收入达2.2万元。引进海南大湖桥、海南现代公司等龙头企业到村累计固投达8000万元，创办村级集体公司1家、合作社4家，打造美雅龙眼、荫生油茶、益生菌福鳗等3个种植养殖示范基地。道崇村具有鲜明的产业特色和产业模式，但也存在农村撂荒地多、土地碎片化、家庭分散种植成本高、农产品销路不畅等产业发展问题。为突破产业发展瓶颈，道崇村结合自身发展定位，以乡村治理为抓手，开创了"1234"协同工作法。

二、创新设计

"1234"协同机制是通过乡村治理破除乡村产业发展过程中的阻碍因素，进而实现乡村的全面发展。具体而言，"1"具有双重含义，既是指要树立党建引领的一面旗帜，也是指要设定绿色发展的一个目标。"2"是两个融合，即治理与发展相融合、城市与乡村相融合。"3"是指民主议事协商、乡村志愿服务和生态信用积分评价三个体系。"4"是指引智入村、四统一分、农企合作、村社对接四个发展路径。

（一）党建是方向引领

党对农村工作的全面领导，确保了党在农村工作中始终总揽全局、协调各方，为乡村治理与发展把握方向。基层党组织是基层治理与发展的坚实堡垒，通过党建工作夯实基层党组织是引领治理提升的必要前提。党组织坚强有力，基层发展就有了破除发展障碍与实现人民幸福的不竭动力。

（二）绿色是发展目标

绿色发展是对生产方式、生活方式、思维方式和价值观念的全方位变革。在绿色发展这一核心目标下，道崇村采取了生态农业、"两山银行"、美丽庭院等举措，把绿色作为发展目标，寻求在产业发展过程中与自然和谐共生，用最少的资源环境代价取得最大的经济发展效益，将道崇的绿水青山转化成村民口袋里的金山银山。

（三）两个融合是发展定位

乡村振兴是乡村社会结构的整体性变迁过程，是解决人民日益增长的美好生活需要和不平衡不充分的发展之间的矛盾的必然要求。乡村振兴既要求治理的有效性，也要求治理成果互惠、共享，满足人民对美好生活的需求。在把握住了乡村振兴的两项核心要求之后，道崇村坚持把治理与发展的融合、城市与乡村的融合作为发展定位。治理能力与治理体系的现代化是要通过治理破除生产力发展的障碍，从而使上层建筑服务于生产力与生产关系的发展。因此，治理提升不可能脱离开产业发展，能够更好服务于产业发展的治理，才是有效的治理。当前，社会生产力与生产关系的发展已经进入到了城乡一体与城乡融合的新阶段，城乡生产要素的相互流动不仅更有利于生产力的释放，也更有利于社会发展结果的互惠共享。因此,"治理"与"发展"相融合,道崇村与海口城市社区相融合,探索出了一条乡村治理与发展协同的重要途径。

(四)三个体系是治理抓手

村民参与是凝聚合力、积聚资源的基本前提,没有村民参与便不可能实现乡村的有效治理与产业的良好发展。因此,乡村治理需以利益协调、凝聚共识、矛盾化解、共建共治为切入口,通过村民自治推动乡村的有效治理。民主协商体系、志愿服务体系与信用评价体系的构建使道崇村有了协商、解纷、志愿服务和评价机制,把乡村之"和"变为可能,使之成为乡村治理能力提升的有力抓手。

(五)四个路径是发展方式

治理不仅要汇聚合力、集结资源,还要通过整理产业要素、塑造产业模式、畅通销售渠道等推动产业发展。因此,要构建符合发展目标、适应发展定位、贴合治理需求的产业发展路径。道崇村通过"四统一分"配置了生产要素,"引智入村"汇集了治理规划与发展技术,"农企合作"形塑了生产经营模式,"村社对接"构建了城乡融合路径。

三、创新实施

(一)强化党建引领,筑牢基层治理根基

选优配强乡村振兴领头雁,换届产生的7名村"两委"干部分别是农业生产、劳务服务、物流等方面的致富带头人,推选

20名致富能手担任村民组长。推行党员管理"清单制"制度，对党员进行量化评分，激发党员参与基层治理的内生动力。加强党建阵地建设，投入140万元新建道崇党群服务中心，整合综合服务、党群活动、人才工作、综治维稳、教育培训等功能，实现"一站式"服务，特别是在党群活动中心公共区域设置人居环境"积分制"展品区、振兴产业发展区、党建引领示范区、村史党史区、荣誉墙展区等展示板块，全方位展示道崇村坚持党建引领村庄发展、引领乡村振兴的显著成就。村党支部还积极推动产业发展和乡村治理深度融合，采取"党支部+村集体企业+农户"模式，与村民建立利益联结机制，发挥联农带农作用，发展"微产业"带动农民增收。

（二）用好"三个抓手"，夯实和美乡村建设基础

道崇村通过构建民主协商体系、志愿服务体系与信用评价体系，实现和美乡村中的"和"，打造为乡村治理体系中的重要抓手，为实施发展与治理结合、城乡社区互动融合模式奠定坚实基础。

第一，健全议事协商民主体系，议出群众利益"最大公约数"。一是组织乡贤参事。聚焦村庄发展的大事要事，鼓励和支持本村热心公益、威望较高的老党员、退休干部、经济文化能人等加入乡贤议事会，建立村民议事厅活动场所，将收集上来的问题和意见根据内容进行梳理，建立议事协商目录，把涉及村民切身利益的重大事项纳入其中，由村党支部书记牵头组织乡贤参事。二是"乡村夜话"聊事。拓宽村民议事渠道，完善村民意愿表达机制，让村民广泛参与到村庄规划、产业发展、人居环境管

陈长华 ▸ 绿色道崇 和美乡村：道崇村乡村治理与发展"1234"协同创新

护中，利用村民晚上空闲时间，开展"同坐一张桌、同饮一壶茶、同谈一席话"的"乡村夜话"，镇村干部经常性、面对面地听取群众意见建议。始终坚持问题导向，把发现问题、解决问题贯穿"夜话"活动始终，存在什么问题就商讨解决什么问题，什么问题突出就重点研究解决什么问题。收集基础设施建设、人居环境整治、村集体经济发展、医疗卫生、便民服务、乡风文明等方面的意见建议，解决了贫困群众增收、道路维修、路灯设施、环境整治等问题。三是矛盾纠纷调解队伍解事。成立法律援助服务队，邀请德高望重的热心乡贤为驻村专职调解员，聘请专业律师每月定期到村委会坐班，为群众提供法律咨询、纠纷调解服务。推行矛盾调解"第一时间工作法"，村民小组长发现矛盾纠纷第一时间调解，未能化解的第一时间上报村两委包片干部，包片村干部第一时间组织当事人到村委会调解室，未能调解的第一时间联系律师和乡贤调解员。实现20余年"小事不出村，矛盾不上交"，将矛盾纠纷预防到末梢，化解在基层，调解在源头。

第二，健全完善本土志愿服务体系，画出文明乡风"同心圆"。一是整合升级服务阵地。将新时代文明实践站与综合性文化服务中心、农家书屋、儿童之家、村医室、长者饭堂等基层阵地资源整合，加强文化基础设施。突出"地方风味"和"乡土气息"，建立道崇乡音、乡情、乡艺、乡味、乡俗、乡愁"六乡"文化室，展出道崇本土文化和手工艺品，营造了浓厚的文明乡风。二是提供多元化志愿服务。吸纳镇包点干部、驻村乡村振兴工作队员、村两委干部、乡贤、热心村民加入志愿服务队伍，创建"红旗说"、"红旗和"、"田教授"、"我是能人"、"益·老爸茶"宣讲、"党员探走访"等志愿服务队伍。通过党员和乡贤示范带动，村内志愿服务队伍不断壮大。同时推出"琼山情——送琼剧下乡""留住团圆——送全家福照片""田螺计划——关爱孤寡老人""重阳佳节，敬老孝亲""端午寻味道崇"等有温度的志愿服务项目，引导村民树立和谐、友善、安居、乐业的生活理念。三是选树模范典型示范带动。开展道德模范、文明家庭、"致富带头人""手艺能人""最美媳妇"等评选活动，选树宣传一批叫得响、立得住的身边榜样，引导村民崇德向善、见贤思齐。突出村民主体地位，制定和完善村规民约，使村规民约真正成为村民共同遵守的行为准则，多措并举宣传村规民约，让村规民约内化为群众的精神追求，外化为群众的自觉行动。

第三，建立"生态信用积分"管理体系，激活乡村治理活力。一是实行生态信用积分评价体系。制定村民生态行为正负面清单，实行生态信用正负面清单积分制管理，按正负面清单积分进行加减分，并将评价结果作为获得金融产品的前提和优惠条件，生态信用良好的村民可享受优先调查、优先评级、优先授信、优先贷款等服务。二是科学实施考核评价机制。按照《海口市琼山区红旗镇村民生态信用评比管理办法》，组织镇包村干部、村两委干部、村民小组长建成生态信用积分评价队伍，以村民小组为单位，每月定期对村民在生态保护、生态经营、绿色生活、社会责任等生态信用行为进行评价打分。依托红旗镇"两山"转化治理平台，通过大数据建模分析，创建生态信用征信体系，通过系统搜索和集成多源数据能力，动态管理生态信用积分情况变化。三是设立"生态积分兑换超市"。为进一步拓宽生态信用积分使用范围，全面提升村民保护生态环境的意识，设立生态信用积分兑换超市，通过"以分易物"的模式，村民用信用积分可换取纸巾、鸡蛋等生活用品，且积分兑换后仍可按照原始积分记录享受信贷优惠政策，推动实现生态保护意识"内化于心、外化于行"。

（三）实施"四套路径"，促进和美乡村建设"大跨步"

第一，通过引智入村，做好顶层设计。通过多种方式引进人才与技术，解决村庄因人才资源和技术稀缺而发展缓慢的问题。柔性引进南繁专家王义民教授等人才到村传授技艺，带动培养出87名本地"土专家""田秀才""巧工匠"和种养能人，储备乡土实用人才113人，夯实产业发展人才储备库。借助专业院校力量，与中国热带农业科学院合作、外聘北京联合大学城乡基层社会治理研究院杨积堂教授团队指导乡村治理等方式，填补村庄在发展过程中理论方面上的空白。摸底储备乡村振兴人才库，将各类人才按领域分类管理。为辖区龙头企业负责人颁发荣誉村民称号，推动企业人才挂职村党支部副书记、村委会副主任等多种措施，多渠道充实村"两委"班子力量。

第二，通过"四统一分"，整合要素资源。为解决农村撂荒地多、土地碎片化、家庭分散种植成本高、农产品销路不畅等问题。统一规划设计，整合土地资源，打造连片种植基地，促进一二三产业融合发展。统一生产标准，结合市场需求统筹生产资料，降低成本，提高效率。统一技术服务，与科研机构合作解决技术问题，促进种养品种改革创新。统一产品销售，通过"村集体公司+订单农业"模式，统一定价收购或自行销售农产品，并加强线上线下推介。指导农民分户管理，解决劳动成本、技术问题和销售渠道窄的难题，形成利益联结和内生动力。在该模式下，道崇村打造了油茶、龙眼、荔枝、紫玉米等连片种植基地，成功转化"华千宿"紫玉米茶和健源侬夫山柚油两款产品，同时解决了后端销售出路问题，推动农业规模化和标准化生产，加快了农产品市场化步伐。有效破解了土地管理难、产业效益差、林下经济发展慢、村庄人居环境"脏乱差"等发展难题。进一步提升道崇村土地规模化和集约化水平，实现农民增产增收，有效促进"两山"理论的有效转化。

第三，通过农企合作，优化生产路径。充分考虑基层实际，探索企业与村民合作多种方式。一是企业租赁农户土地，打造休闲观光农业园为扶贫载体，农户收取稳定的土地租金。二是村委会聘请专业公司进行托管，承诺农户保底收益。三是企业将流转土地以零租金的方式倒包给有种植经验的大户，企业统一提供种苗、有机肥、农药、地膜、滴灌带等，给予技术培训和指导并回收产品，解决种植户缺技术、缺销路的问题。四是企业将部分种植计划签约给合作社，在合同中约定种植品种、数量、质量标准、供货时间、收购保护价等，当市场同类产品高于收购保护价时，由企业、合作社联合销售，高于保护价部分公司与合作社五五分成，保障农户的增收权益。五是订单种植，企业提供免费种苗和技术支持，农户可利用庭院空地种植，回收产品按保护价进行。农企合作解决农户在生产过程中的技术问题、土地撂荒问题和销售渠道问题，从而助力村民增收，推动和美乡村建设。

第四，通过村社对接，拓宽销售渠道。道崇村主要以水果、蔬菜、花卉、畜禽、渔业为主，是一个农产品丰富的行政村。该村形成品牌的产品有琼山福稻、琼山福鳗、琼山福茶、琼山福油等。近年来，道崇村不断拓宽农产品市场，通过与米铺社区、北冲西社区进行"结对子"的方式，把新鲜优质农副产品送到每一位居民家。社区居民只要在"道崇有好菜"App小程序上下单，次日蔬菜、水果便通过"大篷车"送到各个小区，在满足城市居民需求的同时解决村民农产品销售问题，形成城乡居民互利共赢的有利格局，探索解决城乡融合发展问题。

四、创新成效

（一）产业升级促进村集体经济创收和村民增收

第一，整合零散资源实现适度规模化经营。通过"四统一分"产业模式，道崇村近210名村民主动参与到产业建设中来，完成了产业"抱团发展"目标，经济年收益超1200万元，农民收入逐年提升。

第二，延伸项目链条。成立村集体公司海口市道崇战旗有限公司，为琼山道崇农产品仓储分拣包装中心项目落地打下基础，不断优化村集体经济结构，延伸村集体经济项目链条。

第三，积极探索"两山"转化。道崇村大力发展紫玉米绿色生态农业，逐步探索出道崇特色的生态产品价值实现路径。建立生态产品超市信息平台，积极拓宽生态产品的价值转化应用场景，为"两山"转化提供平台支撑。

（二）"三治"融合激发活力

道崇村充分发挥党建引领作用，不断推进乡村治理走深走实，推行以自治为基础、法治为保障、德治为先导的"三治融合"，民生保障更加强化，基层协商民主建设覆盖面不断扩大，群众表达诉求渠道更加畅通，共建共治共享的社会治理格局基本形成。

第一，乡村自治开辟新局面。充分发挥村级党组织与乡贤议事会、"乡村夜话"、矛盾纠纷调解机制的作用，着力把乡村自治做"实"、激发群众参与自治的内生动力。

第二，乡村法治强化基层治理硬约束。法律专业团队为群众提供法律咨询、纠纷调解服务，实现小事不出村组，大事不出村，道崇村荣获海南省文明法治示范村荣誉称号。

第三，乡村德治营造崇德向善良好氛围。通过深化落实党员探访走访活动，常态化走访慰问残疾人、孤寡老人、留守儿童，有效密切了党群关系。

（三）乡风文明浸润人心

道崇村持续凝聚力量、整合资源、创新形式，使文明实践"走新"更"走心"，全力推动精神文明建设，形成文明健康新风尚，真正使文明理念深入人心，让新时代文明之花芬芳盛开。

第一，健全完善志愿服务机制体系。每月围绕理论宣讲、扶危济困等8大主题开展志愿服务活动，大力宣传习近平新时代中国特色社会主义思想，将新时代文明实践各项志愿服务工作落到实处，推动以志愿服务引领乡风文明。

第二，扩大精神文明品牌效应。打造"红旗说""红旗和""田教授"等特色新时代文明实践志愿服务品牌。2022年，道崇村获评全国学雷锋志愿服务"四个100"先进典型的"最美志愿服务社区"称号。

（四）生态环境焕然一新

道崇村始终践行"两山"理念，走绿色发展之路，带领村民坚定不移重保护、建生态、优环境，保护好道崇的好山好水好风光，建设好美丽家园，村庄面貌焕然一新。

第一，完善环境整治机制。推行环境卫生"红黑榜"。对"红榜"村庄，在基础设施、群众"微心愿"落实上予以倾斜；对"黑榜"村庄进行挂牌通报，激发群众参与人居环境整治的积极性、主动性。

第二，创新环境整治抓手。探索建设了农村粪污清掏智能管理系统，农户在家下单"码上约"，企业精准入户"线下办"。创新垃圾分类模式，通过采取"户初分类、公司回收再分类"的模式进行垃圾分类，进行积分奖励，提升垃圾前端分类效率，不断优化提升村庄人居环境。

五、未来发展

（一）产业融合发展现代化

着力培育"一村一品"。一产重点推进特色紫玉米种植产业、现代集团万亩椰林等产业发展，同时推广林下中草药种植和蛋鸡养殖。二产依托产业成熟优势运营道崇农产品仓储分拣包装中心，通过先进的农产品分拣配送中心保鲜技术和装备，将山柚茶等农产品资源优势转变为经济优势，促进农民增收致富。三产结合美丽乡村建设，发展三角梅共享农庄、尔裕共享农庄等农文旅项目，打造成为游客乡村休闲度假最热门旅游目的地，带动周边群众共享发展红利。

（二）信用评价精细化

引入生态信用体系管理理念，充分发挥生态信用评价在基层治理、环境保护、和美乡村建设等方面的积极作用。以积分制为基础，建立完善的信用积分评价体系，细化信用评价加减分规则。依托新时代文明实践站、信用超市等平台，创新推进"信用+治理"工作，将信用积分奖励、信用积分兑换等元素广泛应用于文明乡风、人居环境、生态环保、产业发展等各个领域，充分发挥信用体系建设正向激励作用，让文明之风浸润村庄、滋养村民，形成共建共治共享的良好局面，提升乡风治理水平，增强群众幸福感、获得感。

（三）乡村服务智能化

将乡村治理体系和治理能力现代化的要求下沉到农村基层，开发数字乡村平台，为数字化乡村治理建设提供工具化平台。运用移动互联网、大数据、云服务等现代信息化技术，探索建立以"村民办事一次办好、村级事务一网通办、村务村情一码知晓"

为主要内容的数字化乡村服务新模式。实现"数据多跑路、群众少跑腿、服务零距离、办事零接触",进一步提升乡村治理能力智能化水平。

(四) 城乡对接系统化

探索建立城乡对接平台,构建农超对接、农餐对接、农批对接的城乡对接模式,并使该模式系统化运作,为道崇村优质农产品进入城区超市、餐馆、农产品批发市场牵线搭桥,构建市场经济条件下的产销一体化链条,实现商家、农民和消费者共赢。

六、推广价值

(一) 打造生产要素激活的治理样本

乡村生产要素激活是乡村振兴的关键和前提。因此,如何实现生产要素的整合与流动成为突破乡村发展瓶颈的关键。道崇村以治理为抓手,通过"四统一分"、"两山银行"、信用积分等治理措施,有效整合了乡村土地,撬动了金融资本,解决了土地闲置、变现困难、融资困难等制约本村发展的难题,为村民生产创业提供了有力支持。道崇村的治理之策可以为其他乡村盘活生产要素提供有益借鉴。

(二) 打造绿色发展的治理样本

习近平总书记指出:"良好生态环境是最普惠的民生福祉。保护生态环境就是保护生产力,改善生态环境就是发展生产力。

良好生态环境是最公平的公共产品，是最普惠的民生福祉。"绿色发展是人与自然和谐共生的现代化，也是乡村发展的现代化，高质量的乡村发展必然是借助绿色生态赋能的发展模式。道崇村以绿色发展为目标，通过生态农业建设、美丽庭院、"两山"转化等治理方式，不但实现了产业发展的绿色化、优质化、高端化，而且有效改善了乡村居住环境，带动了第三产业的发展。道崇以绿色治理实现的绿色发展模式，是打造生态宜居的美丽乡村的典型样本。

（三）打造乡村振兴的治理样本

党的二十大报告指出，全面推进乡村振兴要"坚持城乡融合发展，畅通城乡要素流动""发展乡村特色产业，拓宽农民增收致富渠道""发展新型农村集体经济，发展新型农业经营主体和社会服务"。道崇村在生产要素激活、集体经济创新、城乡融合发展、和美乡村建设等方面采取的治理方略，有效带动了乡村产业发展，推动了乡村"三治融合"，提升了乡村的精神文明水平，打造了美丽宜居的乡村家园。"1234"治理工作法是深刻把握治理与发展内在规律的协同治理体系，其能够为乡村振兴发展提供助力。

厚植邻里"情" 情暖小坝"家"
党建引领多元共治的小坝实践

苏琼芬

中共盘龙区小坝社区党委书记

社区是人民群众安居乐业的美好家园，是党和政府联系、服务群众的"最后一公里"。社区治理事关党执政根基，事关居民群众切身利益，事关基层和谐稳定。习近平总书记曾说过"社区虽小，但连着千家万户，做好社区工作十分重要"。作为扎根基层的社区干部，我们始终牢记习近平总书记的殷殷嘱托，把做好基层服务工作，解决好百姓的烦心事、操心事、揪心事，实实在在提升群众的幸福感，作为我们矢志奋斗的目标和追求。

一、初心不改，坚持问题导向引领社区治理目标

小坝社区是盘龙区城镇化的一个缩影，辖区面积0.46平方公里，有36家公共单位，6座商务楼宇，19个住宅小区，110栋居民楼。常住居民10900户30000余人。辖区内既有老旧小区，也有高端住宅小区；既有商务楼宇，也有行政和企事业等公共单

位，人口密度大，人员结构复杂，群众需求多样化，矛盾纠纷复杂化，经济社会结构加速转型让社区管理和服务面临巨大压力和挑战。如何提高服务水平，让千家万户切身感受到党和政府的温暖？如何把社区工作做到位做到家，在办好一件件老百姓操心事、烦心事中提升群众获得感、幸福感、安全感？如何有效整合各方资源，更好地服务辖区居民群众，高效处理基层社会矛盾，把社区建设成为居民的幸福家园？这是我们一直思考并为之努力的着力点。我们始终坚持问题导向，真正把社区工作当成一门学问，在探索中不断创新，在解决问题中不断前行。有几个问题是我们优先关注的。

（一）要着力解决"需求多元复杂"的问题

小坝社区现有工作人员15人，相较于居民日益多元化、复杂化的需求，人力明显不足，居民的需求不能及时满足，易降低居民对社区的认同感和归属感。通过发动居民进行自我管理、自我服务来满足居民的实际需求，是填补社区部分公共服务不足的有效途径。但结合小坝实际来看，当前小坝社区居民骨干和党员、志愿者等多是赋闲或退休在家的中老年群体，导致需求、利益表达方式途径单一。社区需通过组织种类丰富的活动，最大程度覆盖不同年龄结构、行业类型的人群，扩大社区服务惠及半径，提升基层治理质效。

（二）要着力解决"矛盾纠纷聚集"的问题

小坝社区是昆明市核心城区的一部分，这里商务楼宇聚集，居住着近30%的外来就业务工人员；由于城市化推进较早，诸多住宅楼日益老化，老旧小区暴露出来的缺陷也日益凸显。人口结构复杂、人员流动大、社会治安管理难度大，公共设施老化、院落环境恶化，楼栋居民邻里关系紧张、矛盾纠纷不断、群众诉求渠道不畅等问题的加剧，使得社区需尽快完善基层协商机制，有序引导居民"把问题摆到台面上来""大家的事情大家商量着办"，让居民自下而上表达社情民意，实现"为民作主"到"由民作主"的转变，提高居民参与自治热情，提升社区公共服务水平。

（三）要着力解决"特殊群体服务"的问题

民生稳，人心就稳，社会就稳。面对辖区大、人口多、任务重的现状，想要解锁社区居民"幸福密码"，解决好民生问题，就需抓住"一老一小"、妇女、残疾人、失业及难就业人群的操心事、烦心事，抓住突出民生难题，整合多方资源，联动辖区企业、公共单位合力解决群众最关心最直接最现实的利益问题，一件事情接着一件事情办，一年接着一年干，让人民群众有更多获得感、幸福感、安全感。

只有正视问题，才能找准症结、精准发力。小坝社区始终致力于做好党和政府联系群众的桥梁和纽带，在党建引领下，以"家文化"营造为切入点，充分发挥自治组织的基础作用和社会力量的协同作用，运用社会工作手法和专业社工力量，有效整合辖区各类资源，探索有效的"多元共治"基层治理模式，不断探索具有小坝特点、边疆特色、民族特色的"小坝路径"，以服务温度不断提升、邻里距离不断缩减、治理方式不断改进，凝聚"邻里情"，厚植"家文化"，解决了各项民生急难愁盼问题，把小坝社区打造成为具有共同情感链接、共同社区意识、共同文化凝聚、邻里守望互助的美好家园，先后荣获了"全国先进基层群众性自治组织""全国最美工会户外劳动者服务站点""全国示范性老年友好型社区"等诸多荣誉。

二、多元参与，打造以人民为中心的社区生活共同体

相比传统的社区管理，社区治理更强调多方主体参与，激发社区居民的内生动力，在空间上更开放、机制上更灵活，更注重制度化和体系化建设。习近平总书记在系列重要讲话中强调，加强和创新社会治理，完善党委领导、政府负责、民主协商、社会协同、公众参与、法治保障、科技支撑的社会治理体系，实现政府治理和社会调节、居民自治良性互动，推进社会治理精细化。这些为我们推进社区治理提供了科学指引。小坝社区就是秉持"多元参与、共建共治"的原则，以党建工作为抓手，发挥居民自治能动性，联动更多单位及居民参与到基层服务中，切实解决居民的急事、难事、揪心事，建设人人有责、人人尽责、人人享有的社会治理共同体。

（一）强化组织引领，筑牢社区"主心骨"

党的初心使命决定了党的领导是群众幸福的保障，想要办好

苏琼芬 ▶ 厚植邻里"情" 情暖小坝"家" 党建引领多元共治的小坝实践

群众的烦心事、解决好群众的难题，就必须充分发挥社区基层党组织的战斗堡垒作用，使基层党组织成为群众的"主心骨"。小坝社区始终坚持和加强党的全面领导，健全完善基层组织体系，联动党建队伍、工青妇、职能部门等多方力量，将工作重心下沉，紧贴居民所思所想所盼，帮助大家办好事、办实事、解难题。一是构建共治同心圆，凝聚治理合力。按照"共建、共治、共享"的原则，进一步健全完善社区"党建联盟"，构建了"组织联建、资源联享、党员联管、服务联做、活动联办"的城市基层党建新格局。在社区推行"需求清单""资源清单""服务清单"，切实把需求和资源挂牌出来，以精细化服务理念来做好辖区企业、社区党员、弱势群体、特殊人群等的服务工作，形成共治、共管、共享的社区共同体。二是强化组织引领，灌注红色力量。全面推行"庭院党支部+业委会+红色物业"三方联动小区治理模式，将庭院党支部党员推选为业主委员会委员，将社区"两委委员"推荐进入物业公司党支部班子，截至目前，已有19个小区成立了业委会、物委会（其中10个为联合成立），覆盖率达到100%，有效推动小区党支部、业委会、物业公司良性互动，协商解决环境卫生、邻里纠纷等问题10余个。深化党员志愿者双报到双报告，建立"社区吹哨、党员报到"工作机制，结合报到党员单位职能及特长，由党员主动向社区提供"我能提供的服务"清单，再结合辖区居民的实际需求，安排制定双向服务活动模式。有效实现社区教育、文化、体育等资源的合理布局和拓展延伸，2023年以来，共有360名在职党员参与"今日我当班，我来为您做服务"活动，累计服务时长1080小时。三是赋能"新新"群体，凝"新"聚力共治。紧扣新业态新就业群体需求，把党的工作向新业态新就业群体拓展。针对辖区新业态从业人员聚集、新就业群体流动强等工作特点，依托新业态工作站党支部，抓好辖区新就业群体中党员教育管理和发展培养，结合社区"能人"队伍培养工程，将新就业群体中表现突出的青年人才找出来、培养好，引导他们向党组织靠拢。依托"多元邻里坊"建设"幸福盘龙·蜂享驿站"，为"小哥"打造一个累了能歇脚、渴了能喝水、没电能充电、饭凉能加热的暖心港湾。发布"先锋骑手"招募令，组建小坝社区"先锋骑手"志愿服务队，吸纳外卖"小哥"作为社区兼职网格员，引导"小哥"利用平时走街串巷的工作优势，将发现的问题反馈至社区，获得"金豆"积分，目前共30余名"小哥"加入志愿者队伍，金豆兑换金额达到3000余元。同时，建立重大任务紧急动员制度，围绕社区急难工作，发布"招募令""英雄帖"，以实际行动传递"新"温暖、贡献"新"力量、展现"新"担当。

（二）提供优质服务，当好群众"贴心人"

社区工作连着千家万户，联系群众最直接、服务群众最具体。习近平总书记强调："强化社区为民、便民、安民功能，做到居民有需求、社区有服务，让社区成为居民最放心、最安心的港湾。"我们在工作中要始终把群众当"心上人"，把群众所急、所需、所盼放在心中，努力做到民有所呼、我有所应，把群众大大小小的事情办好，把服务送到居民身边，做人民群众信赖的贴心人。一是改空间、拆隔离，便民更亲民。聚焦群众对美好生

苏琼芬 ▶ 厚植邻里"情" 情暖小坝"家" 党建引领多元共治的小坝实践

活的向往，社区以"家"为主题，完成"亲民化"改造。完成了由"封闭式"向"开放式"、由"行政化"向"家庭感"、由"管理型"向"服务型"的"三个转变"，实现了"党务、政务、社务、企务、群务"五融合，社区不仅可以办事，还可以开展文体活动、读书看报、喝茶聊天，改造后的社区不仅有"颜值"更有"家味"。二是问民需，解民忧，利民更暖民。为在社区营造"老有所依、老有所养"的人文关怀氛围，向社会传递敬老爱老的传统美德，让辖区老年人得到更多关爱和照料，小坝社区整合辖区资源，开设社区"幸福食堂"，为辖区孤寡、空巢、特困和残疾老人提供有偿、低偿、无偿三种就餐服务方式，目前共有35人长期在幸福食堂就餐，其中7人享受无偿就餐。三是送温暖、办实事，助民更安民。把"办实事、解难题、送温暖、做表率"贯穿特殊人群服务全过程，让特殊人群随时随地感受到社区大家庭的温暖。每周定期开展两次小组康复活动，并在各大节日期间，对特殊人群进行慰问，给予特殊人群足够的接纳、尊重、包容、支持，真切地诠释了小坝社区"家"的理念。组建"自强不息帮帮团"志愿服务队，推动部分残疾人以志愿者的身份参与社区治理，开展残疾人结对帮扶康复服务，通过反歧视与反排斥的社区剧场倡导居民主动关心、关爱残障人士，营造团结互助、自尊自立、平等友爱的社区环境，弘扬社会正能量。

（三）激发自治活力，构建温暖"邻里圈"

"有事好商量，众人的事情由众人商量是人民民主的真谛。"为赋予居民对社区公共事务的参与能力和管理能力，将基层社会管理功能责任各归其位，真正做到事由民商、策由民定、效由民议，小坝社区以"还权、赋能、归位"作为基层治理核心理念，不断落实社区居民对社区公共事务的知情权、参与权、监督权和决策权。一是平台载体让基层协商有据更有序。只有让群众组织起来才能激发社会活力，我们围绕问题，通过"月光院坝会""民声圆桌会"等系列制度设计，搭建多方沟通交流渠道，让辖区公共单位、社会组织，以及人大代表、政协委员、居民代表等多元主体有了参与社区治理的议事载体和参与协商的工作平台，在了解民情、解决民困中不断激发居民参与社区治理的积极性。两年来，小坝社区共组织召开各层级联席会议46场，组织居民开展自治协商各类事务240余场，涉及邻里纠纷、老旧小区微改造、居民公约修改、居务公开等主题。协商制度的完善，拓展了群众参与基层社会治理的渠道，拓宽了群众参与社会治理的范围，也拉近了居民之间的距离。二是能人骨干让小区治理有为更有味。社区工作主要是做人的工作，就要由合适的人去做，单靠社区工作者是远远不够的。我们就把发掘动员能人骨干作为重要的抓手。通过社区摸排、小区党支部推荐和个人自荐等方式，培养能人、挖掘能人、转化能人，在一年时间内，发掘培育了26名拥有一技之长、热心公益的"能人骨干"积极投身社区治理，研究资源共享有关事项，实现社区服务精准化供给。开展"百位最美社区人物"评选表彰活动，评选出在小区治理中表现突出的百名能人，树立榜样，让他们影响群众、带动群众、引领群众，鼓励更多的辖区主体为社区治理贡献力量。三是赋能居民让自管自治有力更有效。围绕群众关注度高、受益面广的痛点、堵点问题，引导小区居民自我服务、自我管理、自我监督。召集院落居民志愿者，组建自组织，当院落出现矛盾时，由自组织带领居民进行矛盾调解；当居民召开活动时，由自组织倡导、设计、开展活动；在小区居民出现共同需求时，由自组织牵头完成"民生小实事"项目申报、资金筹集，在自组织的驱动下，有效激发了居民参与社区治理的积极性，使居民感受到了自己作主、自己决定的荣誉感、存在感和价值感。两年来，在社区党委带领下，自治小组牵头小坝社区共申报12项民生小实事项目，项目实施过程中，居民参与率达到95%，资金自筹比例高达26%，有效激活了居民自治活力。裕康花园是已建成24年的老旧小区，居民发现周边小区正在热火朝天地开展小区微改造，第一时间自发组织起来申请改善小区环境项目，小区自治小组发动业主挨家挨户敲门，征求居民意见、研究制订施工方案、筹集项目资金，在不到1个月的时间自筹资金7万余元，顺利完成了小区道路维护、提升改造公共绿化空间、打造"好邻里一家亲"活动室等相关改造内容。之后居民们又"善用、巧用"民主协商，用自主招标的方式，解决了一户一表电力改造"老大难"问题。邻里宴办起来了，文体活动开展起来了，协商自治让小区真正实现了"好邻居一家亲"。

（四）推进德法同行，凝聚团结"向心力"

美好的生活不仅是物质层面的，更是精神层面的。社区工作要在满足群众服务需求的基础上，引领群众的情感认同、价值认同。小坝社区始终把维护群众权益作为出发点和落脚点，以法治立规矩、以德治增底蕴，"德法同行"凝聚团结的力量，赢得群众情感支持、社会认同，使社区治理事半功倍。一是建立"坝街"民族文化街区，再现历史记忆。将"仁义礼智信忠孝廉"八字刻入"坝街"文化墙，展示"民族一家亲"相关木雕、石雕、对联等文化元素。以手绘图景的方式，活现小坝村过去农耕文化，联结历史与未来，让居民深切感受改革开放为大家的生活带来的翻天覆地的变化，激发居民群众爱党爱国情怀。二是发挥"四共"民族桥梁作用，共筑团结基石。小坝社区以"团结之家""非遗之家"等平台为载体，借助各类民族节日，组织开展手工制作、民族服饰展示、文艺演出等活动20余次，铸牢中华民族共同体意识。建立非物质文化遗产微型展馆，与昆明市7名非遗传承人签订"非遗大师入驻社区"合约，牵头开展非物质文化遗产制作及公益性宣传活动，促进非物质文化遗产传承与保护。设立"文明大讲堂"，邀请行业专家开设书法绘画、手工艺制作、直播卖货等实用性课程，既让社区营造良好文化氛围，又让各族群众掌握了更多技能。三是畅通"多元"普法学法渠道，推进法治建设。开展多样法治宣传教育活动，开设法治宣传专栏，定期发布与居民密切相关的法律法规；联动盘龙区法院、云南民族大学法学院建立基层法治共建工作站，定期在社区内开展模拟法庭调解活动；用好红色资源，联合辖区律师事务所党支部开展法律讲堂20余场，营造全民学法的浓厚氛围。

（五）深化"五社联动"，共绘和谐"同心圆"

社区工作需要多方参与，社会和谐需要共同努力。只有不断

苏琼芬 ▸ 厚植邻里"情" 情暖小坝"家" 党建引领多元共治的小坝实践

凝聚社会各方力量、社会各类资源,才能持续发展,形成燎原之势。在基层社会治理具体实践中,小坝社区借力"五社联动"打造多元共治局面,探索形成以"以社区为平台、以社会组织为载体、以社会工作者为支撑、以社区志愿者为辅助、以社会慈善资源为补充"的社区治理机制。一是一体化整合群团资源。创新服务机制,牢固群团与群众联系链条,充分整合共青团、工会、妇联资源,打造占地460多平方米的小坝多元邻里坊活动空间,作为群团活动阵地。区总工会在社区多元邻里坊打造的户外劳动者休息区广受居民好评,并被全国总工会评为首批"最美工会户外劳动者服务站点";区妇联在多元邻里坊开设的"童萌亲子园",免费提供宝妈早教技能培训,为幼儿提供普惠性早教服务;联动区红十字会、工会、科协、禁毒等部门,在社区建立盘龙区生命健康安全教育体验中心,为居民群众提供应急救援、消防安全、禁毒、地震避险等健康安全体验服务。二是规范化聚合市场资源。开展"空间换服务"活动,通过社区闲置空间资源置换市场优质惠民资源。成立"多元邻里联盟",动员辖区企业、商户加入邻里商圈,提供教育、医疗、养老、商业、文体等服务,在"多元邻里联盟"注册并提供服务的志愿者,可在邻里商圈享受各类服务代金券。把传统服务拓展到生活性服务,将服务延伸到8小时之外,着力打造居民"家门口"的便民服务网。针对辖区居民最关注的健康问题,社区联合市妇幼保健院、药店等辖区医疗机构,搭建起"多元联盟健康小屋",不定期开展保健、急诊、口腔、营养等义诊及健康讲座,提升辖区居民健康水平。三是精准化融合社会资源。社区从体制机制、运行模式、资金管理、项目实施等多个维度对创建的"邻里基金"进行顶层设计，资金来源于社区公益慈善集市售卖、爱心人士众筹等途径，主要用于困难群体帮扶、惠民项目运营、公共空间维护等方面，并引入第三方监管，确保资金透明性。"邻里基金"将"包办式"服务转变为"点单式"服务，由社区党委会同自治组织广泛征集小区业主、物委会等多方主体的意见建议，提出需求清单，再聚焦基层治理的难点、堵点、痛点，优化形成项目清单，打造了"今日我当班，我来为您做服务""防灾减灾应急救援示范项目""西村共相邻小剧场"等一批接地气、有人气、能长效的服务项目，有效拓展群众服务范围、扩大群众受益覆盖面。

（六）抓实平安建设，筑牢稳定"压舱石"

社会和谐稳定、生机勃勃，群众才能安居乐业、心情舒畅。我们始终把平安作为极重要的民生，深耕平安建设"责任田"，筑牢矛盾调解"篱笆墙"，强化人民调解队伍建设、把矛盾化解在萌芽状态。一是打造纠纷化解队伍。在社区设立调解委员会，将辖区法律服务员纳入社区重点难点纠纷调解队伍中，在调解过程中，形成了"一了解、二梳理、三研判、四调解、五回访"的调解"五步工作法"，每一次矛盾纠纷调解，都会记录在案，形成卷宗。2023年以来，共调处各类纠纷42件，涉及金额30万元，无民转刑案件，无命案发生，居民矛盾调解率高达100%，切实将矛盾化解在基层。二是织密综治维稳网格。坚持"小网格"构建"大平安"工作思路，织牢层级清晰、衔接有序、指挥高效、实战运行的基层社会治理网。按照"邻里相熟"原则，将辖区合理划分为8个网格区，选优配强46名网格员。通过强化网格员业务培训，做实做细分析研判工作，充分发挥网格员在法治宣传教育、群众诉求收集反馈、矛盾纠纷排查化解中的积极作用，形成了齐抓共管、无缝对接、上下联动、整体作战的工作格局。三是强化应急安全建设。做好风险研判、预警、应对等工作，增强基层应急管理能力，是推进基层治理现代化的重要内容。小坝社区联同市应急局、区应急局、昆明蓝天应急救援队启动"小坝社区应急机制建设"项目，依托治理体系，建立应急动员响应机制，分层分类开展培训，定期开展演练，打通了小坝社区应急建设"最后一公里"，提升了人民群众应急响应积极性，珍视安全重要性，打破应急"完全依他"的思想壁垒，走出居民自救互救第一步。

三、理清思路，党建引领社区治理持续提升群众幸福感

小坝社区从城郊接合社区到纯城市社区的转变过程，凝聚了无数小坝人的辛勤努力和付出。权力归位了，自治意识强起来了；难题解决了，幸福指数提起来了；距离拉近了，邻里温度升起来了。小坝"家"情更深、意更浓，治理成效值得欣慰。但对标习近平总书记对社区治理的谆谆教诲和人民群众对社区的殷切希望，我们还要继续努力去拼搏、去探索，我们要当好一座桥梁，贯彻党的政策、反映民情民意；要做实一块磁铁，广泛凝聚民心；要成为一瓶润滑剂，及时化解纠纷矛盾。

（一）必须坚持党对社区治理的全面领导

党的领导是社区治理的根基，要充分发挥社区党组织的政治功能，着力将党的组织资源转化为推动治理发展的资源，把党的组织优势转化为推动治理发展的优势，把党的组织活力转化为推动治理发展的活力，让社区治理既有主心骨又有支撑力。要把党的领导落实到推进社区有效运转、资源整合、群众服务、居民协商、社会参与、激活动力、化解矛盾、稳定秩序等具体事务上，不断提升社区发展治理效能。要加强党员教育管理，切实发挥党员先锋模范作用，联系好群众、服务好群众。

（二）必须把群众的事时时刻刻放在心上

社区工作直接面对群众，直接服务群众，社区治理的核心是人的工作，只有通过治理让群众有实实在在的获得感幸福感安全感，才能得到群众真心实意的支持和拥护。要放下"架子"，埋下身子，做好"样子"，贴近群众，深入群众，和群众打成一片，第一时间了解群众心声、知晓民情，做群众的"知心人"；要把群众所急、所需、所盼放在心中，重点关注老弱病残等特殊群体，把群众的"小事"当"大事"，想尽办法一件一件去解决，做群众的"贴心人"。

（三）必须动员更多社会力量参与社区治理

社区治理是一项系统工程，涉及方方面面，需要更多的主体参与、更多的资源支撑。要整合党政体制资源，集中党政群团力量办大事，优化提升公共服务水平、便民服务体系。要充分发挥社区"大党委"制度优势，通过场地换服务、政府资金撬动等方式，鼓励和支持各类社会主体、市场主体参与社区治理，满足群众多元化需求；要大力发展社区基金（会），盘活小区资金、资源，营造更加广泛的共治局面。

（四）必须不断增强社区工作者的能力本领

社区治理现代化必须要有治理能力现代化支撑。社区工作者不仅要学政策、懂政策，还要会讲政策、用政策，要着力增强社区引领居民自治能力、统筹服务供给能力、文化引领能力、依法办事能力、矛盾预防化解能力，这些需要加强社区工作者系统专业的培训。同时，要重点加强社区应急反应处置能力、平战转换能力建设，建立有效的社会动员响应体系和高效的应急管理体系。

党建引领"温度八角"多方参与共建和谐家园

李美红
北京市石景山区八角街道八角
中里社区书记

基层治理是国家治理的基石。习近平总书记强调，基层强则国家强，基层安则天下安，必须抓好基层治理现代化这项基础工作。基层治理现代化，最根本的就是加强党对基层治理的全面领导。通过充分发挥基层党组织的领导作用、基层政府的主导作用、基层群众性自治组织的基础作用和社会力量的积极作用，实现基层治理体系的现代化，解决基层治理中"为了谁""依靠谁"的问题。通过对制度、机制、设施、队伍建设等进行系统部署，着眼于及时、高效回应群众不断增长的美好生活需要，践行以人民为中心的发展思想。

一、社区基本情况

八角中里社区兴建于1986年，1989年建成。西起八角西街，东至八角东街；南起八角南路，北至八角路。小区占地面积17.3

万平方米，其中绿地面积3.3万平方米。现有33栋居民楼，其中3栋为塔楼，103个楼门，常住居民2442户，5900余人。

社区的特点主要表现为"三多"：产权单位多、物业企业多、老年人口多。辖区33栋楼分属于全国总工会、中央电视台、教育部、华北电力、兵器部五院、区万商公司等28家企事业单位，分别归盛景嘉和、中广物业、天岳恒等10余家物业管理；60岁以上老年人1500多人。

因物业管理分散，致使小区管理服务呈现出各自为政的状态，看似"谁都管"，实则"谁都不管"。造成的结果是：基础设施老化无人维修，路面坑坑洼洼，楼房顶层防渗漏功能退化，墙体破烂不堪，房屋前后下水管道破损、堵塞；绿化缺失，环境卫生脏乱差，垃圾杂物随处可见；公共秩序混乱，侵占公共绿地私搭乱建，小商小贩占道经营，私家车乱停乱放，小广告"天女散花"。

面对社区治理难题，在区委、区政府和街工委的大力支持下，八角中里社区用党建引领一颗"子"，盘活民生实事一盘"棋"。在"温度八角"治理框架基础上，汇聚各方力量共同参与营造"温情中里"和谐氛围。切实提高基层党组织的政治领导力、思想引领力、群众组织力、社会号召力，真正把党的理论优势、政治优势、制度优势、密切联系群众优势转化为基层治理效能。让社区治理的力度态度温度更加真实可感，百姓的获得感、幸福感、安全感不断增强，党员干部成为服务群众的"知心人、暖心人"。

二、主要做法

"温度八角"框架下的基层社区治理工作体系：党建引领有高度、政府服务有强度、民主协商有广度、社会协同有深度、公众参与有热度、法治保障有力度、科技支撑有厚度、公益服务有准度。

（一）党建引领有高度

第一，以"老街坊"需求为导向，政府主动作为实施硬件改造，为推进物业规范管理破除障碍。发挥老街坊议事厅作用，第一步由社区干部带领楼门组长、"老街坊"骨干上门入户，征求意见，填写调查问卷。第二步召开各类形式议事会取得了社区居民的广泛支持，形成改造的设计方案。通过划车位、封围墙、改善进出口安全设施、建门卫室、安装监控探头和防盗门、完善绿化、拓修路面、改善排水设施、外墙面修补和改善环卫设施等进行老旧小区改造，历时4年切实改善小区居住环境，为小区的自我管理创造较好的基本条件。

第二，"双向进入、交叉任职"倾力守护解民忧。社区与盛景嘉和物业建立红色物业"双向进入、交叉任职"工作机制。采用定员定岗、一对一互帮互学的捆绑式办公形式，将物业经理纳入社区"1+X"党委成员，把社区环境卫生专干派驻物业到盛景嘉和物业工作，充分发挥每位工作人员的能力，提高工作效率。

第三，以成立"物管会"为抓手，引导"老街坊"积极参与物业管理和监督。推选9个热心社区公益、群众威信高的"老街坊"组建了物业管理委员会，带着居民关注的绿化保洁、停车管理等议题与物业企业、产权单位定期会商。成立半年来，物业管理委员会成功协调解决了楼梯扶手损坏修复、绿地缺空补种、危树挡路伐移、智能门禁安装等群众操心事、烦心事29件。有两栋楼因部分房屋已上市交易，产权单位撒手不管，并因是央产房在老旧小区改造期间未能同步改造，楼门居民反映强烈，物管会成立后，就该楼问题多次协调产权单位、物业企业，顺利解决了外墙保温、楼道粉刷等公共区域的改造。2021年八角中里社区被评为全国先进基层党组织。

（二）政府服务有强度

第一，人民至上、生命至上。2020年，突如其来的新冠疫情打乱了人们安静祥和的生活，社区党委作为居民的定海神针，社区书记带领全体社工吃住在社区67天不回家。通过白天挨家挨户排查，晚上一家一户地数灯，仅用1.5天就逐户逐人地建完底册台账。成立临时党支部，用2天时间建起由16名社工、285位党员、400多位物业人员、保安、居民组成的老街坊志愿者服务队。每天的人员摸排、数据上报、居家服务、卡点值守，繁杂而又琐碎的工作，传递的却是党和政府为人民谋福祉的坚定决心，护佑的是社区居民的生命健康和安全，是我们打赢这场疫情防控阻击战最有力的武器。

第二，"走动式"工作法，倾心服务暖民心。党建引领基层治理的效能如何，关键要看有没有解决实际问题，要看群众是否满意。小道安装的路灯，门禁的升级改造，健身广场的设施更换……看起来都是小事，却是关系人民生活品质的大事。社区党委通过"走动式"工作法，即社区工作人员"走出去、沉下来、快办理、勤回访"，将"群众跑"变为"社区跑"，形成"群众动嘴、社区动腿"的"主动治理、未诉先办"服务模式。"走动式"工作法入选北京市优秀党支部工作法100案例。

第三，回应百姓需求，完善社区服务。根据居民群众需求，社区设立"一站式"开放服务空间，为开展就业、计生、低保等服务提供后勤保障；规划"一刻钟"服务圈，以社区服务大厅为中心，整合分散的社会服务资源，在小区内建立社区服务节点，开展托老、托幼、医疗、健身、购物等服务。将党支部建在楼里，将党员拉到群里，形成时时快速响应群众诉求机制、12345接诉即办即时反馈机制，推动为民办实事常态化、机制化，把解决问题的实效作为检验工作的标准，力争居民的意见和需求在一个小时内得到反馈。从小处着手、大处着眼，着力解决社区居民的操心事、烦心事和揪心事，让社区老街坊们真正生活在邻里和谐、环境优美、文明友爱的平安社区。

（三）民主协商有广度

第一，以"老街坊"议事厅为平台，大事小情随时议。吸纳社区党员、老干部、老教师、律师、人大代表、物业负责人等组成"老街坊"议事会，定期开展"你说我听大家议"活动，随时围绕社区房前屋后、矛盾焦点等共商共议，必要时，社区"吹哨",召集政府部门和街道报到。建立需求清单、资源清单、责任清单,完善民主议事协商规则和参与机制,逐步形成"居民提议—社区审议—党组织召集—议事厅决议"的"老街坊"楼门议事厅议事模式。2020年以来,"老街坊"议事厅解决了上下楼漏水、邻里噪声扰民纠纷、家庭矛盾等各类问题360余件。33号楼的空巢老人高峰,年老体弱,是位残疾老人,八角中里社区老街坊议事厅了解到老人的情况后,积极联系了同楼的社区助老助残服务队队员李雷娜与之结对,帮助老人买菜、做饭、干家务,还时不时地陪老人聊天,排解老人精神上的孤独。始终没间断过服务,帮老人实现像正常人一样的生活。2023年夏季北京雨水量较大,社区16号楼居民反映楼上漏水,不仅对自家造成严重影响,而且已经影响楼下邻居的正常生活。老街坊议事厅成员充分发挥邻里关系优势,通过电话、微信、入户等方式积极对楼上楼下的住户进行协调,并牵线联系社区的物业多次入户了解实际情况。从根本出发解决问题,从温情角度关怀居民。不仅切实解决居民的实际烦恼,而且让居民在事情解决的过程中感到舒心和社区对他们的关怀。

第二,建立工作清单,以楼门治理为依托,带动"老街坊"共同解决好家门口的事。组建5人楼委会,在楼门长的带领下,楼内党员、热心老街坊常态化进行谈心说事,让楼门真正"管起来";先期投入资金,发动楼门居民自己动手美化楼门,清理堆物堆料,加强设施维护,让楼门真正"美起来";制定楼门公约,组织楼门文体活动,开展邻里帮扶,让楼门真正"动起来";推进楼门院治理公示牌建设,公示楼门院长、社区包片干部、物业负责人、社区民警、消防员，让楼门的灯真正"亮起来"。为调动居民的积极性，开展楼门文化方案大征集活动，组织居民围绕风格、内容、维护、形式等细节展开讨论，让每位居民从旁观者变为楼门规划师。对58个楼门进行了创意彩绘，在居民中征集书法、绘画、手工作品对楼道进行了装饰，开辟植物、图书漂流角，一个楼门一个主题，配以社区公约、土味情话、励志漫画、花鸟鱼山水画，营造了浓郁的人文氛围。

（四）社会协同有深度

"红色党建联盟"，倾情聚力办实事。2022年8月17日，习近平总书记视察辽宁沈阳牡丹社区时指出：要加强党建工作，要提高尤其是一老一少的社区服务水平。推进以社区党委为平台，社区社会组织为载体，社区志愿者为辅助，社会力量为补充的联盟作用，将辖区10家物业、3家企业、6家社会单位纳入"红色党建联盟组织"。针对物业多的问题："联建、联办、联动"开展治理型物业工作，并有针对性地开展"资源共享、共联共建"服务。把党的组织和工作无空白、无遗漏地覆盖到基层网格、物业企业、社会组织、广大群众中去，让基层党组织成为社区治理的核心引领。

联合产权单位共同建设幸福家园。探索央地沟通机制，通过社区、物管会、产权单位、物业、居民五方共同努力，调动居民自治共治热情，通过民主投票选举平稳完成央企物业移交工作。让社区工作由"单打独斗"变为"抱团发力"，将党建引领的政治优势和组织优势转化为辖区的服务优势。

联合天安人寿、链家、八角商会等社会单位，针对社区老龄化突出问题，共同举办"走出遗忘的角落——爱心包发放""陪你一起慢慢变老""最浪漫的事""小件急修""关爱老人送冬储白菜""摄影沙龙"等活动300余次。

联合社区各方力量一起动起来。社区居民在行动，亲手打造具有自己特色的楼门文化，社区58个楼门做了彩绘，促进了小广告"牛皮癣"的解决；在职党员在行动，发挥各行各业优势，开展健康知识进社区、中医义诊等活动；社区党员的"绿地助养""垃圾桶站值守""6070志愿者服务队"在行动。通过大家的共同努力，2021年八角中里以整建制式社区的形式，被评为北京市垃圾分类示范小区。

（五）公众参与有热度

第一，以"活动"促和谐，居民互动空间润情细无声。社区治理需要全体居民共同参与，社区党委紧盯问题导向，提升治理观念，针对不同的情况，制订不同的方案，充分发挥老城区老街坊老邻居的地域、人员熟的优势。以社区居家养老为例：对社区失独、空巢家庭开展"陪伴家"一对一认领，每周问候，遇事帮扶慰问服务；以"邻里节"为契机，月月开展跳蚤市场、秋日市集为主题的活动，让小手牵着大手走出家门，走进社区，了解社区、建设社区。结合社区特点，打造"初壹乐团"将老人爱的民乐、孩子爱的现代乐器融合到一起；随着居民互动逐步增多，逐步打破了人与人之间的隔阂，有效地促进了社区居民的融合，形成建设人人有责、人人尽责、人人享有的社会治理共同体。

第二，以社区综合文化活动站为载体，建立"老街坊"交流互动的情感纽带。通过"老街坊"议事会，汇聚居民意见，升级改造出509平方米的社区综合文化活动站。在文化站内设置琴棋书画室、园林驿站、健康打卡地、儿童绘本馆等空间，引入专业机构经常性开展科普、体育、艺术、中医义诊、法律咨询、手工制作、美食分享等多种活动，成为居民茶余饭后、休闲遛娃、周末假期必去的"打卡地"，在密切邻里关系的同时激发了参与社区事务的热情。比如，活动站长期开展绿植养护课程，逐渐延续转化为绿地认养项目，目前社区内4个认领花园已经初见成果。

（六）法治保障有力度

第一，固根培基，营造普法态势。为适应普法活动需要，成立"情理法"小分队，开展各种形式法治宣传教育活动。引进专业力量，由社区公益律师为居民提供法律咨询等公益律师服务，开展"国家反诈"App推广安装宣传活动，将法治思想融入居民生活中，增强辖区居民尊法、学法、守法、崇法意识，形成地区法治文化。

第二，"老街坊"担当政府的左膀右臂。在"安全隐患大排查大清理大整治"专项行动中，组建了"老街坊"消防队，协助消防部门打通"生命通道"，坚持守护社区平安，定期清理社区楼道内堆物堆料，监督消防通道的停车管理；在创建基本无违建社区的"百日会战"中，组建了"老街坊"劝导队，带头拆除自家违建，在社区组织下开展劝拆、助拆，仅155天就拆除了社区内的119处违建。

第三，成立由街道包片处级干部、社区书记、社区专员、社区民警、社区城管、社区安全员、市场监管组成的"七人治理小组"，形成工作合力。比如，2019年，为做好地锁拆除工作，"七人治理小组"与"老街坊"共同逐户开展劝导工作，充分发挥熟人熟面好做工作的优势，顺利拆除了社区200多个地锁。

第四，建立地区"大信访"机制。以信调结合的方式，强化对社区、居民、地区单位的"三服务"，主动摸排矛盾、就地化解矛盾，做到"小事不出社区、大事不出街道"。社区治理的力度、态度、温度更加真实可感，百姓的获得感、幸福感、安全感不断增强，党员干部真正成为服务群众的知心人、暖心人。

第五，志愿者队伍是社区建设中非常重要的组成部分。八角中里社区有一支长期服务社区的治安巡逻志愿者队伍，队伍中的成员主要由平均年龄六七十岁的老党员、楼门长、志愿者组成，故称为"6070志愿者服务队"。他们身上肩负着一年365天的社区安保任务，路灯不亮要管、乱丢垃圾要管、乱贴的小广告、邻里之间纠纷……事无巨细，他们都会管，无论严冬还是酷暑，社区内都活跃着他们的身影，守护着居民平安、社区安全，成为八角中里社区一道亮丽的风景线。2021年社区被评为北京市司法示范社区。

（七）科技支撑有厚度

科技改变生活，科技也同样改变着我们的基层治理与服务模式。数字化、互联网、智能科技的应用，让我们将过去认定的诸多"不可能"变成了"可能"。2020年的新冠疫情，凸显了基层智慧治理能力建设的重要性。疫情防控工作要求的大规模、全量化的社会参与，使基层治理数字化应用切实影响到每一位居民，无论"在线参与""智能应用"还是"网络协作模式"，都在支撑着社区运行。

第一，问题导向，社区着眼于居民实际需求，以适用、爱用、管用为原则，推出行人出入大门智能门禁系统，不仅可以识别人脸信息，还可以自动测温。智能门禁系统使用后，一方面，本社区居民刷脸即可自由进入社区和自家单元门，便捷性得到极大提高，降低了社区和物业人员管理难度；另一方面，未登记的陌生人需要进行信息登记和测量体温才可进入社区，居民可刷脸通过自家单元门禁系统，减少了陌生人进入楼栋内的可能性，减少了楼道内和单元门上的小广告的同时，也提升了居民的居住安全性。借助智慧门禁系统的动态变化数据，社区可以掌握社区居民的家庭信息，以及居民从社区大门到单元楼、楼道直到自己家门口的完整数据，这样既丰富了电子民情图的数据信息，也为基层社区治理提供了方便，助力八角中里社区打造智慧生活社区。

第二，着眼群众诉求，"线上议事"为补充，全方位覆盖每位"老街坊"。以便民、为民、亲民为原则，建立社区四通八达的微信群阵地。以楼门和楼栋为单位，每个群里分别配备一名由网格长、楼门长或社工担任的观察员，让社区观察视角延伸到每一家每一户。八角中里社区8号楼为"三无"楼：无产权、无单位管理、无物业管理。因此造成该楼房周边环境脏乱，公共门窗破损严重，楼房承重墙体侵蚀等诸多问题，给居民生活造成极大不便。2020年8月，社区观察员通过微信接到反映8号楼无产权证诉求，非常重视此事。社区党委第一时间联系区集经办，吹哨报到，经过两年的努力，2023年5月17日，8号楼第一批12户居民已经领到属于自己的房本。使居民的满意率、获得感、幸福感和安全感得到大幅提升。

第三，建立"印象中里"微信公众号，让居民随时了解社区动态，反映意见建议；发展"老街坊"微信议事模式，建立了7个"老街坊"专项议事群，推进楼门建设议事群，围绕困难群体帮扶、环境提升、社区治安等开展共商共议，不断凝聚"社区是我家，美丽靠大家"的共建共治意识。"接诉即办"坚持"民有所呼、我有所应"，把群众的"小事"当成大事，把群众的难事当成心事。

（八）公益服务有准度

第一，以邻里守望为重点，发展壮大"老街坊"志愿服务队。志愿服务是提升社会文明程度、推进社区治理不可忽视的力量。邻里守望通过引导本社区居民加入队伍，引导、带动了身边朋辈群体的参与，实现了队伍的不断充实壮大，从而带动居民自我管理和自我服务，提升居民参与社区治理的积极性，优化社区治理结构。

第二，挖掘新业态资源，激发共建共治共享活动。探索区域化党建格局，从共同目标出发，共同利益和需求入手，建立开放型的互联互动纽带，把社区与单位、行业及各领域党组织锻造成一个有机整体。"姐妹抱抱团"主动走进困难群众家中拉家常，提供送药、结对帮扶等服务，经常以电话、微信的方式互相问候。一位阿姨在家中突发心脏疾病，就是因为"姐妹抱抱团"姐妹们的电话，及时发现这个情况使她得到救治；由物业保安担任的120应急担架队，谁家的老人需要急救送医，马上拨打担架队的电话，队员们5分钟之内就会赶到现场，截至目前，已为社区79位老人提供过服务；先后由华为客服、联想客服和链家每月开展的老年人智能手机大课堂，让老年人不再与社会脱节，娴熟地掌握了智能手机上网、扫码、登记、测核酸等日常操作技能；连续坚持10年的雷锋月活动由职业技能学校的学生为老年人开展义务理发服务了上百人；连续组织了10年的百家宴、每年寒暑假的嘉年华活动；迎合居民兴趣、时代潮流，坚持每月和特色节日必搞接地气、有韵味、易接受的活动。2022年社区获得全国示范性老年友好型社区。

第三，有效社会动员，提升整体服务质量。志愿服务机制坚持以上带下，以下促上，以系统的思维和方法，打造"平时服务、战时应急"的队伍。社区党委引领群众、组织群众，整合社会资源的有效社会动员方式，在各项工作中得到充分体现。在新时期的基层社会治理中，有效社会动员的重要性尤为凸显。在职党员双报到就是党群良性互动机制的一种体现，始终把"百姓利益"放在首位，以百姓的需求为导向，因而得到广大群众广泛支持与深度配合，充分激活志愿者、楼门长、社区党员的积极性。这些事例使党的社会动员有了丰富的群众智慧与现实依据，志愿参与者也获得了社区居民的认可，提高了居民与志愿者的社区归属感。

三、工作成效

总结在社区治理中的经验，集中到一点就是：坚持我的社区我做主、居民家园居民建的原则，八角中里社区通过"红色党建联盟""老街坊"共商共建共治等模式，推动了社区由"管理"到"共治"的良性转变，初步实现了社区环境有变化、居民期盼有回应、社会认同有提升的良好局面，将温暖、温情、温馨贯穿始终，让居民感受到"有品质、有温度、有归属"的幸福社区气息。"温情中里"的治理成效，得到了各界的充分肯定和社区居民的广泛认可。

习近平总书记指出，社区是党和政府联系、服务群众的"最后一公里"，要健全社区管理和服务机制，整合各种资源，增强社区公共服务能力。我们来自基层，更能理解基层，我们来自人民，方知不负人民。人间烟火气，最抚凡人心，只要我们每一位基层党员干部时刻牢记让人民生活幸福这份初心使命，通过奋斗，披荆斩棘，走过万水千山，我们定能创造更加幸福的明天。

筑牢"雁巢"夯实社区治理堡垒

任红梅
阳泉矿区桥头街道段南沟社区
书记

一、社区背景情况

阳泉市矿区桥头街道段南沟社区成立于2000年,地处煤山路,占地面积约0.26平方公里,居民3814户,10110人,辖区内有38个居民楼(院),1条商业街,4家驻地单位。社区在实施网格化管理中,共划分为9个网格,84个微网格。

阳泉市矿区是典型的资源枯竭工矿型城市区。针对段南沟社区驻区单位阳煤集团四矿已经破产10多年,职工都在外地工作,近的在寿阳和顺,远的在内蒙古甚至新疆。社区内形成了空巢老人多、留守儿童多、特殊人群多的"一老一小一特殊"现状,社区党组织创新性打造"鸿雁"党建服务品牌,形成奉献、责任、服务、创新、诚信的"鸿雁"为民服务理念,延伸应用至社区基层治理,以党建引领为核心,居委会、便民服务中心为两翼,以"鸿雁"为民服务理念为导向,打造出一条党员带头,社区成员积极参与的社区治理路径,打造为民服务温暖的"大雁巢"。

二、鸿雁真情暖万家　一首两翼工作法

"一首两翼"是对鸿雁的具象描述，抽象到社区治理方法层面，实质上是指社区通过发挥党组织的引领作用，同时依托社区便民服务中心和社区居委会的辅助协调作用，实现多元协商治理，从而打造出一条党员带头、社区成员积极参与的社区治理路径。主要包含以下两层含义。

正如鸿雁往返迁徙中的雁阵中有组织的团结协作，相互勉励完成飞行任务。一首两翼工作法中社区党组织，社区居委会、社区便民服务中心需要发挥同样的团结互助精神。领头雁的工作预示着党组织在社区工作中发挥引领作用时，要勇于担当，甘于奉献。雁群的团结协作，预示着各个服务主体要明确分工，同心同向。

就社区治理宏观结构而言，要坚持党建引领，发挥好党组织领头雁功能。就社区治理微观实践而言，要发挥每一个共产党员的带头模范作用，每一个人都是领头雁。引导党员正确认识党员身份，深化先锋模范意识，在社区治理活动中争先锋，做表率。把基层党建工作做细做实，促进社区党建工作高效推进。

三、主要做法

在今天的段南沟社区，"我为群众办实事"是一句分量十足的承诺。在党组织"一杆旗"的指引下，面对居民群众各种诉求

困难、纠纷矛盾，社区党组织始终把"不断满足人民群众对美好生活的新期待"作为社区开展党史学习教育"我为群众办实事"工作的落脚点，立足实际创新工作方法，积极推广"把实事办好，把好事办实"的为民服务理念，通过一点一滴的服务夯实党组织战斗堡垒作用，让老百姓看到党员在行动，感受到党和政府的温暖，让党的形象在群众中熠熠生辉。

（一）头雁领飞法

新时代新要求。段南沟社区党组织深知，社区工作干得怎么样，关键是看党建工作抓得好不好，看基层党组织是不是真正为老百姓办好事、办实事。头雁领飞法即以党建为引领，充分发挥党组织在基层社会治理中的"领头雁"作用，发挥党员先锋模范作用。

案例：创新主题党日活动

与相对呆板枯燥的会议形式的主题党日活动不同，段南沟社区开展主题党日活动的形式丰富多彩。社区开展了"奖状的故事"活动。社区里有一位80多岁的老党员董守兰，她不仅是一位有几十年党龄的老党员，更是一位善于表达的好党员，老人的家就是社区的党性教育基地。因为在老人的家中，有着8张20世纪70年代的泛黄的奖状，还有一面用油漆写着"先进个人"荣誉的镜子。奖状和镜子都满满承载着老人的初心与故事。

头雁领飞法是社区党组织基于阳泉市"中共创建第一城"的

红色基因和老工业基地单位社区的制度优势的基础，结合上级政府的政策文件导向，将党建引领嵌入社区治理的生动实践。以党支部为引领，发挥党员带头模范作用，推行在职党员进社区，实现"社区+单位"的双重管理与双向反馈，通过强化正向激励和反向约束，引导党员亮身份、树形象、显作用。

（二）雁阵联飞法

雁阵联飞法即团结多方力量，构建"雁阵效应"。雁阵联飞法是段南沟社区对"坚持和完善共建共治共享的社会治理制度"的积极探索实践，在基层社会治理中，串联社会中分散的各个群体，整合政府、社会、市场、个体居民等多方社会资源，实现多元协商共治，提升社会治理水平。段南沟社区以争取政府支持为前提，"十联十共"企地共建"1+1"为核心，辅之以社会志愿服务体系和社区社会组织，达到顶层设计、基层服务、互相联动、共治融合的效果。具体而言，雁阵联飞法的内涵可以概括为以下几个方面：

第一，区委支持。在矿区区委直接支持下，段南沟社区成立红梅党代表工作室，整合联动一批具有专业性和积极性的党员代表加入工作室，其中包括政府工作人员、医生、教师、律师、党务工作者等多重力量，形成党代表工作团，成为参与社区各项公共事务治理的重要支撑力量。

第二，社会组织联结。2014年，社区书记任红梅自主出资3万元，成立亲青社会工作服务中心，对接各项社会资源，针对辖区内部甚至周边留守的青少年儿童，开展亲情关怀服务，针对重点青少年服务工作的"五步工作法"入选《"枫桥经验"在山西基层典型经验选编》。同时，社区鼓励支持居民自发成立兴趣爱好组织，以鸿雁艺术团为代表，目前社区注册以及备案成立的共有10多个社区社会组织，构成社区参与的有生力量。

第三，志愿服务联动。在"鸿雁"为民服务理念的指导下，社区成立新时代文明实践站，设立鸿雁志愿协会，动员在职党员带头加入，挖掘积极热情的居民，树立榜样力量，"滚雪球式"扩大志愿服务人数。目前，社区登记注册的志愿者就有2300多名，划分为7大类：俏雁文娱宣传、威雁法律援助、洁雁创卫清洁、银雁发挥余热、暖雁扶贫济困、归雁特殊关爱、雏雁爱心呵护。多种类开展志愿服务活动，传承志愿服务精神。

案例：为民解忧　好事做实

社区通过征求居民群众的意见建议，把群众反映强烈的四矿小区希望开通小区南侧便民门问题作为首轮"我为群众办实事"急难愁盼难题。

四矿小区居民达2198户，居住6000余人，是一个背靠西侧护坡而建的大型小区，小区东侧和北侧分别设有两个出入通道，南侧为全封堵围墙。因地理位置原因，四矿小区北侧居民出行人数少，小区南侧出行占比达80%以上，特别是上班职工和上学学生，需要每天绕行至东侧大门，大约绕行两站地、近20分钟，许多中学生为了节约路途时间，经常在南侧2.5米高的围墙上攀爬跳出跳入，围墙多次破损，造成极大的安全隐患。

为此，社区党组织急群众之所急，想群众之所想，解群众之所难，积极协调原阳煤集团建设单位等部门，同时召开党群议事会，分头跑部门、找单位、寻帮助，最终与云潭物业共同努力，在四矿小区南侧围墙开通一个宽1.5米的便民门，方便居民群众出行。在此过程中，我们将围墙外近400平方米的荒地拓展为社区新时代文明实践站用地，在便民门外修建了70多个台阶的便民台阶，加设了路灯，荒地变成了小广场，铁艺展板"社会主义核心价值观"作为围墙，西侧山坡修建了护墙，打造成为"鸿雁党群议事园"，作为居民群众共商共议、文娱活动场所。为民办实事，真正把好事办实，把实事办好。实现了社区党组织拧成一股绳，大家心往一处想、劲往一处使的凝聚作用。

雁阵联飞法是段南沟社区党组织在党建引领的基础上，发挥多元协同力量，构建社区治理共建共治共享新格局的重要举措。

（三）雁鸣呼应法

雁鸣呼应法即雁鸣声声，此鸣彼应，运用到社区治理层面是指及时了解居民需求，快速回应群众关切的一套服务预警机制。段南沟社区从亲情化联络站、亲情化联席会议和平安驿站三个层面，做到群众有呼声，快速回应；服务有问题，提前介入；社区有警情，及时干预。

第一，有呼必应——亲情化联络站。有呼必应是基于大党建联盟的前提下，段南沟社区与共驻共建单位建立密切的网络联结关系，实现"社区有呼叫，马上来解决"。社区通过互联网反馈问题，共建单位实现快速反应，积极解决。畅通基层治理问题反馈渠道，提高了基层治理效率。

第二，提前介入——亲情化联席会议。提前介入是在党建引领和民主协商的基础上，以提前预防问题、发现问题和解决问题为主旨，在大党委工作机制的统筹下，提前收集民意，召开民主协商会议，对社区群众关心的问题作出回应，提出解决办法。在问题发生之前实施合理的预防手段，防止问题的集中爆发，是为提前介入法。以社区大党委联盟为引领核心，协调整合各部门人力资源、物质资源、精神资源、信息资源等，积极动员服务单位承担相应责任，同时引导群众自觉参与，实现政府治理和社会调节、居民自治良性互动，基层社区治理规范化和治理功能的不断优化。

第三，守望相助——平安驿站。守望相助是段南沟社区重建之初，为应对复杂的社区状况，提升居民安全感，设立的平安触角"民情眼"，以构建"治安岗哨、综治触角、温馨港湾、警民心桥"为宗旨，在社区辖区内精心选取理发店、超市等场所为两个"平安驿站"，在主要街道设置多个"平安守望岗"，充分发挥社区民警、网格员、驿站站长、平安志愿者、治安巡防队员"五位一体"作用，充分发挥平安志愿者队伍和楼院长"民情眼"作用，及时了解社情民意，适时发现治安隐患，有效化解矛盾纠纷，使得社区里的大事小情能够及时发现、提前预防，起到预警作用，给社区居民带来更多的安全感。

案例：快速接通的"热线电话"

有一次，煤山路4号楼一层住户阳台的杂物被路过的行人扔的烟头引燃，因家中无人，附近群众第一时间电话告知社区，社区立即组织人员取用微型消防站应急灭火器前往火情点快速处置，前后动用5支灭火器，20多桶水，20余人次，避免了火情蔓延。通过信息化联络站，实现居民、社区与服务部门的资源对接，能够及时满足居民需求，是社区成立联络站的初衷。值得一提的是，通过信息化联络站，社区可以在发现紧急突发情况时，第一时间联系上相应部门，甚至不需要通过拨打110或者119，进一步转接对应部门，一步到位。可以说"联络站很多时候发挥了一部热线电话的作用"。

雁鸣呼应法是社区党组织坚持"心系群众，服务群众"宗旨的重要体现，坚持以居民为中心，及时了解居民各项需求，为居民提供精准服务。段南沟社区通过设立亲情化联络站和平安驿站，召开亲情化联席会议，构建一套居民有需求快速反应，及时回应的服务预警机制。

（四）鸿雁安民法

鸿雁安民法是基于多年的社区工作经验摸索出的一套居民矛盾调解办法，在调解居民矛盾的过程中，不仅要了解居民不和的表面原因，还要深入了解矛盾产生的本质根源，抓住矛盾的源头，找到调解问题的核心办法，实现"鲜花要在基层开，疙瘩要在基层解"。透过现象看本质，找到矛盾的根源，进行调解。

段南沟社区通过开设多个沟通调解渠道，为社区居民提供矛盾调解平台，其一，设置"鸿雁邻里聊吧"为矛盾双方提供私密的沟通空间。其二，开设人民调解工作室，积极宣讲人民调解政策，在社区作出"有纠纷，来调解"的便民承诺。其三，依托"红梅党代表工作室"开展"相约星期二有话您来说"的活动，让居民有固定的时间和地点谈心，将社区内矛盾纠纷化解在萌芽状态，做到小事不出网格，大事不出社区。有效化解了社会矛盾，维护了社会稳定。其四，通过组建社区调解队伍，为社区居民提供解决矛盾的专业力量。把社区"爱管闲事"的楼院长、有威望的大爷大妈、专业律师和社区民警组成社区调解队，"威雁"法律援助志愿者团队就是其中重要一环，为矛盾化解提供专业分析，准确断案，依法调解。

案例：漏水的暖气管

2021年春节前夕，段南沟社区发生了一件紧急事件。小区10号楼的一位高层住户家中管道井暖气管路破裂漏水，致使楼下十户居民家中成了水帘洞，造成多处家具、墙面装修等各类损失，并且因为进水位置为电表箱部位，进一步引发供电系统损坏，10号楼住户无法正常用电。在接到居民的反馈情况后，第一时间赶赴10号楼现场，并紧急联系物业、供电公司等部门协助处理问题，尽最大努力降低居民损失，帮助居民恢复生活常态。但是，漏水问题严重，居民损失较大。为此，高层漏水住户与楼下10户居民产生矛盾纠纷，邻里关系紧张；住户与物业、供暖等部门之间围绕责任划分和损失承担等问题争吵不断；受到供电影响，家中一片漆黑的居民心情烦躁，不满情绪逐渐累积。面对这一突发情况，社区首先安抚居民情绪，网格员挨家挨户开展思想工作，动之以情，晓之以理，社区书记任红梅两天内仅电话就拨出120多个；社区及时解决供电问题，保障居民日常生活和孩子上网课、写作业不受影响。其次，为了化解矛盾，社区组织全体涉及漏水事件的住户、社区的云潭物业、泉西热力以及律师等多方代表共同参加了矛盾调解会议。针对定责定损难题，请律师介绍了此类问题的相关法律规定和以往案例的处理方法，逐户解答居民的问题，帮助居民依法维护自己的合法权益。经过反复协商，以及随后近一个月的跟踪协调，商讨解决方案，缓解各方情绪，最终使得各种诉求回归法律、回归理性，在春节之际圆满解决了道歉、赔偿和部门协调处置等问题。

这次漏水事件的圆满解决，社区取得了居民、物业公司和供暖部门的一致认可与好评。在化解居民矛盾纠纷问题上，始终坚持用"讲热情、讲实情、讲温情、真性情"的情理法德理念，解万家难、暖万家心。真正实现"鲜花要在基层开，疙瘩要在基层解"。

鸿雁安民法是段南沟社区在多年社区工作实践中积累的矛盾纠纷调解技巧。通过换位思考，注重透过纠纷事件看清矛盾根源，解决产生矛盾的根本原因，才能实现有效的矛盾化解。

（五）雁阵孵化法

雁阵孵化法为有效提升社区干部实战实干的社区治理能力，创新实施社区干部"雁阵"孵化培育计划，成为阳泉市抓党建促基层治理能力提升专项行动的重点项目，以两年为周期、季度为节点，充分发挥先进典型的引领带动作用，通过"以点带面、压茬推进、全面覆盖"的方式，引导全市社区干部学先进、提能力、践行动，着力培育一批政治坚定、业务精通、作风过硬、群众满意的"任红梅"式的社区干部。

第一，选树标杆典型，解决示范性不强的问题。以全国优秀共产党员、全国劳动模范、最美奋斗者、最美城乡社区工作者——矿区桥头街道段南沟社区党组织书记、居委会主任任红梅为龙头，采取"县区筛＋市里审""书面看＋实地验""看运行＋听民意"等方式，在全市选树工作实绩较突出的段南沟社区等5个社区为标杆，并授牌"任红梅式干部孵化基地"，深度推广段南沟社区"鸿雁"工作法等经验，最大限度发挥孵化基地的示范引领作用和辐射带动效应。

第二，推荐优秀骨干，解决针对性不强的问题。突出统筹性、系统性、前瞻性，立足当前社区实际需要，着眼社区干部队伍长远建设，以"素质高、有热情、有潜力"为具体标准，将换届后社区"两委"班子中的副书记或副主任优先作为孵化培育主体，经过社区推荐、街道筛选、县级审核、市级考察等流程，精挑细选社区骨干作为孵化主体，确保全市每个社区至少有1名参训学员，做到全覆盖。

第三，强化"智库"引领，解决指导性不强的问题。在全市选聘16名"智者"组建顾问团，包括高校、党校的专家教授，组织民政、人社等部门的业务骨干，经验丰富、能力强、作风硬的老支书、老模范、老干部，围绕参训学员综合素质、治理能力等，每月深入孵化基地开展精细化指导。指导5个孵化基地甄选25名资质老、威信高、口碑好的业务能手作为导师骨干，以周为单位科学制定《季度培训计划》，明确目标任务和具体举措，采取"一对一""点对点"形式对参训学员进行"传帮带"。

第四，细化工作举措，解决实操性不强的问题。针对社区工作"做什么、怎么做、怎样做好"等共性问题，编印段南沟社区工作标准化操作手册，让广大社区干部干事有依据、有流程、有标准。每季度举办"书记讲坛"，由任红梅等优秀社区书记登台示范，围绕抓党建促基层治理、社区特色做法、管理服务的重难点等与学员座谈交流，共享接地气的"履职锦囊"和"治社宝典"，有效将书记的"好经验"转化成学员的"真本领"。制发《工作日志》，推行社区"一周一小结"、街道"一月一座谈"、县区委组织部"一季一总结"工作法，精准掌握学员工作表现，对表现不佳的约谈提醒、动态调整。严把"出师"关，综合运用组织部门评、所在街道评、社区书记评、导师顾问评、群众代表评等方式，全面考评学员的总体表现，并作为年度考核、评优评先、推选"两代表一委员"的重要依据。

第五，注重总结提升，解决实效性不强的问题。创办《雁阵》城市版月刊，区分开设"雁之向、雁之舞、雁之治、雁之采、雁之语、雁之声"等栏目，深度总结提炼孵化工作的典型经验、特色做法和实际成效，以图文并茂的形式进行工作纪实，营造浓厚的干事创业氛围。定期梳理参训学员孵化期间牵头开展的重点工作、组织实施的重大项目、总结提炼的重要经验，编制社区干部孵化培育工作案例集，全面展示工作成果，推动广大社区干部比学赶超、干事创业、争先进位。

四、经验启示

第一，坚持党的领导，段南沟社区在阳泉市委、矿区区委和桥头街道党工委的正确领导下，充分发挥社区党组织在各类组织中的领导核心作用，积极调动社区党员参与社区治理的积极性，发挥带头模范作用。将驻区企事业单位资源引入社区，合力提升服务效能；利用党员先锋模范作用，吸引社区居民参与社区治理，激发社区自治活力。

第二，坚持居民需求导向，培育多元治理主体，提升服务能力，构建长效社区服务机制。发挥政府部门职能优势，如针对残障人士等特殊人群，直接对接民政、公安等部门，将有利于居民的政策落实到社区，解决特殊人群的实际需求，维护社区的和谐稳定。

第三，社区两委带头深学深悟党的二十大精神，把深刻领悟习近平新时代中国特色社会主义思想，同新时代社区打通为民服务"最后一公里"的丰富实践联系起来进行学习，深入网格、深入群众家中了解群众需求，记在心头，真正帮助群众解决操心事、烦心事、揪心事。

上面千条线，下面一根针。社区聚焦、社会治理等重点任务，坚持做好"穿针引线"角色，着力解决群众最急最忧最盼问题，通堵点、疏痛点、消盲点，以多办实事、善办实事的作风服务于民、取信于民，时刻把群众呼声作为第一信号，把群众需要作为第一选择，把群众满意作为第一标准，真正把"我为群众办实事"落在实处，做实做精做出彩。

五、工作成效

社区荣获了全国和谐社区建设示范社区、全国综合减灾示范社区、全国最美志愿服务社区、抗击新冠疫情全国三八红旗集体、全国文明实践巾帼志愿阳光站、全国先进青少年维权岗等称号；获得了省级文明社区、省级平安社区等30多项省级以上荣誉。社区党组织书记、居委会主任任红梅当选党的十九大代表、中国妇女十二大代表，山西省第十一次、十二次党代会代表；荣获全国优秀共产党员、全国劳动模范、全国最美奋斗者、全国最美城乡社区工作者、全国基层理论宣讲先进个人、全国最美人民调解员、全国百姓学习之星等荣誉称号。

社区先后接受了中央、山西省委有关领导视察，社区"鸿雁"品牌等工作受到肯定。社区党建引领社会治理，"鸿雁"高飞筑牢"雁巢"，网格管理精细服务，全面提档升级社区治理。社区"鸿雁"故事飞入了高校，飞出了阳泉，飞出了山西，飞入了人民大会堂。

后 记

习近平总书记强调，社会治理是一门科学，要着力提高干部素质，把培养一批专家型的城市管理干部作为重要任务，用科学态度、先进理念、专业知识去建设和管理城市。在本书的编写过程中，我们特别注重理论与实践的结合。一方面，选取了一些知名专家学者有关社会治理的相关研究成果，分别阐释了习近平总书记关于社会治理的重要论述、"枫桥经验"的创新发展、全面推进乡村振兴中的基层治理、全面推进中国式社会领域现代化及基层治理现代化的路径探索等研究成果。另一方面，选取了一些市、区（县）、街道（乡镇）、社区等不同层面长期在社会治理一线从事社会治理的专家型干部，以其所在区域社会治理实践为"样本"，呈现了各层面"因地制宜"的治理经验和探索。

其中，在市域层面，《聚焦基层治理赋能增效 打造团结花开幸福春城》《党建引领住宅小区信义治理的成都实践》《党委统筹高位推动 全面提升市域社会治理效能》《以问题为导向 深入推进市域社会治理现代化的乐山实践》《以"两进三下"工作模式深度融入市域社会治理 打造新时代"枫桥经验"大理检察版》等文章，分别对昆明市、成都市、邢台市、乐山市、大理州等市州社会治理的典型经验和独特优势进行了总结和呈现。

习近平总书记指出，县域治理最大的特点是既"接天线"又

后 记

"接地气"。对上,要贯彻党的路线方针政策,落实中央和省市的工作部署;对下,要领导乡镇、社区,促进发展、服务民生。基础不牢,地动山摇。县一级工作做好了,党和国家全局工作就有了坚实基础。在县(区)域层面,《坚持党建引领构筑社会治理共同体 全力打造县域社会治理的"双示范"样板》《党建引领走出基层治理新路径》《县域社会治理:现实挑战、工作实践与路径思考》《探索"美德信用社区"新模式 持续提升基层社会治理现代化水平》《以人文化推动基层社会治理现代化》《"智慧赋能,融通共治"城市副中心"云窗口"政务服务模式创新》《奋力探索社会治理的"横琴路径"》《深化党建引领"网格+热线"改革创新 推动城市副中心高效能治理》等文章,以浙江嘉善、江苏邳州、云南宁安、山东荣成、青岛市南、北京通州、广东横琴等地基层治理为样本,分别从县域社会治理共同体构建、基层治理新路径探索、信用社区建设、文化助力社会治理、"云窗口"政务服务模式创新、"物业城市"探索、"网格+热线"改革创新等方面提供了县(区)域社会治理的经验。

"欲筑室者,先治其基。"基层是党的执政之基、力量之源。巩固党的执政基础,必须把基层基础夯实。我国的治理,基本单元是县(市、区),基层基础在乡镇(街道)和村(社区)。在街道(乡镇)层面,《构建与现代化精品城区相匹配的基层治理格局需要把握的三个重点问题——以浦东新区陆家嘴街道为例》《抓住"人"这一核心 实施"1+20"推进基层治理队伍建设》,北京市通州区玉桥街道党工委书记孙雪松的《温暖楼门 和谐邻里——北京市通州区玉桥街道"楼门文化"赋能基层治理精细化创新实践》《绿色道崇 和美乡村：道崇村乡村治理与发展"1234"协同创新》等文章，从浦东新区陆家嘴到浙江丽水紫金街道、从北京城市副中心的玉桥街道到海南自由贸易港建设背景下的海口琼山区红旗镇，不同的区域，发展定位有所不同，但有着共同的基层治理现代化要求。街道（乡镇）作为基层治理的"腰杆子"，在治理实践中不断探索和创新，积累了宝贵的基层社会治理现代化经验。在社区层面，本书邀请了长期从事社区工作的三位资深社区书记，他们分别以《厚植邻里"情"情暖小坝"家"党建引领多元共治的小坝实践》《党建引领"温度八角" 多方参与共建和谐家园》《筑牢"雁巢"夯实社区治理堡垒》为题，分享了他们的社区治理经验。

社会治理现代化是中国式现代化的应有之义，也是中国式现代化的基石。党的二十大报告以"中国式现代化"的本质要求对社会治理作出了新的部署，将完善社会治理提升到了"推进国家安全体系和能力现代化，坚决维护国家安全和社会稳定"的新高度，谋划了中国特色社会治理现代化的新格局。社会治理是一个复杂的系统工程，不仅需要系统的理论指引，更需要长期的实践探索和创新。本书尝试结合理论专家与实务专家的不同视野和角度，融合理论探索与实践智慧，为夯实中国式现代化基石、推动社会治理现代化提供参考。

编 者

2024 年 4 月 23 日